折射集
prisma

照亮存在之遮蔽

廣松 渉

世界の共同主観的存在構造

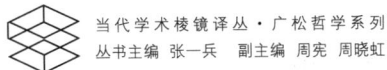

当代学术棱镜译丛·广松哲学系列
丛书主编 张一兵　副主编 周宪 周晓虹

世界交互主体的存在结构

［日］广松涉 著
邓习议 译 张一兵 审订

南京大学出版社

SEKAI NO KYODO SHUKANTEKI SONZAI KOZO
by Wataru Hiromatsu
with commentary by Sumihiko Kumano
© 2017 by Kuniko Hiromatsu
Originally published in 2017 by Iwanami Shoten, Publishers, Tokyo.
This simplified Chinese edition published 2020
by Nanjing University Press, Nanjing
by arrangement with Iwanami Shoten, Publishers, Tokyo

江苏省版权局著作权合同登记　图字：10-2018-076号

图书在版编目(CIP)数据

世界交互主体的存在结构 /（日）广松涉著；邓习议译. 一 南京：南京大学出版社，2020.12（2024.8重印）
（当代学术棱镜译丛 / 张一兵主编）
ISBN 978-7-305-21943-6

Ⅰ. ①世… Ⅱ. ①广… ②邓… Ⅲ. ①马克思主义哲学—研究 Ⅳ. ①B0-0

中国版本图书馆 CIP 数据核字(2019)第 072793 号

出版发行	南京大学出版社	
社　　址	南京市汉口路22号　　邮　编　210093	
丛 书 名	当代学术棱镜译丛	
书　　名	世界交互主体的存在结构	
	SHIJIE JIAOHU ZHUTI DE CUNZAI JIEGOU	
著　　者	[日]广松涉	
译　　者	邓习议	
审　　订	张一兵	
责任编辑	张　静	
特约编辑	巫闽花　沈清清	
照　　排	南京南琳图文制作有限公司	
印　　刷	江苏凤凰通达印刷有限公司	
开　　本	635 mm×965 mm　1/16开　印张 22.25　字数 327 千	
版　　次	2020 年 12 月第 1 版　　印　次　2024 年 8 月第 2 次印刷	
ISBN 978-7-305-21943-6		
定　　价	69.00 元	

网址：http://www.njupco.com
官方微博：http://weibo.com/njupco
官方微信号：njupress
销售咨询热线：(025) 83594756

* 版权所有，侵权必究

* 凡购买南大版图书，如有印装质量问题，请与所购
　图书销售部门联系调换

《当代学术棱镜译丛》总序

自晚清曾文正创制造局,开译介西学著作风气以来,西学翻译蔚为大观。百多年前,梁启超奋力呼吁:"国家欲自强,以多译西书为本;学子欲自立,以多读西书为功。"时至今日,此种激进吁求已不再迫切,但他所言西学著述"今之所译,直九牛之一毛耳",却仍是事实。世纪之交,面对现代化的宏业,有选择地译介国外学术著作,更是学界和出版界不可推诿的任务。基于这一认识,我们隆重推出《当代学术棱镜译丛》,在林林总总的国外学术书中遴选有价值篇什翻译出版。

王国维直言:"中西二学,盛则俱盛,衰则俱衰,风气既开,互相推助。"所言极是!今日之中国已迥异于一个世纪以前,文化间交往日趋频繁,"风气既开"无须赘言,中外学术"互相推助"更是不争的事实。当今世界,知识更新愈加迅猛,文化交往愈加深广。全球化和本土化两极互动,构成了这个时代的文化动脉。一方面,经济的全球化加速了文化上的交往互动;另一方面,文化的民族自觉日益高涨。于是,学术的本土化迫在眉睫。虽说"学问之事,本无中西"(王国维语),但"我们"与"他者"的身份及其知识政治却不容回避。但学术的本土化绝非闭关自守,不但知己,亦要知彼。这套丛书的立意正在这里。

"棱镜"本是物理学上的术语,意指复合光透过"棱镜"便分解成光谱。丛书所以取名《当代学术棱镜译丛》,意在透过所选篇什,折射出国外知识界的历史面貌和当代进展,并反映出选编者的理解和匠心,进而实现"他山之石,可以攻玉"的目标。

本丛书所选书目大抵有两个中心:其一,选目集中在国外学术界新近的发展,尽力揭橥域外学术20世纪90年代以来的最新趋向和热点问题;其二,不忘拾遗补阙,将一些重要的尚未译成中文的国外学术著述囊括其内。

众人拾柴火焰高。译介学术是一项崇高而又艰苦的事业,我们真诚地希望更多有识之士参与这项事业,使之为中国的现代化和学术本土化做出贡献。

丛书编委会
2000年秋于南京大学

凡　例

1. 作者的注释分为两类，一是带"（ ）"号的引文注释，二是带"＊"号的说明性注释，均置于正文中。

2. 本书解说者（熊野纯彦）的注释分为一类，原著统一置于书尾。为便于阅读，译者将解说者注释置于脚注中（加"◎"号，所提及的页码参见本书页边码）。

3. 译者的注释分为三类，一是引文注释（一般与作者正文中带括号的引文注释相对应），二是说明性注释，三是解说者注释的说明（标记"译注"），均放置脚注中（不加记号）。

4. 马恩著作中文版的引文，采用《马克思恩格斯全集》第二版；若相应文献目前不见于该版，则采用《马克思恩格斯文集》或《马克思恩格斯全集》第一版。

5. 其他图书的引文，尽可能采用已有中文出版物。

6. 索引中的数字为原著页码，即本书页边码。为便于检索，索引由按日语五十音排序改为按汉语拼音排序。

目 录

Ⅰ / 学术文库版序言
Ⅳ / 序 言

I

3 / **序章 哲学的闭塞状况与认识论的课题**

5 / 第一节 近代世界观的破绽与"主体—客体"图式

11 / 第二节 传统认识论的隘路与遗留的问题

17 / 第三节 认识论的新生面临的课题与视座

24 / **第一章 现象世界的四肢存在结构**

24 / 用以设定出发点的入门

27 / 第一节 现象的对象二因素

32 / 第二节 现象的主体二重性

38 / 第三节 现象世界的四肢结构关系

47 / **第二章 语言世界的事象性存在结构**

48 / 第一节 信息世界的四肢结构

57 / 第二节 语言意义的存在性格

76 / 第三节 语言交往的存在结构

88 / **第三章 历史世界的共同活动的存在结构**

92 / 第一节 历史形象的二肢性及其物象化

105 / 第二节 历史主体的二肢性及其物象化

119 / 第三节 历史世界的主体间性与四肢结构

II

133/ **第一章 交互主体的存在论基础**

133/ 第一节 身体的自我与他在性维度

151/ 第二节 角色的主体与他为性维度

169/ 第三节 先验主体与共存性维度

194/ **第二章 判断的认识论的基本结构**

195/ 第一节 判断论的心理学诸相

205/ 第二节 判断论的意义论诸相

215/ 第三节 判断论的结构论位相

232/ **第三章 涂尔干伦理学说的批判性继承**

233/ 第一节 涂尔干及其学派的伦理学说

244/ 第二节 继承的意向和视角

252/ 第三节 发展继承的方向

264/ **解说**

286/ **名词索引**

305/ **人名索引**

310/ **译后记 广松哲学与唯识思想**

学术文库版序言[1]

本书在笔者三十余册已出版的图书中,陈述自己独立的哲学观点之论域最广,同时,立论内容相对于拙著其余部分也是最基础的。在此意义上,现在也许可以称之为"实质性的主要著作"。即使在笔者不久后完成的、应是主要著作的另著《存在与意义》全三卷(岩波书店,已出版第1卷,预定明年出版第2卷)[《广松涉著作集》第15—16卷]的情况下,我想请读者务必将本书作为前面的阶梯。因此,才出版文库版。

在本书原版(劲草书房,1972年初版)问世之后,笔者公开出版了论著,详述本书中提示的认识论关系的论点,以及主题性地展开本书中留下启发性论点的著作,例如《科学的危机与认识论》(纪伊国屋书店)[《广松涉著作集》第3卷]收录的认识论,《物·事·语言》(劲草书房)[《广松涉著作集》第1卷,第283页以下]收录的语言论,《辩证法的逻辑》(青土社)[《广松涉著作集》第2卷]中的判断论,《物象化论的构图》[2](岩波书店)[《广松涉著作集》第13卷]中的物象化论,《表情》(弘文堂)[《广松涉著作集》第4卷]中的表情论和符号论,《身心问题》(青土社)[《广松涉著作集》第4卷]中的身体论,《共同主观性的现象学》(世界书院)[《广松涉著作集》第6卷]中的角色行为论,而《事的世界观的前哨》[3](劲草书房)第Ⅰ部(《广松涉著作集》第7卷)所收的康德论、马赫论、现象学论和海德格尔论[4]自不待言,该书第Ⅲ部(《广松涉著作

---

[1] 译自《广松涉著作集》第1卷,岩波书店,1996年版,第6—8页。
[2] 广松涉:《物象化论的构图》,彭曦、庄倩译,南京大学出版社2009年版。
[3] 广松涉:《事的世界观的前哨》,赵仲明、李斌译,南京大学出版社2009年版。
[4] 邓习议:《实体主义批判——广松涉哲学视域中的西方哲学》,《河北学刊》2009年第1期。

集》第2卷)的人论、历史论和时间论等,全都是以本书的论述为前提而详细展开的东西。因此,若读者以此为参照进行解读,我将感到十分荣幸。

假如读者感到本书很难懂,那么请预先阅读《新哲学入门》(岩波新书)或《哲学入门前一步》(讲谈社现代新书)。若了解这两本书,本书作为哲学书来说无疑是极为易读的。

这个文库版,与原版相比仅是版型不同,内容则一致。原版从初次发表的经过到汉字的使用方法和送假名的方式,存在若干的不统一。其体裁仍存在不统一性。但是,除了对原版残存的一些误植进行订正,还是做了从防止与熟语的"割裂",到将汉字变更为假名、增减标点这些细小的变更。

为了遵守不对原版加以实质性的变更这一原则,引用文献分类排在章节后面,即使在出了新修订版的场合也依照原样。文献表示法亦多有与近来学界的做法不符的地方,这次也依循原样。——本书第Ⅱ部的第一篇论文使用的"职务(役柄)"这一概念,笔者要说,虽然在此后的"为了角色(役割)理论的重构——表情现相·对人应答·角色(役割)行动——"(《思想》杂志1986年第5月期至1988年第3期期间分九次连载)[《广松涉著作集》第5卷]和《共同主观性的现象学》(世界书院)[《广松涉著作集》第6卷]等论著中区分了"角色(役割)"和"职务(役柄)",但在本书仍处于未分化的统一状态。同时,本书中所说的"意义的所知"一语,在《存在与意义》第1卷已改作"意义的所识"这一用语。不过,这些用语也依照原样。——这些情况,望予以谅解。

本版,熊野纯彦①老师(北海道大学文学部哲学科副教授)在卷末作了"解说"。他在作为东京大学教养学部的学生时就是笔者的良好解读者。其溢美之言,让笔者感到有点难为情,藉此书面谨表诚挚的感谢。

---

① 现为日本东京大学教授。

在本文库版成书之际，对慨允出版的劲草书房，特别是蒙受了对本书赐予盛情的该书房编辑部富冈胜老师，及以讲谈社学术文库出版部部长池永阳一为首诸位多方面的厚意。在此表示感谢。

1991 年 9 月 8 日
广松涉

序　言

　　本书是一部论文集，笔者将《思想》杂志连载的关于"交互主体"的三篇论文修订为第Ⅰ部（内篇），将与此密切相关的三篇论稿编辑为第Ⅱ部（外篇）。

　　所收的各篇论稿，积极地陈述了笔者的问题意识和基本意想，在此意义上，也许可称作笨拙的笔者的"主要论文"。可是，它们也只是停留于若干雏形①。正是觉察到这一点，笔者克制自己编辑论文集的想法，而准备信手写作浩繁的《存在与意义》②。笔者自然没有放弃完成《存在与意义》的道理。——虽然有点涉及个人私事，缘于本书第Ⅰ部所收各篇论文的发表，承蒙赐予写出体系叙述鼓舞激励的先学之厚意，同时，基于有着利用方法论视座的可能性，得到怂恿我将论点具体化的社会学、语言学、法（哲）学、经济学、精神病理学、数学基础论和科学论等好几位专家之赐教，对笔者而言，那是可称作妄执的东西。——所幸，一方面，忙里偷闲，该作业已取得一定的进展，但在目前情况下不知何年何月能够出版，另一方面，又觉得这一雏形反倒便于概观，即便日后《存在与意义》出版之时它也仍有独立的存在意义。由是，为排遣内心的惭愧，而勉强将本书问世。

　　关于本书的内容，没有应予预先说明的事项。序章自然是阐明本书的问题意识。不过，笔者的担心不过是该序章是否超过读者的忍耐

---

　　①　◎トルソ：意大利语 torso，除头部、四肢之外的胴体部分。Torso 还有"树木的主干"的意思。

　　②　◎『存在と意味』：《存在与意味》。广松的代表作。第一卷（认识的世界的存在结构）于1982年出版，第二卷（实践世界的四肢结构）的前三分之二于1993年出版。两卷分别收录于《广松涉著作集》第15、16卷。

力的界限。为防万一，如果读者感到序章过于繁杂，那么请直接展读第二章的语言论。也是愧于才疏学浅，现在唯有孤注一掷，祈求读者善意的忍耐。

最后，在本书形成之际，我想对给予深情厚谊的各方，特别是赐予鞭策的《思想》原编辑部的伊藤修老师，以及劲草书房编辑田边贞夫、富冈胜两位老师——有烦富冈老师索引制作之劳——的关怀表示感恩，并谨致谢意。

1972 年 8 月 11 日
作　者

I

序章　哲学的闭塞状况与认识论的课题

哲学的"停滞"由来已久。哲学确实持续处于混乱之中。然而,科学的状况又怎样?科学不也同样处于低迷状态?

可试着将科学在本世纪最初的三分之一世纪所取得的理论业绩,与此后的三分之一世纪的理论业绩相比。相对论和量子物理学①,精神分析学②和格式塔心理学③,不管其中的哪一种都属于第一期的成

---

① ◎相対性理論や量子物理学:相对论和量子物理学。广松对现代物理学的关注,可以追溯到其思想形成的早期(参照《发心之记录》,收录于《广松涉文选》第5卷)。作为专著,除了《科学的危机与认识论》(1973年。收录于《广松涉著作集》第3卷)、《相对论的哲学》(1981年。收录于《广松涉著作集》第3卷)之外,还有收录于《事的世界观的前哨》(1975年。[译注:《事的世界观的前哨》,赵仲明、李斌译,南京大学出版社2009年版])的《物的世界图景的问题式》(收录于《广松涉著作集》第3卷)等。

② 精神分析学(psychoanalysis),主要代表人物是弗洛伊德、阿德勒和荣格。弗洛伊德指出,精神分析是"研究和治疗"癔病(神经症)的方法。精神活动包括意识、下意识和潜意识三个层级。人格结构包含本我、自我和超我三个部分。性心理的发展分为口欲期、肛门期、性蕾欲期、潜伏期和生殖期五个阶段。

③ 格式塔心理学(Gestalt psychology),亦名完形心理学,创始人是韦特海默,代表人物还有苛勒和考夫卡。该学派既反对美国结构主义心理学的元素主义,也反对行为主义心理学的刺激—反应公式,主张研究直接经验(即意识)和行为,强调经验和行为的整体性,认为整体不等于并且大于部分之和,主张以整体的动力结构观来研究心理现象。

果。再看一下不由得我们不想起的诸如条件反射理论,结构语言学①,涂尔干②学派的集体表象理论,韦伯③的业绩,凯恩斯④的经济学,等等,此后的三分之一世纪果真有能够与之前比肩的东西吗?总之,不能掩盖20世纪中叶——尽管在原子能的开发、"生命物质"的合成等方面,就其理论的技术化、实用化而言确实是一大发展时期——是理论的创造力低下的"科学停滞期"这一事实。

笔者无意通过贬低科学而为哲学辩护,也不想武断地在两者之间建立一种因果关系。并且,也不主张认识论的贫乏导致科学的低迷之类。这里只是暗示,科学的停滞与哲学的混乱,从问题论的机制来说出于同一根源。哲学,作为直接表明各个时代人们的理智行为的根本"构图和构想"的东西,无论喜欢还是不喜欢,都明显折射出人类思想史的转换局面。现在,如果说传统的构想法的全面闭塞显示为各门学问的停滞,那么哲学的混乱不过是这种蔽塞的浮标。哲学的闭塞状况,可以说就是起因于这种事情和事态。

若这样理解没有大的错误,那么为了使哲学和科学打开隘路,开辟新的道路,就必须揭露传统的构想法的地平本身,厘定其局限性,真正地超越它。作为课题的认识论的新生,就在于这种问题域和范围。

这里,虽然没必要详细地揭示哲学在今天陷入的蔽塞状况,但我想从大致上重新思考这种情况意味着什么,通过追认传统认识论所遗留

---

① 结构语言学(structural linguistics)兴起于20世纪30年代,基本理论出于索绪尔的《普通语言学教程》,反对对语言现象进行孤立的分析,主张系统的研究。该学派内部又分为布拉格学派、哥本哈根学派及美国结构语言学派(也称美国描写语言学)三大学派。

② 埃米尔·涂尔干(Émile Durkheim, 1858—1917),又译迪尔凯姆等,法国社会学家。主要著作有《社会分工论》《社会学方法的准则》《自杀论》和《宗教生活的基本形式》。

③ 马克斯·韦伯(Max Weber, 1864—1920),德国社会学家、政治学家、经济学家、哲学家。主要著作有《新教伦理与资本主义精神》《中国的宗教:儒教与道教》《印度的宗教:印度教与佛教》《古犹太教》《政治作为一种志业》等。

④ 约翰·梅纳德·凯恩斯(John Maynard Keynes, 1883—1946),英国经济学家。主要著作有《就业、利息和货币通论》《论货币改革》和《货币论》。

的诸问题，自觉地设定新的认识论所面对的问题情况和课题。

第一节　近代世界观的破绽与"主体—客体"图式

当我们在思想史的视角中回顾过去时，会发现古希腊的世界观、中世纪欧洲的世界观、近世（近代）①的世界观，其理解世界的根本结构和图式有着断断续续的变化。虽说各个时代内部具有相互对立、相互斗争的诸多思潮，但是说对立也好说斗争也罢，归根结底，它们都是该地平这种共同土壤上的事件。确实，从微观上看，各个时代的内部也可分别划为几个阶段，尽管横断面未必平滑。虽说古希腊的思想的确是古希腊的，中世纪欧洲的思想归根结底是中世纪欧洲的，但都立足于各自通常的构想法。近代以来，所谓资本主义文化圈内的各种思想，适应于重商主义（绝对主义）、产业资本主义（自由主义）和垄断资本主义（帝国主义）的各个阶段而具有颇为不同的样态，但总的说来立足于共同的世界理解的构图，分享某种共同的构想法。

这里所说的近代的世界理解的结构，即，与资本主义时代相适应的意识形态这一意义上的资产阶级意识形态的地平——关于它的特质，由于在另著《《马克思主义的地平》②第一部）[《广松涉著作集》第 10 卷]中作有论述，这里不再赘述——这种资产阶级世界观的地平已经转变为桎梏，面临着破绽（那不光是"西方的没落"③之类的问题！）。虽说

---

① 近世，即近代。在日本，指江户时代（1603—1867）。

② ◎『マルクス主義の地平』：《马克思主义的地平》。1968 年版（译注：《马克思主义的哲学》，邓习议译，南京大学出版社 2019 年版），收录于《广松涉著作集》第 10 卷。第一部中收录了"超越'近代'思想地平的结构"，当中清理了自笛卡尔以来所谓"心物二元论的构图"这一观点的问题。

③ ◎西洋の没落：《西方的没落》。O. 斯宾格勒的著作。第 1 卷出版于 1918 年，第 2 卷出版于 1922 年。问世于全欧洲陷入萧条，德国帝国解体的第一次世界大战之后不久的本书，预见了欧洲统治的终结，探讨了广泛的话题。原书名为"DerUntergangdesAbendlandes"（德语）。

如此，人们还没能达到以明确的形式将该取而代之的新的构想法的地平自为①化。今天的思想的蔽塞状况，要言之，原因就在于此。

今天，我们遇到与过去古希腊世界观的衰落期、中世纪欧洲世界观的崩溃期相类似的思想史局面，即近代世界观的全面解体期。这一判断恐怕并没有错吧。因此，为了打开蔽塞状况，必须扬弃——姑且称之为"传统构想法"——"近代"世界观的根本图式，超越其地平。就认识论的层面而言，有必要超越近代的"主体—客体"图式。

当谈到超越近代的"主体—客体"图式的时候，可以马上预料到读者的反问：要想讨论"认识"，"主体—客体"图式岂非绝对不可或缺？即便认识论到了穷途末路，不也无法放弃这一构图？

产生这样的反问，实际上，不过是因为主—客图式乃"近代人"的既有之见，它反映着"近代"认识观的地平。然而，无需再次提起，"主体""客体"的概念，是到了近代才形成的东西。传统的"subjectum""objectum"②二词的意义内容脱胎换骨，转变为"主体""客体"这对术语在今天的用法，经过了相当长的时代。在古代和中世纪，原本不存在"主体—客体"之类的构想。对于沉浸于"近代"构想的地平的人而言，若撇开主体—客体的图式，别说"认识"，即便是要了解世界，都实属困难。但是，无需诉诸古代和中世纪的人们撇开这种图式也能对"认识"具有大致了解这一事实，从原理上说，"主体—客体"图式对于讨论"认识"也并非必不可少。暂且可作上述说明。虽然我们仍深陷这一"图式"，今天还不具有能取而代之的、能够判断认识的既成概念装置。实

---

① "自为"，对应的概念是"他为"。

② ◎subjectum, objectum：拉丁语。subjectum 在"在 sub 之下""所投放（jacio）的东西"的意义上，是希腊语"hupokeimenon"（载体，意为"躺在下面"）的译语。"Objectum"也作为希腊语"Fantasy"的译语而使用。因而，从主观、客观这一构架来说，其与现在的用法有着相反的意义。笛卡尔的"objectum"的用词，也应英译为"representation"。

际上，可以立马指出即便是感觉和感情①在本原上也是社会的形象，是社会关系的总和，作为具体的普遍的人从事交互主体的对象性活动，连从这一视座来讨论认识的著名命题②的继承者们——尽管可以说其创始者具有注意避免"主体—客体"的用词法的痕迹——也未免再次回归"Subjekt-Objekt-Schema"③的现实，要超越这一图式，的确困难。今天要从"主体—客体"图式中超脱出来，可以说就像中世纪的人们要从"形式—质料"图式中脱离出来那样困难。

这一困难再加上笔者学识浅薄，以下的讨论，即使是以对主体—客体图式的扬弃这一志向为向导，恐怕充其量——是从认识论的新生这一企图出发——也并未超出"传统图式范围内的自我批判"的界限多少。不过，如下一节中将看到的，如果说主体—客体图式现在已经成为桎梏而导致了"闭塞状况"，并且遇到若不打破这一状况就不能再前进一步的事态，那么即使以徒劳而告终，也构筑了扬弃它的探索之路，这是必须为之的事情。

可以说，近代认识论的"主体—客体"图式，意味着下述情况是当然的了解事项。并且，正是这里，蕴含着我们的视座中应从根本上再探讨的问题机制。

（1）主体的"向来**我**属性"（Satz der Jemeinigkeit od. Persönlichkeit）。主体，与所谓近代的"自我的自觉"相联系，终究是作为意识作用，总是被理解为诸个人的人称性意识，向来我属的我的意识。（在某些学派④

---

① ◎感覚や感情に至るまで：乃至感觉和感情。参照本书 29 页源自马克思的引文。不过，关于该引用的解释也存在解释上的问题，还有讨论的余地。

② ◎有名なテーゼ：著名命题。马克思《关于费尔巴哈的提纲》第一条。"从前的一切唯物主义（包括贺尔巴哈的唯物主义）的主要缺点是：对对象、现实、感性，只是从客体的或者直观的形式去理解，而不是把它们当做感性的人的活动，当做实践去理解，不是从主体方面去理解……赞尔巴哈想要研究跟思想客体确实不同的感性客体，但是他没有把人的活动本身理解为对象性的活动"（参见《马克思恩格斯文集》第 1 卷，人民出版社 2009 年版，第 449 页）。

③ ◎Subjekt-Objekt-Schema：德语。"主观—客观"图式。

④ ◎或る種の学派：某些学派。其典型为新康德学派，特别是西南学派。

中，虽然谈论基于超人称、超个人的认识**论**的主体，但即使在那种语境下，"现实的个人"的意识也仍是人称性的）。并且，一般说来，与近代的"自我的人格**平等性**"相对应，作为这种人格的意识主体，认识主体被看作在本原上是"同构"（isomorph）的。

（2）认识的"三项性"图式（Schema der Triarität）。直接被赋予认识主体的"意识内容"是与客体本身相区别的，对对象的认识被理解为"意识作用—意识内容—客体自身"的三项图式。（在某些学派①中，虽说废弃了"客体本身"和"意识内容"的二分化，但即使在那种情况下也是以这种"方法论区别"的构图为前提的）。并且，假定至少要与"意识内容"的一部分相关，认识主体的能动作用以及加工、变样才得以进行，是其常见套路。

（3）与件②的"内在性"（Satz der Immanenz od. Satz des Bewußtseins）。三项图式，与近代所谓的"心物分离"相联系，**直接**现前③于认识主体的与件被理解为"内在于意识"的知觉心象、观念、表象，等等，即只是被看作"意识内容"，而客体自身经过意识内容的中介至多是间接知道的东西。

马赫主义④及后期的现象学派等，虽说也有**大体上**拒斥这些事项

---

① ◎或る種の学派：某些学派。指现象学派。

② 与件（Data），意为数据、材料，源自拉丁文"datum"，即"被给予的事物"的复数形式。在《人类的知识》一书中，罗素曾大量使用这一术语，认为它是"不能提出进一步理由的信念"，"它们是我们关于事实的知识的不可缺少的最小量的前提"，"我们把这类信念叫做'与件'"，"在平常思维中，它们是其他信念的原因，而不是借以推论出其他信念的前提"（罗素：《人类的知识》，商务印书馆1983年版，第201页）。与此相关，斯宾诺莎也曾经谈到，要既证明某个观点，又避免陷入循环论证的悖论，只需从真观念出发，用真观念来判断真伪。此处真观念即有"信念"的意思："要知道一件事物，并不用知道我知道，更不用知道我知道它"（《西方哲学原著选读》上册，北京大学哲学系外国哲学史教研室编译，商务印书馆1982年版，第411页）。

③ 现前，即"出现于眼前"。

④ 马赫主义，产生并流行于19世纪70年代至20世纪初的德国、奥地利以至欧洲。因创始人E.马赫而得名"马赫主义"，又因另一名创始人R.阿芬那留斯的代表作《纯粹经验批判》而得名"经验批判主义"。在哲学上，马赫主张"（感觉）要素一元论"。广松涉与须藤吾合作翻译了马赫的《感觉的分析》，称马赫为格式塔心理学及相对论的先驱（广松涉：《事的世界观的前哨》，赵仲明、李斌译，南京大学出版社2009年版，第43—64页）。

的流派,但可以说,近代认识论一般有着与上述三个大命题中的"主体—客体"图式相联系的理解。

与这些命题形影相伴的"主体—客体"图式,在今天甚至渗透为"常识",也有人在对待"认识现象"时默认此为前提,并且会反问:这不是"常识"吗?"意识必定是某人的意识",这不是自明的吗?不是某人的意识的那种意识,岂不是形而上学的产物,岂不是修辞上的自相矛盾?"意识内容"有别于客体本身,这不也是自明的?颜色、气味或声音自不待言,但凡可以看到的大小或形状等知觉心象都是有别于客体的。记忆心象、想象的心象、梦的心象,等等,是有别于客体的"意识内容",所谓我们具有"头脑中的观念",以及客体的认识是通过这些"意识内容",特别是"知觉"或"概念"才能够进行,这不正是毋庸置疑的?云云。

今天,人们之所以不加怀疑地省察"是",近代的"主体—客体"图式作为"地平"而得以确立,不过是构成普遍的先入之见的一佐证,确实,这与怀疑中世纪人们的经院神学的、生物态的世界理解的根本图式却不加分析相类似。

23

我们现在并不打算在这里批判"作为常识的常识"。可是,必须对其中蕴含的需要从根本上予以再探讨的问题点,仅通过两三个解释(comment)作些提示。

那就直入问题。所谓意识必定是某人的意识,例如,所谓"移情的同感"或"群众心理"的场合,哪些是"我"的意识,哪些是他人的意识?作为直接的意识事实,是"对方"的意识,"我们"的意识。然而,当它仍是"我"的意识时,并不与反思的自我意识相对应。它不正是以意识的"向来我属性"命题为大前提,不正是所谓"意识必定内属于特定的主体"这样的同义反复(Tautological)?

意识的向来我属性,不能通过反思的自我意识而赋予直接的权利。它原本是这样形成的:设想意识的背后,具有不灭的灵魂、人格的自我同一的精神实体,认为意识是这一精神实体的属性或作用。而后与"灵魂"拯救的信仰相结合，特别是在基督教世界中，持续地成为根深蒂固的教条（dogma）。当脱离这一信仰时，意识的向来我属性，就只能通过生物体特别是脑髓的向来我属性说明。虽然脑髓确实是向来我属的，但是意识难道**内属**于脑髓吗？

"意识现象"，确实为脑髓**内部**的功能性过程所决定。物体的颜色或形状——在根据光线的情况或观察的角度而变化的意义上，不能仅说物体本身具有其自身的性质——是与大脑内部的过程相关的。尤其像幻觉中的颜色或形状，是通过脑内的生理活动而产生的。然而，这种生理活动本身并非颜色或形状。况且，颜色或形状是存在于大脑之**中**而不是**存在**于字面意义上。即使置换为"意识"一词，所谓与件也是相对于意识而存在的，而不是**存在**于意识之**中**。这样，以"内属"为论据的意识的向来我属性的主张并不成立。

"意识内容""存在于头脑之中的观念"之类的说法，原本是基于作为那种精神实体及其属性的意识这一构想而形成的。但是，在今天，谁也不会照字面那样加以主张。"意识内容"**内属**于主体的立言，已只不过是一种比喻。

然而，一旦进入讨论"认识"的阶段，人们不是仅将这一"比喻"作为比喻之外的东西而使用吗？可谓将意识的"内"与"外"，即"意识内容"与"客体本身"作空间上的分离，因此，不是以"这是摹写""这是投射"之类的空间关系来"说明"认识吗？而且，意识内容，不是被当作宛如存在于意识的箱子里的东西似的，以及被当作精神的"物理"作用的加工对象似的，来说明认识的"构成"吗？比喻与说明的混淆与二重化①！但是，比喻毕竟不是说明。于是现在这种"比喻"模型已成为桎梏。

---

① 二重化，原文为"二重写し"，意为"二重曝光"或"重叠摄影"。

另外，这里也不是批判地探讨传统认识论的场所。不过，若勉强附言一句，不得不说，传统认识论归根结底除了将一切"直觉"地还原的立场，以及除了认为那种精神实体及其属性的"首尾一贯"的立场，立足于意识的向来我属性这一臆断，始终停留于前述"比喻与说明的混淆与二重化"。

为了确认这当中的情况，就让我们一瞥近代认识论如何为这三大命题所害，而陷入宿命性的两难困境，来确认问题要点。

第二节　传统认识论的隘路与遗留的问题

在过去的19世纪六七十年代至20世纪头十年间，新康德学派、经验批判主义和现象学派等等，正如"百花齐放，百花争艳"的字面所表达的，可谓呈现一派"认识论的时代"的盛况。然而，进入二三十年代——准确地说，如果逻辑实证主义①、分析哲学②也可以称作认识论的话，那么必须暂且将其除外——认识论的流行戛然而止。虽然那是如其字面所示的"流行"的终止和宣告破产，但并非内在的克服。

认识论的流行被取代，与其说只是因为"存在论"、哲学人类学、存在主义之类成为流行的一种，毋宁说与第一次世界大战后的历史、社会和精神的状况相关，可谓不过是社会思想史应该研究的对象，但是，如果变换视角，也可以说在当时，认识论在近代的主—客图式的界限内已穷尽一切可能的尝试，*在其内部已达到缺失发展可能的"烂熟"状态。

实际上，不能忽视的是，面对20世纪的认识论，现在甚至已进入具备作为"科学的婢女"之功能的事态。认识论，已不能处理科学带来的

---

① 逻辑实证主义，流行于20世纪30—50年代，其核心是以石里克和卡尔纳普为代表维也纳学派。

② 分析哲学最初见于弗雷格的著作中，正式形成于20世纪初的英国，30年代以来在英美哲学中占据主导地位，其内容涵盖逻辑经验主义和日常语言学派。

新见解、科学开始采用的新构想,而听凭其屹立于自己面前。

相对论、不确定性原理、物质概念或因果概念的"变样",不能称之为自然科学内部发生的一系列事件。确实,这些事件,和强求"古典"物理学的构想法与准备工具的变样一样,促成了"古典"认识论的变样。但是,那只能说是在"近代科学"的构想法的内部变化这一范围内,认识论则仍是"近代"认识论,在"近代"世界观的范围内,无法对其进行处理。无需引证马赫主义或卡西尔①的企图之类,认识论通过那样的方法,暂时——仅仅是暂时——得以应付它＊＊。

> ＊因此,甚至产生了将主体二重化为各个主体和先验主体,与此相应地超越将客体二重化的康德图式,而将主体和客体分别三重化的企图。不过,如后所述,自我批判主体—客体图式的倾向,也开始出现于这一时期。
>
> ＊＊关于爱因斯坦的相对论与马赫主义的关系,请参阅拙稿《马赫哲学与相对论》(马赫:《认识的分析》附录,法政大学出版局图书馆丛书)[《广松涉著作集》第 3 卷]。

认识论之所以难以适应,陷入穷途末路,在我们看来,尤其在于如下三个与件。不过,某些学派,将其中一个或两个按照自己的方式加以重新解释甚至作为论据,结果可以说并不能完全理解提出的问题,无法予以全面的应对。

(1) 通过对原始人的精神结构②和精神病患者的意识结构的研究而得来的见解。文化人类学和精神病理学,确证了原始人和精神病患

---

① 卡西尔(Ernst Cassirer, 1874—1945),德国哲学家、文化哲学创始人。主要著作有《自由与形式》《神话思维的概念形式》《语言与神话》和《人论》等。

② ◎原始人的精神构造:原始人的精神结构。这里所指的是以列维—布留尔为代表的社会人类学研究。广松在东京大学教养学部时期接触黑川纯一的社会学、淡野安太郎的社会思想史的讲义中涂尔干及列维—布留尔的观点,并抱有兴趣(《与书相遇》,收录于《广松涉文选》第 5 卷)。另外,其所依据的是同样谈及人类学的、民族学之见解的 E. 卡西尔的神话论(《象征形式哲学》第 2 卷)。

者的意识结构,与正常"文明人"的意识结构完全是"异型"的。尽管脑髓和感觉器官的生理结构、基本心理过程是"同一"的,文明人与原始人——正与"尽管各民族生理结构并无显著差别,但具有完全相异的语言体系"相类似——所谓高等的意识自不待言,即便是知觉的体系,也具有完全相异的精神结构。这种见解,其本身已是基于认识主体在本原上是"同构"的这一前提(基于"若对象是同一的,则应形成同一〔同构〕的认识"这一理解)而构筑的传统认识论,并且通过明确该"异型性"是"功能性"的东西,造成决定性的失误。因为别说"知性能力",即便是"感性能力",也明显是历史的、社会的交互主体化的产物,*意识的人称性、向来我属性那种大命题本身——如后面详述的那样——已经难以维持。

　　*显然,这与所谓"普遍的意识形态性"①的问题亦有直接关联。

　　顺便说一下,马克思、恩格斯历来主张意识的交互主体性,主张感觉、感情,乃至历史的、社会的交互主体化,并立足于这一见解而构筑了唯物史观。

　　马克思说:"人的感性,只有通过别人,才对他本身来说是人的感性。……别人的感觉和精神也成为我自己的占有……形成**社会的器官**。"②(《1844年经济学哲学手稿》)"在社会生存条件上,耸立着各种不同且表现独特的情感、幻想、思维方式……构成的整个上层建筑。整个阶级在它……相应的社会关系的基础上创造和构成这一切。"③(《路易·波拿巴的雾月十八日》)"精神,无论就其内容或就其存在方式来说,都是社

---

　　①　◎普遍のイデオロギー一性:普遍的意识形态性。知识社会学家K.曼海姆的概念。
　　②　《马克思恩格斯全集》第3卷,人民出版社2002年版,第304—308页。
　　③　《马克思恩格斯全集》第11卷,人民出版社1995年版,第159页。

会的。"①(《1844年经济学哲学手稿》)

恩格斯说:"意识一开始就是社会的产物。"②语言形成的时点也就是意识形成的时点(Die Sprache ist so alt wie das Bewußtsein③),"语言是一种实践的、既为别人存在因而也为我而存在的(also auch für mich selbst erst existierendes)、现实的意识。"④"语言是意识的直接现实。"⑤(《德意志意识形态》底稿)

"意识在任何时候都只能是被意识到了的存在(das bewußte Sein),而人们的存在就是他们的现实生活过程。"⑥——因此"存在决定意识"⑦的命题能够在上述意义上得到解释。它绝不是认识客体决定认识主体之谓。

马克思、恩格斯之所以能够把握意识形象的意识形态性,是因为洞察到意识就其本原而言,受历史、社会和阶级的存在之约束。

(2) 格式塔心理学⑧提出的构想及其知觉研究的见解。格式塔心理学,推翻了对一定部位的刺激总是对应一定的感觉(若刺激是同一

---

① 《马克思恩格斯全集》第3卷,人民出版社2002年版,第301页。
② 《马克思恩格斯文集》第1卷,人民出版社2009年版,第533页。
③ ◎Die Sprache ist so alt wie das Bewußtsein:德语。直译的话,即"语言与意识同年"。
④ 《马克思恩格斯文集》第1卷,人民出版社2009年版,第533页。
⑤ 《马克思恩格斯全集》第3卷,人民出版社1956年版,第525页。
⑥ 《马克思恩格斯文集》第1卷,人民出版社2009年版,第525页。
⑦ 《马克思恩格斯文集》第1卷,人民出版社2009年版,第525页。
⑧ ◎ゲシュタルト心理学:格式塔心理学。广松自东京大学教养学部时期接触心理学中的格式塔心理学并对其产生兴趣以来,持续关注格式塔心理学(《与书相遇》,《广松涉文选》第5卷)。后来的著作《表情》(1989年版,收录于《广松涉著作集》第4卷)注释13记述了"虽说涉及私事",慨叹格式塔心理学的衰退(《广松涉著作集》第4卷,第598页)。

的,则其对应的感觉也同一的)的"恒常假说"①,并且确证了知觉在本原上呈现格式塔的分节化。认识论,关于认识的事实过程,只要采取逻辑主义的立场,一般就是立足于"要素的意识内容是源于主体作用的现实形象"这种统觉②心理学的假设了。然而,根据格式塔理论,现在这一假设难以维持。随着"恒常假说"的崩溃,那种意识作用—意识内容—客体自身的"三项图式"不仅威胁认识论的有效性,而且由于统觉心理学的构想的破绽,认识论诸派开始不再抱持直觉主义的观念——然而,这难以与前述(1)相协调而且会栽同样的跟头。

＊对恒常假说的否定,已不允许传统的认识理论采取某种方便的处置。只要基于三项图式和"意识的命题",传统的实在论的认识论,在原理上原本一开始就丧失了认识的客体有效性,即认识与客体本身(的性质)的对应性的权利。盖由于"意识的命题",即使不过是与"意识内容"**之类**相比较而产生的,意识内容与客体本身的比较在原理上也是不可能的。这里,通过默认立足于恒常假说,代替了权宜上的"权利"。然而现在,这一途径已被切断。

就格式塔心理学派来说,如后期科勒③等所明示的,这是

---

① "恒常假说"(constancy hypothesis)主张相同的刺激总会导致相同的感觉。强调无论环境因素如何,物理刺激和感觉之间都存在着严格对应的关系,这一观点为亥姆霍兹和冯特等人所接受。但格式塔心理学家认为在不同的意识活动模式下,相同的刺激会产生不同的感觉。

② 统觉(Apperception),指知觉内容和倾向蕴含着人们已有的经验、知识、兴趣、态度,因而不再限于对事物个别属性的感知。莱布尼兹最初使用这一术语以描述人对其自身及其心灵状态的认识。康德认为他混同了感觉与理智认识的根本区别,指出"统觉"是一纯粹理智的认识形式,是"自我意识"的最高的统一功能,由它建立起"对象"的客体性。赫尔巴特则认为,意识中包括多个与此相关的观念,新观念进入意识必须先经过意识阈,之后进入众多观念的组合体,成为其中一部分,而这一对新观念的理解过程就是统觉。

③ 沃尔夫冈·科勒(Wolfgang Kohler, 1887—1967),德裔美国心理学家,格式塔心理学派创始人之一,认知心理学、实验心理学、灵长类行为研究的先驱。著有《猿猴的智力》。

一种不同于平行论的对应形式的主张,这里亦与那种批判及前述(1)相关,此处暂不深入这是否为恒常假说的否定而拟设的前提这一方法论上的问题。

(3) 法国社会学派①,尤其是其"集体表象"理论的构想和见解。集体表象的理论,不仅指出了人们的意识是集团化的交互主体化——这一点是(1)讨论的问题——而且进一步阐明,人们具有的"意识内容""表象"可谓一种物象化②,是将社会事实(fait social)③作为这一意义上的物(chose)来处理。正如道德现象或"语言"所表明的,"集体表象"绝不是诸个人所具有的表象的总和,而是特种的综合(synthèse sui generis),获得了新的存在性格。确实,只要不存在某个人就不存在人的(意识)这种 chose,那么它就确实是"主体的东西";但是,它并非由于各个意识主体与客体的直接关系而产生的"意识内容"之类。无需以语言或道德形象为例亦可知,它对于诸个人的意识起"外在"的"拘束性作用"。这种物象化的意识,即使眼下撇开集体表象难以纳入近世的这种精神与物质二元分类中这一点,在既是意识的直接与件又不是"意识内容"方面,也不过是使那"意识的命题"栽跟头的一个契机。

　　＊这一点,价值哲学及现象学等指出那种"存在"属于"第三领域",与意义(Geltung)、价值(Wert)、数量之类

---

① ◎フランス社会学派:法国社会学派。如本书Ⅱ(外篇)所讨论的,主要是涂尔干的学说。

② 以广松之见,所谓物象化,"是对人与人之间的主体际关系被错误地理解为'物的性质'(例如,货币所具有的购买力这样的'性质'),以及人与人之间的主体际社会关系被错误地理解为'物与物之间的关系'这类现象……的称呼"(广松涉:《物象化论的构图》,彭曦、庄倩译,南京大学出版社 2009 年版,第 60 页)。简单地说,"物象化"就是"把关系看作'物'"。物象化现象,即"将人与人的关系以物的关系、性质、形态的形式所体现出来的事态"(同上书,第 68 页)。物象化论机制的成立,首先有赖于广松对"对于我们"的学理反思意识(für uns)和"对于他们"的当事者直接意识(für es)这两种不同立场的把握。

③ 如涂尔干把在社会层面发生的种种现象称为社会事实(或社会现象),将这些社会事实视为社会学的独特研究对象。

(Zahlartiges)、命题自身（Satz an sich）和理念的统一体（Ideale-Einheit）等类似。从法国社会学派的立场来说，这些"第三帝国"，无论怎样被当作自身的存在、自身的对象性，终究属于集体表象。

在上述列举的三个契机中，若能与一个或两个相关，认识论的若干流派未必不能适应。像知识社会学系列的认识论，就试着积极地将这些契机当作基础。但是，这三个契机，与那三个大命题，"近代"主体-客体图式的相关基本理解相抵触，其中第一契机与意识的人称性、向来我属性的大命题相抵触，然而认识论的诸派依然不能真正放弃这一大命题，因此——说起来，如上所述，历史过程不经过"流行的停止"，是绝不会自我确认的——在我们看来，传统认识论终究难免失误，不得不陷入蔽塞状况。

确实，在期待认识论的新生之际，适当处理这三个与件，试着由此打开隘路，是有待解决的问题。

第三节　认识论的新生面临的课题与视座

认识论的"新生"，如已暗示的那样，不可能只是传统认识论的再生。认识论，尽管乍看可被当作超越世俗的抽象形式的学问，但其本身作为一种意识形态，每每担负着"时代的要求"，因适应后者的需要而产生。

洛克[①]和康德[②]的认识论，断然推翻前近代的形而上学独断论，同时适应了赋予"近代"构想的方法以权利这一历史使命。它就像霍布斯和卢梭的社会契约论剥夺传统的君主权利的理论基础，而赋予"近代"社会思想以相类似的权利。

---

① 约翰·洛克（John Locke，1632—1704），英国哲学家。著有《人类理解论》《政府论》和《论宗教宽容》等。

② 伊曼努尔·康德（Immanuel Kant，1724—1804）德国哲学家，德国古典哲学的创始人。代表作有《纯粹理性批判》《判断力批判》和《实践理性批判》。

在其后的历史阶段中，如新康德主义所代表的，认识论总体而言是在适当地调和"近代"构想中宿命性的主体主义（Subjektivismus）与客体主义（Objektivismus）的相互作用（Wechselspiel）①（毋宁说是拉锯战），承担这一近代的地平的守夜人的使命。

在第三个历史阶段——与"自由主义时代"的结束、"帝国主义时代"的开始相适应的马赫主义、后期康德学派、广义的布伦塔诺学派等，其认识论也都重新思考"近代"构想的古典图式，进行自我批判和修正，但并未触及"近代"构想法的基本结构，而以修残补缺、延其寿命之贡献告终。

今天，我们所期待的新生的认识论——正如从别的角度也有所讨论的那样——必须力图适应今天的时代要求，对"近代"构想法的地平进行真正的自我批判，打破其基本结构，赋予新的世界观以权利。

* 作为新康德派社会主义和马赫主义的共产主义②而登场的理论基础之一——只是作为之一——晚期康德学派和经验批判主义，通过相应的方法批判"近代"资产阶级意识形态的根本图式，不可忽视地在这一方面与马克思主义有着相通的接点。同时，与布伦塔诺学派的系谱相关的海德格尔高度评价战后马克思主义；关于萨特"转向"马克思主义的背景，也遇到涉及对"近代世界观"的地平本身作"自我批判"这种共同的问题点。（关于这一点，请参阅另著《马克思主义的地平》第三章[《广松涉著作集》第10卷]。）

马克思主义的正统派，事实上对这当中的情况等闲视之，满足于将这些理论还原为古典的"近代思想"而加以"批判"，

---

① ◎Subjektivismus と objektivismus の Wechselspiel：德。主观主义与客观主义的相互作用。"主观主义与客观主义的拉锯战"。"Wechselspiel"在本书第85页的译语是"兴衰剧"，这是依据海德格尔的构想，而李凯尔特也有同样的观点。

② ◎新カント派社会主義やマッハ主義的な共産主義：新康德派社会主义和马赫主义的共产主义。"新康德派社会主义"，指的是诸如马堡学派的始祖 H. 柯亨的观点。"马赫主义的共产主义"，其代表是波格丹诺夫的观点。

这可以说是绊跌其逆溯之步伐的一大原因。

期待新生的认识论,并不只是将那种"遗留的问题"作为"有待解决的问题"的接替,该与件的产生,与其说是着眼于孕育近代世界理解的根本图式的对立事实,而将其作为方便的抓手,毋宁说是起着积极的反作用。

对我们来说,是对所谓的"与件"作如下理解,通过与之分别对应的如下方法来确立问题。

(1) 人的意识在本原上是社会化、交互主体化这一与件。人们的**知识内容**不在于社会的分有的共同化这种维度①,人们的思维方式和知觉的方法显示着**社会**的交互主体化这一实际情况。若存在知识的共有、知觉的方法由生物学(生理)决定之类的情况,那么这种问题不值一提。然而,正如通过原始人与文明人的比较等所证实的,尽管人们的生理结构和知觉功能是"同构"的,但正如外语的听法(分节的方法),知道该国语言的人与不知道的人结果全然不同,即使在被赋予"同一的刺激"的场合,人们的意识实态(知觉的在场的世界)也取决于当事人在怎样的社会交往②的场合中实现自我形成。因此,"认识"不能理解为各个主体与客体的直接关系。传统认识论将"认识"理解为主体—客体关系,是基于他人的存在这一事实在原理上可作无视处理这一假设。但是,现在必须将他人的存在这一事实理解为达到认识的本质之契机。而且,这种他人,同时不能光是理解为单个他人,而是同时理解为唯有处于一定的社会的、历史的相互关系中的人,那种共同此在③。这是因为,与他人相关的中介性存在,不仅决定论证(discursive)④的思维方

---

① "维度"(中文)、"次元"(日文),是"dimension"一词的两种翻译。

② ◎交通:交往。此处的"交往"概念,所依据的是马克思、恩格斯《德意志意识形态》中的用例。

③ ◎共同现存在:共同此在。海德格尔《存在与时间》中的概念("共在")的转用。

④ ◎discursive:英语。论证。相反,概念是 intuitive(直觉的)。"discursive"也译为"论辩的"。

式,甚至决定对物的感觉方式、知觉的方法,更不用说决定意识作用的作用方式,可以说"我思"(cogito)①在本原上具有"我们思"(cogitamus)的性格。意识主体,不是天生同型的,而是通过社会交往、社会的共同活动([協働]Zusammenwirkung),才**形成**交互主体的,只有在作为这种共同主观的"我们思"(cogitamus)的主体那种"我作为我们"(I as We)、"我们作为我"(We as I)②所实现的自我形成中,人才成为认识的主体。对我们来说,不仅应放弃意识的向来我属性(Jemeinigkeit)的教条,而且必须积极地赋予意识的"Jeunsrigkeit"或"Präpersönlichkeit"③以权利。这里,需要厘定的是意识的社会的、历史的被制约性,及其本原的交互主体性如何可能这一课题。

(2) 意识的格式塔的体制化这一与件,与恒常假说的破绽相倚而成。"外在刺激"在其自身的"物理"的质和强度的相对独立性中,作为某种格式塔的结构化的东西而被意识,而这种格式塔的结构化,并非负载统觉心理学的作用的东西,具有现象的(phenomenal)"自体性",提示着以此作为事实问题(quid facti)④。只要联系这一"事实",就必须真正放弃将"意识内容"理解为负载外在刺激的素材与统觉作用的合作这种传统认识论的准备工具。虽说,格式塔分节的具体样态,绝不是一义性地由"物理—生理"所决定——当事主体的滞后现象(Hysteresis)⑤

---

① 参见笛卡尔"我思故我是"(cogito, ergo sum)的命题(笛卡尔:《谈谈方法》,王太庆译,商务印书馆 2000 年版,第 27 页)。

② ◎I as We, We as I:英语。我作为我们,我们作为我。广松在其他场合常以德语写成"Ich als Wir, Wir als Ich"。源自黑格尔《精神现象学》"自我意识"章的导入部分作为"精神概念"而登场的一句,"Ich, das wir, und das Wir, das Ich ist"〔"我就是我们,而我们就是我"(黑格尔:《精神现象学》上卷,贺麟、王玖兴译,商务印书馆 1979 年版,第 122 页)〕。

③ ◎Präpersönlichkeit:德语。"前(先)人称性"。

④ 康德作有事实问题(quid facti)与权利问题(quid juris)的经典区分(参阅康德:《纯粹理性批判》,邓晓芒译,人民出版社 2004 年版,第 79 页)。

⑤ ◎ヒステレシス:Hysteresis,源自希腊语。指某种状态的变化,不单由现在的条件决定,还依存于以往所施加的力量。也译为"履历效果",用比喻的话来说,是某个系统所具有的"记忆"。

自不待言——而是由那交互主体的遵奉主义（conformism）所决定。因此，作为格式塔的体制化的某物的所与，即使以自在自为地被意识的基本结构为基础，也不能否认格式塔的分节化的样态为历史的、社会的、交互主体化的展相决定。这里，格式塔的分节化的具体结构如何为交互主体性所决定？阐明使其成为可能的意识结构，是摆在我们面前的一个课题。

（3）集体表象的物象化这一与件，通过与作为"意识作用"之本原的交互主体性的相即不离，显示了认识并不只是理论（theōria）①。认识过程，在本原上是交互主体的物象化的过程，而既然这种交互主体性（Intersubjektivität＝主体间性＝交互主体性）在历史的、社会的共同活动中存在，那么认识就是交互主体的对象性活动，是作为历史的实践（praxis）而存在。换句话说，认识绝不只是以"意识内容"为与件的"主体内部的事情"，而是作为具有物象化结构（物象化的构造）的东西，直接参与对象。而且，缘于这种对"三项图式"的扬弃，作为"本真"自然的那个自然，现在已经"除去在澳洲新出现的一些珊瑚岛以外，今天在任何地方都不再存在"②（《德意志意识形态》），现实地呈现于我们面前的世界是历史的自然③（同上）。然而，因为这个现实世界是通过那种交互主体的、历史的"对象性活动"而开拓的，所以认识论已不光超越了放弃"意识命题"的论域，同时拥有作为存在论的权利，拥有作为奠定历史的实践结构的"历史哲学"的预备门，成为其契机之一。这里，我们阐明了共同主观的对象性活动是如何将自己物象化以及它的结构，同

---

① ◎テオリア：theōria。希腊语。"理论"。英语"theory"的语源。相反概念为后出的"praxis"（实践）。

② 《马克思恩格斯文集》第 1 卷，人民出版社 2009 年版，第 530 页。

③ 《马克思恩格斯文集》第 1 卷，人民出版社 2009 年版，第 529 页。在德语中，"历史"有 Geachichte（历史）和 Historie（历史学）两个词。"历史（Geschichte）在词源上意为发生的事情，而 histarein 在希腊文中指的是'考察某种东西'或者'探究某种东西'，并且借助报告公布所考察和探究的东西"（卡尔·洛维特《从黑格尔到尼采》，李秋零译，生活·读书·新知三联书店 2006 年版，第 287 页）。马克思《资本论》中的"商品"，在一定意义上是两种历史的统一，即"历史与逻辑的统一"。

时必须从认识论上解明所谓"物象化的秘密"①(《资本论》),以此为课题之一。

我们现在没必要在这里就认识论之为认识论而具有的必然性课题的一些基本的、一般的问题,进行逐一的再确认。这里,只是指出与以上三个契机相联系的课题设定的方向(Orientierung)②。至于应予以特别记述的其他课题,我想在行论的过程中依次加以确认。

另外,为避免不必要的误解而附言一句:上述课题设定,绝非试图以所谓事实学来消解认识论。认识论,当然不能被作为(所谓认识心理学或认识社会学的)事实学的事实学消解。因为,"究竟什么是认识?"③"什么是真理?""如何赋予认识的有效性④以权利?"这种认识论中的基本问题,无论怎样尝试对"认识"的形成机制作生理学、心理学和社会学的分析,都无法通过其本身来回答。基于事实学的分析所得的见解,既是形成真认识的机制(mechanism),也是形成伪认识的机制,仅停留于能将真伪等作为大体上已知的东西而先得地说明"the

---

① ◎物象化の秘密:物象化的秘密。指《资本论》第1卷的"商品的拜物教性质及其秘密"(《马克思恩格斯全集》第44卷,人民出版社2001年版,第88页)。
② ◎オリエンティールング:德语。"方向"(Orientierung)。
③ ◎認識とはそもそも何であるか:究竟什么是认识。参照后来成为所谓"知识论"或"认识论"之问题领域的洛克、康德的表述。"人类知识底起源、确度和范围"(参见洛克:《人类理解论》上册,关文运译,商务印书馆1959年版,第1页),"对一般形而上学的可能性和不可能性进行裁决,对它的根源、范围和界限加以规定"(康德:《纯粹理性批判》,邓晓芒译,人民出版社2004年版,"第一版序"第4页)。
④ "有效性"(德语:Geltung;日本语:妥当性),源自19世纪德国价值哲学的鼻祖洛采(Rudolf Hermann Lotze)。洛采在其《逻辑学》一书中将"存在问题"区分为实在物的"现成存在"和抽象真理的"非实(在)而有"。后者作为抽象的真理并非现成的实在,但它是真的,故它的存在就是"有效"。海德格尔深受这一思想的影响,进而提出存在之真理不同于存在者之真理,后者仅是可感可知的"现成实在",前者则是"隐蔽着的去蔽和去蔽着的隐蔽"。由是体现出一种对实际性(Wirklichkeit)的批判性观看:在对现成实在的观看中发现更深邃的东西,发现那使现成实在之真理得以可能的"亦虚亦实"的本原真理。这种批判性观看不仅继承了康德的"批判"之思,也指示着胡塞尔的"范畴直观"问题乃至海德格尔的"存在论差异"思想(参见张柯:《洛采:20世纪德国哲学的关键因素》,《中国社会科学报》2014年第680期)。

How"、"das Wie"①。因此,认识论,其课题可谓涵盖元层次(meta level)的探究。在某种意义上,甚至可以说这种元层次的探究才是作为认识论的认识论所固有的课题。

但是,在说认识论如岸上学游泳般毫无意义之前,有必要赋予该元层次的探究本身以权利。即,有必要赋予该认识论的考察本身之真理性以权利问题(quid juris)维度的根据。因而,停留于知性反思的维度而陷入无穷倒退。认识论的考察,我们也不可能撇开黑格尔②所定义的"各个思维形式必须自为自在地加以考察;它们既是对象,又是对象本身的活动;它们自己考察自己,必须在它们自身由自己规定自己的界限,揭示自己的缺陷"③这一意义上的"辩证法"。

这一辩证法的展开,即使并非从感性确定性出发上升到绝对知识,在期待体系的叙述的场合,我们仍必须与黑格尔的《精神现象学》一样将它作为"意识经验的科学"来展开。但是,由于本稿只不过是序曲(Präludien)④,所以以下我想采用所谓共时性分析这一简便方法来探讨现象(phenomenon)的"认识论"的存在结构。

---

① ◎das Wie:德语。与前面"the How"同义。
② 格奥尔格·威廉·弗里德里希·黑格尔(Georg Wilhelm Friedrich Hegel,1770—1831),德国哲学家,与哲学家谢林是同窗好友。黑格尔的哲学以正、反、合的历史发展的三段式而著称,他认为这代表了绝对精神,即上帝在过程中的辩证发展。他的学说对鲍威尔、费尔巴哈、马克思和施特劳斯等一系列著名思想家都产生过深刻影响;还从反面影响了叔本华、克尔凯郭尔等人。主要著作有《精神现象学》《哲学科学全书纲要》和《法哲学原理》等。
③ ◎即自かつ对自的な考察……进行する途ゆき:自己考察自己……自己规定自己的界限。黑格尔《精神现象学》之《导论》的表述(译注:参见黑格尔:《逻辑学》(哲学全书·第一部分),梁志学译,人民出版社 2002 年版,第 103 页)。
④ ◎プレルディエン:Präludien。德语。"前奏曲""序曲",W. 文德尔班论文集的名字。

第一章　现象世界的四肢存在结构

传统的认识论的考察,岂不是从最初的步骤就定位①于"错误"的方向,忽视、错认(verkennen)认识的基本结构的方向？我们不禁有这一疑问。因此,对我们来说,必须从追溯传统的认识论考察所开始的最初问题场面,确认"认识"的——毋宁说,实际上是"现象世界"的——基础性存在结构开始。

用以设定出发点的入门②

哲学虽然自称为无前提的学问,但要真正做到无前提是不可能的,在学理上应予以阐明的与件可谓外在赋予的。尽管没必要追溯认识论的各学派,但是就问题本身而言,不可能撇开认识论的终极与件,此乃"如实呈现于前反思意识中的世界"(反省以前のな意識に現れるがままの世界)。

---

① ◎オリエンティーレン：德语。以 sichorientieren"定位"（自己）的"方向"。参照本书第 39 页脚注。

② ◎プロペドイティーク：propädeutik,德语。"预备学"。黑格尔任中学校长时期写过一部名为"哲学入门"的讲义。

不过,所谓前反思①说的是如实呈现,但这种情况真的可能吗？那种与件真的存在吗？这是值得怀疑的,即使慎重地遵循还原方法的步骤②,其中所抽离出的"纯粹世界"——即使已避免学派的先入之见——也许不过是赤裸裸地表达了意外的且完全"意识形态"的东西。严格地说,它没有超出充其量表明了排除一切"学派"的先入之见,以如实地发现与件之实相的思想准备的范围。

在此意义上,与其说是前反思的"如实呈现于意识中的世界"之类,不如说不过是虚构(fiction)的与件,但是,鉴于"近世"认识论默认以此为出发点,我们可以以此认定传统的认识论的问题式的基础场面,与其进行对质。

就此而言,我们可将这种"如实呈现于前反思意识中的世界",称作"如实呈现于童心(童心)中的世界"的"现象的(phenomenal)世界",将形成它的各个"分肢"(分肢)称作"现象"(phenomenon),我想以此为线索来展开讨论。

"现象的世界"——绝不是像灰色屏幕一般的影像——自在地分节,其中,被反思的意识称为事物的东西,的确有如具有手感,汇集某种形姿,附着颜色、气味……的格式塔的统一体在空间上分节地并存,颜色、气味、触感这些"性质"自不待言,漂亮、气味之香臭这些"性质",没有主体的东西和客体的东西这种区别的意识,可谓外在的存在。同时,在那里,反思的意识称之为"符号"或"他者的意识"的东西,是作为朋友的悲伤、母亲的高兴、你的恶意、犬的狂怒这种"直接的与件"而在

---

① 萨特曾尝试实现对传统哲学的"超越"。他将现象学本体论建立在意识的基础上,并将意识区分为反思的意识和前反思的意识。前者是笛卡尔哲学的出发点,后者是萨特哲学的出发点。

② 胡塞尔的现象学作为一种哲学方法,其要旨在于强调"面向实事本身",亦即面向现象,面向人的意识域。其目的在于摆脱一切预先假设,建立一种具有必然性和普遍性知识的终极哲学。那么,如何"面向实事本身"？他提出三个基本步骤,一是悬搁法(加括号法),要求排除一切超越之物以及对超越之物的信仰;二是本质还原,依靠本质的洞察和直观,还原出意识现象的本质或"常项";三是先验还原,回到意向活动的始初,还原出三个不能归于对象的"现象学的剩余",即"自我""我思"和"我思对象"。

场的*。

这种现象世界的各分肢,存在复杂的关系,这是通过对前反思的考察而直接明确的。可以意识到作为现象关系之一斑,"身体"或"精神物理的主体"实现分节化,是通过某种特殊的方法处于与其他现象互为中介的关系中的。

这里,曾经是自身的显现的现象,现在被把捉为只是处于相互联系的相貌中——通过若是转动眼睛、捂住耳朵、现象世界的相貌随即变样等体验——处于与这种特别的现象(精神物理主体)的中介关系中。可是,现象并不直接丧失其自身的存在性。

从上述事态来看——我想这里没必要详细探讨其历史演变经过——通过对精神物理的主体的解析和纯化,现象的**东西**与"纯粹显现"的区分等程序(process),产生了现象的东西(それが現象するもの)、**现象**本身(現象そのもの)以及所现象的东西(それに現象するもの)这三项化①。

传统的认识论考察,尤其是近世以降的认识论考察,定位于从上述三项关系来阐明"现象"的被中介性的"结构"。"近代的认识论"逐一提出的各个问题,可以说归根结底起因于将"现象"的被中介的存在结构置于上述三项关系中——作为"现象的本体"与"作为现象的场的意识主体"的关系——的"先行性理解"。

我们可以谅解这种问题式(problematic)②的形成情况,但是对于由此而忽视"如实呈现于前反思意识中的世界"的某种本质结构,乃至造成错认的结果,不得不严加拒斥。

对我们来说,必须将那种三项图式"加括号"③,再次正视现象所显

---

① "现象的东西、现象本身和所现象的东西"的三项化,大致对应于胡塞尔现象学所谓"意识对象—意识作用—意识内容"的三项式(参见邓习议:《广松涉对胡塞尔现象学的批判及其克服》,《世界哲学》2007年第1期)。

② ○プロブレマティック:problematic。广松译为"问题(论)的机制"。

③ ○「括弧に収め」て:加括号。胡塞尔进行所谓现象学还原的操作时使用"einklammern"(加括号)这一概念。

现的实事。

*现象世界,原本就显现于实践的、对象性活动的有意义性 Bewandtnis① 的关系中。然而在那里,可以说"信息世界"的东西实际上成为重点,在本章中我想暂且做个妥协从认识论的(erkenntnistheoretisch)视角予以考察。

第一节 现象的对象二因素

这里,我想暂且对所谓主体方面"加括号",着眼于现象的对象方面,考察其二肢性结构。

[一]

现象,每每自在地已是**作为**"感性"的所与之上(以上)的**某物**而显现。现在听到的声音乃是**作为**汽车的喇叭声,从窗外看到的乃是**作为**松树而直接地显现的。在看到现在桌子上滚动着的东西时,我正是将其**作为**"铅笔"来意识的。这支铅笔,"应该"不仅被看作平面图形,还被我作为有形状、厚度的"物"(ein Ding)来意识。它不仅作为映现②,而且作为形状的格式塔而被意识。闭上眼睛、睁眼再看到它时,则伴随再认的意识,即**作为**"同一铅笔"而被意识。

不光知觉和再认,而且采取"判断"的形式的与件在上升为意识的情况中,仍然可发现与件**作为单纯之外的某物**"的结构。即,主语指称

---

① ◎有意义性 Bewandtnis:意蕴。海德格尔《存在与时间》的用语。日语通常译为"适所性"(译注:汉语有"情况""性质",以及"关系情形""意蕴关联""关联语境""物宜""缘分""随缘""因缘""因缘联系""因缘关系网"等译语)。"有意义性"的对译是"Bedeutsamkeit"。

② ◎射映:映现。德语原词"Abschattung",是胡塞尔对射影几何学用语的转用。

的与件,通过谓语而表明的之外的某物(etwas Anderes),作为之上的某物(etwas Mehr)而被意识。(而且,正如若是思考反转图形或画中画之类的情况就能一目了然的,虽然"所与"一样,但与将其理解为某个"某物"相应的意识事态却发生了变样。)

这里不去涉及种差而只想作一般性的讨论,现象——由于这在反思的意识中是以所谓"知觉"的相貌而显现的东西,因此就成了以所谓"判断"的相貌而显现的东西——自在地作为"某物",作为"单纯的与件(als solches)①之外的某物"而显现。意识具有未必将某个东西作为某物而意识的结构,即并非将所与"原汁原味"地理解为某物本身(als solches),而是将所与作为单纯的所与之外的某物(etwas Anderes),作为所与多出来的某物(etwas Mehr)而意识。

这一点,最典型的表现是符号的情况。在与符号相关的情况中,我们将其理解为单个的那个东西(als solches),而不是理解为单个的墨水污渍或单个声音。符号乃是作为表示某物(etwas)②而被意识,这并非什么特殊的、例外的情况(case),不过是现象具有的一般结构的特别显著的表现。

用比喻的话来说,现象不止海德格尔意义上的用在性(Zuhandenheit,亦译为"上手性")③,它还显示着全部符号(象征)的存在方式。现象,在表现自身为自身的东西④($\varphi\alpha\iota\nu\acute{o}\mu\varepsilon\nu o\nu$ das, was sich selbst zeigt)时,每每已同时是"表现某种他性的东西"(das, was etwas Anderes zeigt)。

---

① ◎単なる与件 als solches:单纯的与件 als solches。德语 als solches 指"～那物"。
② ◎etwas:单独使用时,指德语的"某物"。英语为"something"。
③ ◎用在性 Zuhandenheit:德语。"上手性"。带有工具的性质。[译注:海德格尔以"上手性"来说明人与物(环境)的关系。比如,当铁匠全神贯注地打铁时,并不感到握在手中的铁锤的存在,这时铁匠与铁锤的关系就是"上手状态"。]
④ ◎自分自身を示すもの:表现自身为自身的东西。海德格尔《存在与时间》中的"现象"的定义。

[二]

在现象中,"所与"将之作为**那种**来自意识的"某种他物"(something else, etwas Anderes)是什么？另外,这个某物(something, etwas)与"所与"究竟有着怎样的关系？

从现象中的"所与"(als solches,某物本身)大致区别开来思考的他物,绝不是"联想式地浮现于心中的表象"的东西。实际上,在将我眼前的与件作为"铅笔"来意识的场合,尤其所看到的铅笔并未浮现别的铅笔的表象。在将相隔十年再会的人物作为某某朋友再认的场合,虽然也许确实并未浮现昔日的面影,但这种表象(心象)本身并非"朋友某某"。在伴有这种"心象"的场合,一般来说,眼前的现象与"心象"乃是共同作为某种相同的之外的某物而被意识,用比喻来说,是与"犬"这一文字和"quǎn"这一声音表达**相同**的之外的某物一样,浮现于心中的表象,并非现在所讨论的之外的某物。

这个某物,作为某种"客体的东西"而被意识,关于它是什么必须等到下一章再作主题性的探讨,这里想首先指出的是,当将这个"某物"本身特意抽取出来时,它呈现出哲学家们所谓的理念(ideal)①的存在性格。现在作为问题的某物,呈现出与所谓的现实(realitas)②完全不同的、超现实(irreal)③的存在性格。

例如,因着窗外能够看到的东西而将之作为**那种东西**来意识的"树"这一某物,那棵松树和那棵杉树,全部种类的树木,乃是同为**那种东西**的"客体"的某物,不光是"shù"这一声音。可是,作为实在物的各种树木,这个是这个,那个是那个,各自是**个别**对应的;而"树"则一样,每一种,都**不具有**特定的什么(普遍性)。同时,作为实在物的树木成长下去,不久就枯死(那时作为树木之本质规定性的实在性质也消失!);

---

① ◎イデアール:ideal。德语。"理念的"。
② 实在(拉丁文 realitas,英语 reality),指实存的与可能存在的东西。
③ ◎イルレアール:irreal。德语。"非实在的",ideal 的换一种说法。

作为某物的"树",则既不随着它成长也不随着它枯死,与实在物生成流变的样态相反,作为某物的"树"是不变的(不变性),等等。现在作为问题的某物,具有某些学派的哲学家们所谓的它表现着与实在物相异的存在性格这一意义上的"超时间、超空间"的超现实的存在性格。它既是"真""善""美",同时也呈现着与几何学中的"三角形"等一般纯粹数学的对象相同的存在性格*。

我们并不主张——某物的本质,如后面阐明某种功能关系被这样物象化地意识的秘密时所叙述的——这种"存在"是独立的实在。但是目前,将与件作为**那种东西**而被意识的这种"客观"的某物(etwas Objektives)统称为"意义",将它呈现的特殊存在性格称作"Ideal"(理念、理想)。

　　*像几何学的"三角形"岂不过仅是"头脑"中的观念而不是客体的存在?不过,果真可能创造正确的几何学之"三角形"的心象、观念吗?作为观念、心象的三角形,未必不可能有特定的形状。然而,几何学所讨论的"三角形",是与特定的大小和特定的形状无关的"普遍"的"三角形",人们在纸上描绘或在头脑中描绘的各种三角形则全是作为某种"客观"对象性的"三角形"。因此,即便作为观念的三角形消失,"三角形"也是永存的,几何学定律是"不变"的、"客观"的"真理"!——这一点,暂且必须承认吧。否则,后面的考察将产生各种问题。"三角形"本身在被纯粹地抽取出来时,就呈现出理念、超现实的存在性格。

[三]

这种理念的某物与现象的"所与",不是空间上各自分离的存在,在"所与"**作为**之外的某物来到意识中的情况下,即后者作为前者所显现的情况下,理念的某物,现实的"所与"**方面**可谓具身化(inkarnieren)地显现。

例如，在将黑板上描绘的图形作为"三角形"来意识的情况中，作为某物的"三角形"既不存在于理念世界也不存在于别的场所，而确实"居于"黑板上的那个地方。这个所与形象是"三角形"这种纯粹数学的理念对象"具身化"的东西，可谓"几何三角形"的具身化的范例之一（ein Exemplar）。黑板上的图形**作为**"几何三角形"而存在。

现象孕育①作为理念的某物的"意义"，只要成为"意义"的具身化之范例，那种东西的"实在"的性质和状态就仅具有次要的意义。例如，黑板所描绘的图形只要作为"三角形"来意识，与它有多大多小，是什么颜色，诸如此类的"实在"的规定性（gleichgültig）无关。当然，从其他角度（context）来说，颜色和大小这种规定性可能占有核心的意义，不能说因为将它作为"三角形"来意识，实在的规定性就为意识所遗漏。毋宁说，它正是以这些感性规定性作为自身而加以"具身化"。但是不管怎么说，现象之所以具有的中心意义，不在于所与所具有的个别的实在规定性，而在于现象作为现象而显现的"意义"，即某物。

这样，现象——我们当初将其处理为某物本身（als solches）的直接性所与——已经自在地、中介地设定为之外的某物、之上的某物，是位于"作为"（als，として）②之两极的两个契机间的中介性统一体。而且，是有着音调（accent）的理念契机的自在的统一体。

对于现象这种对象的二契机、二因素的自在的中介性统一，我们暂时确认的是这种理念—现实的二肢性统一结构，根据这一结构，"意识总是关于某物的意识"（Bewußtsein von etwas）这个十分著名的"意识

---

① ◎懷胎：孕育。卡西尔《象征形式哲学》第 3 卷有"知觉的象征孕育（Prägnanz）"一章。

② 在《存在与意义》第一卷（岩波书店，1982 年）中，广松涉立足于认识世界的二肢二重性结构，从本体论的高度论证了"作为"是比"是"更深层的逻辑规定（参见邓习议：《四肢结构论——关系主义何以可能》，中国社会科学出版社 2015 年版，第 137—145 页）。

的意向性"①的命题,便是不能满足我们的。盖这并非否认"关于某物"(von etwas)这一点,而是因其没能从本原上的二肢性来予以把握。

对我们来说,必须对作为超越近世意识概念的钥匙而被褒扬的这一"意向性"命题进行替换,而作如下表述:所谓意识,就是将某物设定为之上的某物,将某物设定为之外的某物。

不过,只要这种表达仍带有好像主张"意识"是特别的行为主体(agent)这种一般使人误解(misleading)的调子,也许就应该将其限于如下说法:现象在**作为**"现象的意识的直接的与件"之外的某物之自在的"对象二因素"的现实—理念的二肢性结构的统一中显现。

第二节　现象的主体二重性

上一节从现象(phenomenal)世界的直接现相出发,暂定性地概观了现象(phenomenon)实际上是对象二因素的二肢性结构成体,在本节中,必须再次回到出发点,着眼于上一节中特意搁置的另一侧面。

[一]

当前要面对的是,现象之作为现象是**对谁**而存在。眼下手里正握着的钢笔,其存在是"对我";小孩对牛呼唤"哞哞",该现象作为"哞哞"而存在是对小孩。

而且,现象也有二重性归属的情况。例如,像现在邻居房间哭泣的"小孩的悲伤"之类那样,在作为"直接的与件"(对我)而存在的同时,又作为小孩本人的悲伤"对小孩"而存在。同时,在小孩们踢球的情形中,

---

① ◎「意識の志向性」の命题:"意识的意向性"的命题。广松关于胡塞尔的观点,参照论文《胡塞尔与意义的意向本义》及单行本《胡塞尔现象学的视角》(均收录于《广松涉著作集》第7卷)。批判胡塞尔自身将"意向性"规定为"在意义中理解对象""关于某物的意识"这一定式看些片面。

可以说"一个"现象（球）多重性地归属于几个小孩与我。

这时，这种对我的应有状态和对小孩本人的应有状态是否确实相同？暂且撇开这种反思，眼下作为问题的终究是现象的"事实"。

从现象的"实事"进一步来说，现象未必只是对谁，在多数场合，不只可以对我，也可以对你、对他，一般也可以对任意的他者。不过，关于这一点，需要多少作点考察。

例如，在牛朝某个小孩"哞哞"叫的场合，牛的"哞哞"叫是朝小孩不是朝我。虽说如此，假设我自身没有在某种意义上理解牛的"哞哞"叫，我甚至不懂小孩是否把牛"错认"为犬。而我之所以能理解小孩的"错误"，是因为我自身也在某种意义上理解牛的"哞哞"。在此意义上，作为"哞哞"叫的牛，确实具有二重性的归属。但是，这时"我"与"小孩"之间，已不是我和踢球的小孩们一起那样的简单并列。

这里能够发现可谓自我分裂的自我统一的二重化。对我本人来说，牛终究是牛而不是"哞哞"。但是，对于在能够理解小孩的发言这一意义上的我，可谓作为小孩这一意义上的我，牛终究还是作为"哞哞"而出现。为了简略起见，这里，若使用"作为我的我""作为小孩的我"这种表述，这当中的两个我，在某种意义上既是不同的我，同时又是同一的我。

这种可谓自我分裂的自我统一的事态，最明显地表现在语言交往的场面，这绝不是作为例外的特殊情况——在以心传心"移情"的基本场面承认懂得"他人"的欢喜或悲哀——可以说，是现象的意识通常具有的可能结构。

现象①的"面向"者，即所谓"主体"方面，由于具有这种"作为某人的某个"（誰かとしての誰）的二重化结构，使得个人单独终究无法赋予的现象变得能够赋予。用普通的说法，即人们开始具有传播的"知识"。作为现象世界而呈现于人们面前的"世界"，其实就是通过这种"传播"

---

① ◎フェノメナ:phenomena,"现象"。希腊语"phenomenon"的复数形。

而形成的。

虽是乍一看就能明白的问题,但究竟什么是知识的传播?同时,如在所谓先入之见之类的情况中尤其明显的那样,预先获得的知识制约其后的意识活动,这是基于怎样的机制?这也与后面的讨论相关,我想现在就这个问题在此作一番考察。

说是知识被传播,但一方人物的"意识内容"之于另一方人物的意识,并非像从一个箱子向另一个箱子转移物品的那种移动,所谓传播,原本便并非以与自己所怀的相同的心象、相同的印象来唤起对方的意识。因此,也有不伴随任何心象而作真正地了解的场合,心象这种意识内容/表象,并非传播的本质因素(factor)。同时,即使预先获得的知识制约其后的意识活动,也不可能如意识的白板或蜡块①般毫无瑕疵。在意识的箱子中,知识观念或冲突或结合。

知识之所以能够传播,不外是因为一方人物将"所与"作为某物来把握的**方法**,与另一方人物将之**作为**某物来把握的**方法**是相同的。这里说的作为某物而把握的模式(pattern),可谓通过意识**活动**的模式而确立并固定化的——现在不能在这里深入探讨生理/心理学的机制——对新的所与也可以相同的模式来把握。可以说,基于既存知识的意识活动的制约,这种现象是与这种意识结构相联系、以之为基础的东西。

若就前面假设的例子而言,将牛作为"哞哞"来把握的小孩,传播的不是"哞哞"而是"牛"这一点,而且用法国社会学派的用语来说,"借助可笑的残酷处罚"强制地将之作为"牛"来把握。最初,小孩本人的意识同大人如何称呼它的"知识"之间,也可能处于分裂的状态。但是,不久就发生了同化,小孩自己"自发地""自然地"将该所与作为"牛"来把握。

---

① ◎タブラ・ラサ:tabula rasa。"白板""蜡块",没有写任何字的板块。见于洛克的遗稿及莱布尼茨的洛克批判书《人类理智新论》。其原型在亚里士多德《论灵魂》中已出现,通过斯多葛学派而传到近代。在洛克《人类理解论》中其英语为 white paper。

小孩将**人们把某物作为某物来把握的方法**变成我的东西，与人们同一。这种作为某物的把握方法，可谓**意识作用的发现方法**被交互主体化。

实际上，我们将钟表的声音听作"嘀嗒嘀嗒"，将鸡的啼鸣听作"喔喔喔"。不具备英语知识者，几乎不可能将之听为"呔咕嗒咕"或"咯咯咯"。正如从这一件事亦可判断的那样，连能够听到的声音这种维度，也是通过将所与作为某物来意识的方法而被共同主观化的。真实情况是，以这种被共同主观化的某物之外的相貌来意识所与，几乎是不可能的。

鉴于这一事实，现实的"对象世界"，是我们仅在"作为某人的某个"这一结构中开拓的世界。即，若换个视角来说，"对"对象世界进行开拓的，是于自我分裂的自我统一中存在的"主体"——作为单个的我**之外**的我——可谓"作为我们的我"。

毕竟，"对"对象世界进行开拓的主体，具有以上"作为某人的某个"这种二肢二重性结构。

[二]

作为某人的"谁"是什么？即，在现象世界，与现象"相对地存在"的"主体"、作为他而登场的"某人"（jemand）是有着怎样性格的人？

目前，如上例中的"小孩"那样，这个"人"作为个别的人物而显现。不过，在听从朋友们的意见、顾及世人的想法这样的场合，"某人"乃是所谓的"不特定的多数者"。并且——此时在这里，我想暂且撇开作为父亲而行动，作为老师而发言，这种地位与角色（status and role）——纠正他人的用词而指出"日本语中兔子是一只、二只地数"，意识到普遍有效性而判断"A是B"，也有作为可被称为"日本语的语言主体一般""判断主体一般"的人而行动的情况。另外，也有我说"您误解了他的想法"的情况等，"某人"在可称之为"套匣型"的多重性结构中显现。由于这种原因，"某人"是"谁"（哪个），不能一概而论。而且，实际上，阐明这些位阶诸相的区别和功能,对于讨论"主体"的交互主体的自我形成是必不可少的。因此,在后面的讨论中,我们打算深入这一主题性的探究,这里暂且仅就其存在性格,尝试指出两三点。

那么,作为个别的个人,我与你,我与他,在进行现象的分有·互渗(participation)①的情况中,两人在其"实在"的规定性中,并非我即你、我即他。这一点在"某人"作为"不特定的多数者"而显现的情况中愈发清楚,在它作为可谓"判断主体一般"而显现的情况中,可以清楚确认其"理念"的存在性格。

在谈到窗外所看见的是松树的情况中,这并不只是我个人的推测,而是它无论对谁都作为松树而存在,自在地抱有这种"普遍有效性的要求"。当对"众人"而言都是"普遍"的时,即在可谓"众人"的立场上我自在地意识到这一点时,这个"某人",就不是个别之类的人物。它与各个人物的生死无关,作为其自身而言既不是男人也不是女人,既不是老人也不是小孩。但是同时,那人必须是某一人物,在此意义上,在上一节中阐述的"树"之类也同样是"超个别的、函数的、超时空的"理念的"某者"。

但是,这种理念的"某者",并不是我与你共同作为**那个**而设定的"人"这种对象的、概念的"意义"的那个某物。当然,也存在我、你、他等作为"对象"而登场的情况,但就当前问题的角度而言,那终究是将所与作为之外的某物来意识的、仅作为"主体"而存在的理念的"某人"。

[三]

毋庸赘言,理念的"某人"不能离开现实的各个"主体",无论在哪里都没有"形而上学的世界"的实在。但是,正如前一小节所暗示的,只要

---

① ◎融即:participation。"互渗",列维-布留尔的用语。

人们作为"主体",一般都是自在的,而且是对于我们(für uns)①、作为这种理念的"主体"的范例之一(ein Exemplar)而存在。理念的某者,只有在这"具身化"中,才具有现实的存在性。

但是,"现实的主体",只要作为理念的某者的"具身化的范例之一"而存在,毋宁说就变得与其现实的规定性无关。

例如,外语老师,对于学生们而言,只要其作为该外语的"语言"(langue)②主体而通用、有效(gelten,认可),那么就是"老师",他的个性的、人格的规定性就只有次要的意义。关于这种情况,最显著的表现是女巫的例子。这已变得与她的一切个人性格无关:她只具有作为神谕的"具身化"而具有"场"的意义。当然,在其他角度中"主体"的现实规定性占有中心意义,不能因作为理念的"某人"显现,而完全脱离现实的规定性。但尽管这样,只要主体作为"某人"而显现于意识,那么承载核心意义的就是作为理念的"某人"。

反过来,从反思来看,从他人的表现来立言的上述事态,在自身中也能发现。我们每每意识到"作为我的我"和"作为某人的我"的断层,但是,在面对现象世界的时候,一般不仅是"作为我的我"——眼下且不问其应称为"常人"(das Man)③的水准,还是应称为"表象主体一般""判断主体一般"的水准。同时,也留待后面再阐明其带有怎样的意识形态制约——而且推测(meinen)在某种普遍的交互主体的视座中观察世界。这里有钢笔,现在是三点钟,对面的树看起来小、实际上大,等

---

① ◎für uns:"对于我们"。黑格尔《精神现象学》的《导论》中规定的概念。这不是对于积累了经验的意识本身(fares),而是对于探索经验的变迁的哲学家的立场之意。广松把这一概念看作对于辩证法的体系构成法来说本质的东西。参照《资本论的哲学》(收录于《广松涉著作集》第 12 卷)、《辩证法的逻辑》(收录于《广松涉著作集》第 2 卷)。

② ◎ラング:langue。"语言"。索绪尔语言学的概念。与 parole(语言行为)及 langage(语言能力)相对的"语言体系"。

③ ◎das Man:德语。"常人"。海德格尔《存在与时间》的用语。Das 是相对于接阳性名词的定冠词 der、阴性名词的定冠词 die 的中性名词的定冠词。可译为"世人""常人""人"等。法语是用非人称的 on 来表现。

等，不仅是与"作为我的我"相对的与件，而且可推测为与人们相对的具有"普遍有效性"的"事实"。**仅仅**与所谓"作为我的我"相对而存在的东西，一般被贬置了。现象之所以作为某物而存在，乃是与"我之上的我"相对而存在的。因而，较之于单个的我，作为"某人"的我处于优越地位。

如已无需赘言的那样，"对"对象世界作出开拓的所谓主体，在最低限度上，不仅具有二肢性"作为某人的某个"这一结构，而且一般地有着音调的理念契机，并作为自我分裂的自我统一体而存在。

所谓"主体"的方面，也同时具有理念—现实的二重结构，主体方面也是作为之上的某物而存在，我们目前想确认的是这一命题。

第三节 现象世界的四肢结构关系

通过前两节，我们权宜性地分别考察了现象世界的所谓"客体"方面和"主体"方面，抽取出两组二肢，总共四个契机。实际上，这些契机，不管哪一个都不能单独存在。虽说它们合起来形成四肢结构成体，但各契机并非预先各自独立地存在，之后再进入关系，而是各契机只有作为这函数关系态的项才能够存在。

然而可以发现，一直以来人们将这些契机自立化，误以为它们是独立存在的东西，产生了各种形而上学的悖理。

在本节中，我想触及这当中的一些情况，确认四肢契机的功能性结构关系。

[一]

我们在前面各节中，谈到具有理念的存在性格的某物，对象的"意义"可谓"所与"的"具身化"，这里我想把这两个环节（Momente）重新命名为质料契机，形式契机——也是为了考察与哲学史上的传统问题式的关系。

现在重新命名"质料契机",即进行"具身化"的"场",即,被作为"某物"来把握的"所与",在前面的考察中,它被当作恰如"感性/实在"的现实(real)形象(Gebilde,构成物)来处理。但是,就已产生作为"某物"而被把握的东西,继而作为之外的某物被把握这种多重的过程而言,"所与"(质料)绝不是纯粹的现实形象。已与"形式"相结合的现实—理念的东西,可以重新处于质料的位置。不仅如此,严格地说,不可能现实地赋予纯粹的"裸的质料"①,*只能现象地呈现的与件,已经都是"形式—质料"成体。我们所谓的"质料"并非任何固定的东西,只是与形式的功能相关的质料。

"形式契机",即前面被总称为"意义"的"某物",其本身并非现实②的构成要素。我们实际上看到的,只在于将所与作为其之外的某物来意识。但是,即使在认为质料相同的场合,也是通过将其作为什么被把握的意识事态而最终为之一变(请回想一下反转图形或画中画,一般现象在其中的符号化),在此意义上,那种"某物""形式"乃是现象世界的决定因子,这是不能否定的。就其本身来说不过是"无"(nichts)③,之所以能够主张理念的"意义""形式"的存在性——若撇开其交互主体的有效性来说——完全是基于上述事实＊＊。

然而,这个"某物",每每被物象化地意识。我们自己在前面亦将这种东西本身说成"具身化",多半是迎合这种物象化的意识,而将这种"形式"纯粹地抽取出来考察时,呈现那种"理念"的存在性格,要求先在(Priorität)④于"经验认识"。为此,该"某物"被思考为"本质直观"这种特别的直观的对象,被思考为由纯粹知性认识的形而上学的实在。

---

① ◎裸の質料:裸的质料。拉丁语为 materia nuda。后出"裸のマテリー"("マテリー"是德语 Materie 的日语读音,正确的读法是マテーリエ)。源自亚里士多德的第一质料(第一の素材)。

② ◎实的:reell。与胡塞尔的 real 相区别。后者指的是实在的事物,与之相对,reell 是在与意向的意识体验的要素相关的意义上而使用。

③ ◎nichts:德语。"无"。本书第 112 页的译语是"空无"。

④ ◎プリオリテート:Priorität。德语。"先在性""第一性"。英语 priority。

我们这里还没有深入"意义"的类型分类——以及"形式"的范畴分类——眼下只想指出基于所与被作为同一的东西而再认的"再认的意义"的物象化"实体"的想法（notion）之产生，以及通过在类同的知觉或判断中，"意义""形式"的物象化而形成"本质"的想法（notion）。以这种**交互主体地**物象化的"实体""本质"为前提，不仅产生"普遍"（类和种）是实在的这种"概念实在论"立场，而且产生将现象世界看作不过是这些"真实在"的假象/现象的颠倒想法。即产生将现象世界看作"真实在"的幻影的二个世界说，由是同时将现象的与件看作只是"作为实体的物本身"的映现像（aparentia）的"意识内容"之类的三项命题。

　　就我们来说，必须严格避免将"理念"的"某物"、交互主体的"形式"（形相）物象化地立足于形而上学真实在这种拜物教（Fetischismus）①的颠倒的念头之上——即使它被称作科学的实在，同时也必须拒斥以此为单纯的认识论的主体形式、以此为先天（a priori）的认识形式的念头。也是为了继续关于这一点的讨论，接下来必须重新把握"主体"方面。

　　＊确实，当追溯至极限时，也许在逻辑上能够假设所谓的"裸的质料"这种东西。但是，那不可能是现象的与件。连某些学派主张的"多种表象""感觉要素"或"感觉与件"（sense data），用我们的话来说，也已经是被理解为"作为"（als，として）的东西，是质料—形式的二肢性成体。另外，我们的质料—形式，犹如在亚里士多德②或拉斯克③的场合一样，可以装入阶梯的由下而上、接连不断的多阶结构的比喻。

　　＊＊在质料—形式统一体形成之际，在现实的体验场面，

---

① ◎物神崇拜 Fetischismus：参照本书第 39 页脚注。
② 亚里士多德（Aristotle，前 384—前 322），古希腊哲学家，柏拉图的学生、亚历山大的老师。著有《形而上学》《范畴篇》《尼各马可伦理学》《政治学》等。
③ 埃米尔·拉斯克（Emil Lask，1875—1915），德国哲学家，新康德主义西南学派的成员。李凯尔特的学生，海德格尔的师兄。著有《法哲学》等。

具有二阶的心理过程——也存在认可例如"现在的是什么声音吧""——是"这种二阶结构的情况。但是,不可将这一点推论至"裸的质料"。若没有进入"形式"的阶层分类,这只不过是停留于臆断,例如,只是在途中听到语言的声音的状态——尚未将其作为具体的"语言"听完——说该语言的人与外国人在听到的情形中是基于不同的分节方法来听的,因此不得不说所予已是形式—质料的成体。

69

[二]

前面,我们讨论了与现象世界"相对而存在"者是"作为某人的某个"这种自我分裂的自我统一,是作为理念—现实的二肢性成体而存在的,这里,我想通过对所谓的"现实的主体"的"归属"这一问题的再探讨,推出几个基本的论点。

现象,每每从最开始就被看作属于我的(人称的)意识的"主体"的事情。可是,对我们来说,必须从一开始就确认,现象世界原本是前人称的、非人称的。

或许有些过于粗浅,让我们试着考察"现在,我听着钟表的声音"这一事态。钟表的声音,确实不是手能够触及的物的存在;鉴于它在真空中会消失等,不能说这属于钟表的性质。而且同时,当塞住耳朵,切断听觉神经,损伤了大脑的某一部位时,声音就会消失。就此而言,不能否认声音是由"我"的"主体""主观"决定的。但是,绝不能由这一点而直接赋予"声音属于我的主体"这种说法以权利。

70

第一,与空气振动本身并非"声音"一样,生理活动本身亦非"声音"。作为声音的声音,并不存在于生物体中。(这里不能随便抢在"意识"的东西之前,采用内属于我的意识这种说法。)

第二,声音既由机体结构决定,也由钟表运动和空气状况决定。因此,如果主张决定仅属于主体,那么同样有权利主张它属于客体。在此意义上,合理的说法是声音属于以生物体为其部分之一的"物"的关系整体。

第三,听到这一声音是"嘀嗒嘀嗒",而不是听成"哒咕嗒咕"等,是在一定的文化环境中,通过与他人的语言交往的经验而确立的。因此,是通过文化环境、他人而决定这一声音——尽管并非现实共存的他人。(现在撇开钟表是人工产品这一点,这种他人是在语言交往这种关系中而成为问题,而介入他们的生理过程和"意识"的!)。在此意义上,合理的说法是声音也"属于"文化环境、他人。

71　　这样,严格来说,声音可谓属于不仅包括我的生物体和"物"的环境,也属于包括"文化"的环境在内的世界的总和。确实,这时,我的中介性存在方式与他人的中介性存在方式是不同的,在这一点上该钟表的**个性**中介性存在亦然,盖现象世界在本原上是前人称的、非人称的。

现象被错认为内属于特定的主体,其心理依据既有上述中介性存在方式的特殊性,也不能忽视承认所谓反思的"自我归属意识"。确实,我们或能"回到我","啊"地意识到"我现在听到了钟表的声音"。但是,这一点并不能赋予"现象必定总是内属于我(的意识)"的教条以权利。这是因为,连反思的事实都可以被认作"他者归属意识",甚至可谓"啊"地"回到他者"。例如,听演说正入迷时(这时,可谓只是听思想,别说演说的他人,我甚至也未意识到正听着的我自身),一瞬间,在察觉那是演说者的思想而发出"啊"的场合,这种奇妙的表现,可谓"回到他者""他者归属意识"。

72　　所谓"啊"地"回到我","自我意识",当然不是"自我认识",但是,连这些都是通常所谓的"对象化的意识""过渡到**被**意识方面的意识",而并非作为能知的能知(意识作用本身)。人称的自我意识,已是对象化的意识,作为现象与件的意识。然而,由于那种物心二元分离,人们臆断性地区别对对象的意识和对意识的意识(自我意识)——那原本便是建基于认为意识是精神实体的属性这一观念的看法——固执于意识的本原上的人称性。并且假定现象的"自我**觉**识"的背后,精神实体才起作为对象化的纯粹能知的意识作用。并且,人们二重性地视那种"觉识"宛如纯粹作用本身。虽然我们愿意承认这种念头有一定的心理依据,但它要求恶无限地倒退到客体(包含对象化的意识的所知)必定对应于主体(能知)的概念图式,而我们不能认可那种纯粹意识作用。我们仅在人们作为纯粹作用的想法的"觉识"(Bewußtheit)现象地显现这一意义上,承认**作为**某人的意识而设定的"人称性意识"。而且,这种设定,在现实上,已背负着"我思(cogito)就是我们思(cogitamus)"。

这样,人称性意识,只要是作为人称性意识而存在,就不过是现象世界的一分肢,它不可能是现象的总和。

那么,作为理念的"某人"的我,在认识论上具有怎样的意义?为了考察这一问题,接下来,让我们将认识论史上的遗产引入来考察四肢的关系。

[三]

尽管我们号称着眼于现象世界,当谈到"对象二因素""主体二重性"时,却作了与传统的主—客图式相妥协的发言,虽说这种妥协确实有一半理由是叙述的权宜。阐明所谓主—客图式的存在结构及其秘密,意在通过这一点表明该图式是从内部使其空洞化的东西。我想将这一课题纳入范围,在已确证的论点允许的限度内,重新把捉其四肢关系。

回过头看,我们从现象的场面出发,通过指出现象有着理念—现实的二肢性结构,而采取所谓现象主义①的立场,首先尝试作出毋宁说是符合现象学②的论述,但是接着,也通过否定所谓理念形象的自立的对象性而对之采取拒斥的立场,而且,是通过将所谓的理念契机规定为交互主体的"形式"。

在此意义上,我们或许会被评价为恢复一种独特的认识论的主体

---

① ◎フェノメナリズム:"现象主义"。
② ◎フェノメノロギー:Phänomenologie. 德语。"现象学"。

主义之构图者。就我们自身来说，绝不是抱持"认识论的主体主义"之立场者，只是想暂且联系这一"构图"，图式化地表现四肢性的关系。

我们所谓的"形式"，作为现象的对象的一要因，虽然如前所述，是被物象化地显现的，是基于交互主体的交往（Verkehr）①的"意识作用"体现的方法而与交互主体化的过程相照应才形成的，可谓交互主体的意识作用的凝结（Gallerte）②。在此意义上，它大致属于原本的"主体"方面，而且是使作为交互主体的"某人"实现自我形成这一意义上的"主体"，可以说具有"认识论的主体形式"。

这种"主体形式"，通过向"质料"而"向有效"（hingelten）③，是因为在那里，不仅面向我们的对象开始被赋予作为现象的狭义认识，而且展现于我们的生活的对象自身之本在（Sosein）④也是由它决定的，可以说它是一种认识论的、存在论的"先验形式"。

具有这种"先验形式"的主体，不是作为个我的我，而是那种理念的"某人"意义上的主体，但是靠着它人称的主体才作为人称的主体而设定，与此同时，理念的"某人"可以说是认识论的、存在论的"先验主体"。

这样，在此意义上，鉴于我们所谓的"形式"的理念的存在性格，可以描绘出将新康德主义西南学派之后裔的形式客体主义再次向形式主体主义的方向逆转的构图。我们的"先验形式"，不是绝对固定的形象，较之于经验认识每每具有先在性（Priorität），形成质料—形式的多重结构。我们的"先验主体"，不光是逻辑的主体，只要各个主体作为各个主体而通用、有效（gelten），就能占有（aneignen）具有形式-质料结构的现象世界，云云。

我想假托这一构图而立言的是，上述"质料—形式"结构及其与"人

---

① ◎交通 Verkehr：参照本书第 36 页脚注。
② ◎凝结 Gallerte：马克思在《资本论》中阐述"抽象的人类劳动"时的用语。
③ ◎向妥当："向……有效"。E. 拉斯克的用语。
④ Sosein，意为"具体的存在"，日文原译"相在"，本书统一译为"本在"。中文亦译"存在""所在""本质"。

称的主体"的相关性——也是间接地（implicit）在行论的过程中谈及的——具有"形式"与"认识论的主体"，以及"认识论的主体"与"人称的主体"的连环结构。由于这里尚未进入那种"作为某人的某个"的阶层形成，关于交互主体性的范围与现实性，意识形态性的问题，等等，只是停留于撇开必要的保留和权利的臆断，我们暂且远离近代认识论将之作为一种事实性前提而确立的"主体的先验同构性"——它不过是将共同主观地形成的功能性同型化、错误地作为先验同构性的物象化的东西。该"主观"，是在历史的、社会的、共同主观的"同构化"中实现自我形成的（我们的"认识论的主观"，其本身不过是"无"[nichts]的"一个理念"[ein Ideales]①，是以这一事实结构为基础的东西，绝不是"一个纯粹的逻辑主观"[ein bloß logisches Subjekt]②），而且，这种自我形成是与"形式"的共同主观性的形成相联系的，现实的主体具有"形式"与作为"认识论的主体"而有效（gültig）是同一过程的两个方面*，所谓的四肢是仅在这一过程的关系中存在的东西，我们积极地主张这一点。

但是，之所以能够提出假托的说法，仅在于上述过程的关系的这一点。然而，实际上，这无论与认识论的主体主义的逻辑主义，还是与心理主义都是不相容的，它显然是导致其自我否定的东西。我们绝不对"认识论的主体"进行逻辑的实体化（hypostasieren），对"认识论的主体形式"进行固定化，并由此对"认识论的主体"世界加以内属化，更不可能针对世界是"个别的主体"而提出世界是超越的客体的主张。

我们模拟"先验主体""先验形式"和"先验对象"来讨论其结构关系的应有契机，也无需逐一重述，自为地把握自在地思考为"直接的与件"的现象世界的被中介性，只是为了记述其结构关系的"项"，即使"实存的主观"也在现象世界内存在。

这里，若世界相对于契机是有者而契机本身在世界中又是无者，**如**

---

① ◎ein Ideales：德语。"理念的东西"。
② ◎ein bloß logisches Subjekt：德语。"纯粹的逻辑主观"。

果现象是"无"(nichts)属于"主体"概念的本质,同时,**如果**相对于个别主体的超越的存在体属于"客体"概念的本质,那么,对我们来说,已不存在所与世界或作为认识的"存在根据"来考虑的"主体"和"客体"。

我们在前面谈到近世的"三项图式"中显现的本体的秘密(那种之外的某物[etwas Anderes]的物象化),提出了一些我们关于"意识内容"的内属化和"意识的向来我属性"的命题之秘密的论点,并且同时,通过假托认识论的主体主义的构图而暗示该构图的内在批判性,在本章的范围内,还未能深入对近代的"主体—客体"概念进行主题性批判。但是,若只是如下这一点,则在本章的立言范围内可以得到确说(versichern)。

我们说"主体—客体"关系是世界内在的关系,在于它已不是近世的"主体—客体"图式所要求的**诸如**超越论的(transzendental)关系这一点。我们所探讨的,始终只专注于现象世界的世界内在结构关系的问题。

　　＊根据这一点,我们所说的"交互主体性"不限于"主体间性"
　(intersubjektiv)的意思,而是含有交互主体(zusammensubjektiv)以
　及共同主观(gemeinsubjektiv)的意思①。

现象世界,可谓在"所与面向作为之上的某物的作为某人的某个而存在"(Gegebenes als etwas Mehr gilt einem als jemandem)的四肢结构关系中存在,我们通过定位于在本章中设定的这种功能性(funktionell)的被中介结构,进行了与序章设立的诸课题相应的思考。为了从事这一作业,有必要阐明"**主体**"的多重阶型性和共同主体的自我形成的现实性过程结构,理念的二契机,"某物"和"某人"的物象化的秘密及其类型分类,等等,厘清这一系列有待解决的问题点。即,语言世界的意义的表现结构,以及历史世界的交互活动的存在结构成为接下来的论题。

---

　　① ◎intersubiektivという意味にとどまらずzusammensubjektivそしてまたgemein-subiektivという意味:不限于"主体间性"的意思,还含有共同主体以及共同主观的意思。德语 inter 意为"间",zusammen 意为"共同",gemein 意为"共同的"。

第二章　语言世界的事象性存在结构

近年,可以发现哲学家们的语言观——确切地说是哲学家们对"语言存在"的结构的把捉方法——开始发生根本变化。这样虽可能容易招致极大的误解,但与所谓"中世纪世界观以'生物'为模型来了解万物,近世世界观定位于'机械'的存在结构来开拓视界"相对(关于这一点,请参照拙著《马克思主义的地平》第二章第一节)[《广松涉著作集》第10卷],现在已以"语言存在"的阐明为通路来探索新的世界观的视座。这一判断,恐怕不会有大错吧。

我们在序章中试着围绕近代认识观的基本范式作了若干讨论,指出它已成为现今陷入全面闭塞的原因,讨论了新的世界观之地平的开拓的课题,我想对"语言世界的存在结构"的阐明可谓与这一课题相应的合适通路。

与其说是因为语言非常切中我们的日常生活,毋宁说是由于我们日常已接受既成的"近代"语言观,往往容易忽视其特殊的存在性格。但是,无需提及语言曾是典型的物神①,借用马克思的修辞(rhetoric)②来说,对语言"……的分析表明,它却是一种很古怪的东西,充满形而上

---

① ◎典型的な呪物:典型的物神。例如,日本上古的"言灵信仰"。
② ◎マルクスのレトリック:马克思的修辞。本书第39页脚注谈及的马克思的语句。

学的微妙和神学的怪诞"①,处处捉弄近代的"分析知性"。仅退一步来看,语言原本就无法为近代世界观的图式所容纳。

对于新的世界观的开凿,语言存在成为有力据点,这有其原因。语言作为所谓的社会事实(fait social)②之一种,对于诸个人乃是"外部拘束性"的存在,而不是作为"物在"(Vorhandesein,物在)的近代的"客体",是典型的"用在"(Zuhandensein)③;而且,从根本上说,交互主体的形象超越了"近代"的"人称的主体性"。这是因为,语言自在地超越了以主体—客体图式为基础的近代的世界理解。

并且,在呈现特殊的存在性格的"社会形象"中,围绕着语言不断出现最具系统性的研究,近代的"要素主义""数量化理论"以及其他理论,无法通过分析理性的"有效主义"加以把握,这已一目了然。——虽说开拓以语言为视座的新地平的哲学家们的问题意识未必都一样,但在笔者看来,语言存在之所以是合适的通路,尤其源于上述情况。

以上述理解为伏线重新把握语言世界的结构,补充在上一章有待解决的几个问题是本章的课题。

第一节 信息世界的四肢结构

直接赋予我们以知觉视界的世界,是极其有限的,往往限于居室的一隅。可是,我们现在世界各国的大学中刮得厉害的所谓学生运动之风,中苏边境孕育着紧张,等等,我们通过一系列"事实"而了解**信息**,

---

① 《马克思恩格斯全集》第44卷,人民出版社2001年版,第88页。

② ◎社会的事实 fait social:如本书 I(内篇)"第一章"及 II(外篇)第三篇论文所涉及的,是以涂尔干为代表的法国社会学派的用语。

③ ◎「物在」……"用在":"物在"和"用在"是海德格尔《存在与时间》的用语。离手(vorhanden)而仅存在于眼前的事物的对象,和以上手(zuhanden)的工具的方式存在的对象。[译注:参照萨特自在存在(être-en-soi)和自为存在(être—pour—soi)的区分。]

而且，不光将其作为知识来了解，还为那件事而愤慨，或态度为其所决定。同时，观看职业棒球的电视转播，甚至不由得站起来，采取挥舞拳头之类的与在现场一样的行动。

通过信息而传播的世界，固然可以鉴于这样的事例，与"知觉世界"几乎同样，它还给我们的"意识"，或毋宁说给"心理/生理"结构带来**直接影响**，诱发相应的反应。在此意义上，信息的**在场**的世界，可以说与所谓"物的世界"具有同样的实在性。

在今天作为"常识"而固化的世界理解中，所谓"世界"在第一性上首先是广大无边"物在"的大宇宙，在其一隅的地球上存在人类世界，"信息世界"作为所谓**准**环境又只不过被看作其中**一部分**。从超越的视角来说，或许确实可以那样看。但是，从现象的立场来看则相反，所谓的"大宇宙"本身不过是信息世界的一面相。

如实展现于我们面前的世界，即给我们的心理/生理作用带来直接的规定性影响，以及我们与之相关的对象的、实践的现实世界，实际上，几乎是被信息化的世界。在上一章中，我们是以近世认识论的视界妥协性地定位于"知觉地开拓的世界"，但实际上，"未加工"的知觉世界不过是现实世界的极小一部分——暂且撇开记忆世界的渗透性媒介——准确地讲，应该说这里所说的由情报开拓的世界才是"现象的现实世界"的实相。

在本节中，我想在确认关于语言的本质的两三个问题点的基础上，将信息世界的存在结构与现象世界的一般结构作对应的阐述。

[一]

关于语言的本质，自古代哲学以来存在相互对立的两种看法，那就是"自然（φύσει）说"和"约定（θέσει）说"[1]。在两种说法的具体内容上，不同的论者各有分歧，采用前一说法者，认为语言是通过一定的方法而拥有与表达对象相同的质，由此存在语言表达性。采用后一说法者，主张语言并非原封不动地表达自然的事象，而是具有任意的、约定的、习惯的表达性。

这两种语言本质论的对立,在某种意义上不仅直到今天仍未得到解决[2],而且如柏拉图的《克拉底鲁篇》所明确指出的那样,只要停留于该地平就会陷入兴衰剧(Wechselspiel),若将一方的说法推向极限,就会在不知不觉间为相反的说法所吞并。

为了正确把握语言的本质,必须超越"自然说"和"约定说"的对立这种地平本身。

这里不打算对这两种说法分别进行深入的探讨,关于自然说,如前面一直指出的那样,可以再次确认自然物本身不可能是语言的论点。即,当采用此说时,虽说在语言具有完全的写实性的情况中会达到完成态,但像左甚五郎①的作品那种完全的语言,即便追加了一种实物,那也既不能说就是作为语言的区别(区别于实物),也不能说就是语言。语言之所以是语言,在于它与自然物的区别性,它是人为的/规约的($νόμω$)! 然而对约定说而言,当追问该约定($συνθήκη$),即习惯的(conventional)固定化的根据时,就会产生摆在眼前的关于符号与意义的结合的存在论基础这个众所周知的难点(aporia)(参照后论)。

但是,我们的课题并非指出难点,而是要将其由来自为化。目前可以确认的是,不管是自然说还是约定说,关于**符号的知觉**,以及关于用符号表示的**对象的知觉**,人们对二者的理解实际上都建立在自然的知觉这一默认的基础上。我们必须拒斥这一默认的前提本身。

让我们联系一个例子来将所谓默认的理解自为化。我们听到钟表嘀嗒嘀嗒的声音,我们用拟声词"嘀嗒嘀嗒"来表示它。连对自然说而言可谓尤其有利的这一拟声词的情况——不是"咔咕嗒咕"——"嘀嗒嘀嗒"这种听法,都已不是自然($φύσει$)的,而是历史的、社会的规约($νόμω$)。存在嘀嗒嘀嗒这种自然的听法而不以"嘀嗒嘀嗒"一词来表示它,

---

① 左甚五郎(Hidarijin Goran, 16 世纪后半叶),日本江户时代传说中的建筑雕刻家。最具代表性的作品有《睡觉的猫》《闷伽井屋之龙》《鲤山之鲤》。

因为是在"嘀嗒嘀嗒"的语言表达历史性、社会性地确立之后，才有嘀嗒嘀嗒这一知觉性的接受的。但是，另一方面，我们在声音的维度区别地辨听"报纸"（sinbunsi）的语音和东北方言的"新闻纸"（sunbusi）的语音，二者作为词语乃是作为同一种东西被接受。可是，这种听取方式的"约定"，并非直接的约定，而是经过了表达的"意义同一性"的中介。因此，在采取约定说的情况下，必须论证符号与意义的结合的约定，以及符号本身的听取方式的约定这二重约定。这样，在语言符号本身的接受这一场面，它不是自然的知觉，而是历史的、社会的、人为的。并且这种人为是作为自然而被意识的[3]。——总之，不管是作为能指的符号，还是作为所指的事象[1]，都并非分别被自然地知觉之后再形成关系，它们在相对于我们而存在的意义上，已经是在互补的相互中介性中，在历史的、社会的交互主体化的面貌中显现。

因此，我们拒斥传统的默认的理解，即拒斥将未赋予语言的（或前语言的）的事象和语言符号本身这两个项独立化，然后试着结成两者的关系的做法——我们必须采取抵近（approach）如实分析被赋予的世界的中介性结构的方法。

　　（1）关于这个问题，参照汤姆森[2]的《语言学史》（泉井久之助译）。汤姆森援引同是丹麦学者的天宁在《圣经·旧约》的内部追溯那种对立。

　　（2）K. 洛维特的《黑格尔与语言》（K. Löwith: *Hegel und die Sprache*）就这一问题作了饶有趣味的考察。

　　（3）在这一点上，肯尼斯·派克所作的主位（emic）与客

————————

　　① ◎能記としての記号も所記としての事象も：不管是作为能指的符号还是作为所指的事象。如本书第 122 页所述，"能指"（能記）是法译 signifiant、"所指"（所記）是 signifie 的翻译。均为索绪尔语言学的用语。

　　② 威尔海姆·路德维格·皮特·汤姆森（Vilhelm Ludvig Peter Thomsen, 1842—1927），丹麦语言学家。

位(etic)①的区别不能不说是一种卓见。关于这个问题,请参照安井稔的论稿,载研究社《现代英语教育讲座》第3卷。

[二]

在前一小节中,大致忽视了语言观的时代变迁而进行讨论,但语言存在的理解结构是随着各时代的世界观而变化的。确实,在欧洲中世纪,以语法学和修辞学的发展与逻辑学上的某种考察为机缘,语言观也取得了一些进展,"世界—语言"的二项图式本身也可谓得以维持。但是,进入近世之后,与序章中阐述的认识论的三项图式相对应,语言存在的理解也发生了根本变化。

如很多论者所指出的,关于语言表达结构的近代语言理论的基本图式,首先在约翰·洛克的语言哲学中完成[1]。即使暂且撇开工具主义的看法,在洛克看来,所谓语言首先不过是使用语言的人用以表示心中存在的某种观念的感性符号。但是,对语言的使用者而言,该词语不只是他自己心中的观念,他假设交往的其他人心中也存在观念符号,进而,该观念不光是梦想,因此,词语被理解为表示事物的实在性。洛克本人尤其强调第一项功能,总之,这里指出说者和听者的心中共同存在的"观念",是作为其感性实在的符号的"语言符号",并且心中的观念具有与之摹写地——虽说如此,但附有某种限定——相对应的"客体事象"这三极性契机。

---

① ◎eticと emic:主位与客位。etic 出自 phonetic(语音的)词尾,emic 出自 phonemic(音位的)词尾。报纸(sinbunsi)和新闻纸(sunbunsi)属于 etic 的问题,不是 emic 的问题。[译注:肯尼斯·派克(Kenneth Lee Pike,1912—2000),美国语言学家。主位研究是指研究者尽可能从当地人的视角去理解文化,深入听取当地人提供的情报,对其关于事物的认识和观点进行整理和分析。客位研究是研究者以文化外来观察者的角度来理解文化,以科学家的标准对其行为的原因和结果进行解释,用比较的和历史的观点看待民族志提供的材料。]

在这里,只要人们想起奥格登①和理查兹②的著名的三项图式⑵,索绪尔③的作为"概念与听觉映像的结合"的"符号"⑶与"外在的实在"的关系论,以及卡尔·布勒⑷非常著名的三极性工具论模型(Organonmodell)④和其他各种意义的图像理论(picture-theory of meaning)援引为前提的图式⑸等,论说符号与意义的关系的近代语言学的各种著名理论⑹,就很容易发现它们都不过是在洛克所确立的图式内的变样吧。

我们现在并不打算在这里强辩说,近代的"符号—意义"论全都处于洛克的界限内。我们想讨论的问题是,与符号表达的结构相关而被近代理论的"主流"默认作前提的"外在事物""内在观念",以及直接与后者相结合的"语言符号"这种"世界—表象—符号"的三项图式本身。

在这个三项图式中,客观"世界"和主观"表象"被二元性地截断。不过,在语言学的考察维度上,前者一般与知觉的赋予的对象界形成二重化,未必是哲学的"物在"自身。但是尽管这样,只要后者即"内在表象"被更替地理解为通过主体的判断、价值评价的意识作用的加工和变样的东西,那么前者终究被认为是独立于主体的。并且,符号目前乃是直接作为与这种"内在观念"相关的东西,其与对象世界的关系,则至多被看作间接的。

---

① 察尔斯·凯·奥格登(Charles Kay Ogden, 1889—1957),英国语言学家、心理学家、作家。著有《意义之意义》(与I. A. 里查兹合著)。
② 艾弗·阿姆斯特朗·理查兹(Ivor Armstrong Richards, 1893—1979),英国语言学家、评论家。著有《文艺评论原理》等。
③ 费尔迪南·德·索绪尔(Ferdinand de Saussure, 1857—1913),瑞士语言学家,现代语言学之父,结构主义的创始人。索绪尔把言语活动分成"语言"(langue)和"言语"(parole)两部分。语言是一种符号系统,符号由"能指"(signifier)和"所指"(signified)两部分组成。他还将语言研究分为"共时研究"和"历时研究",特别强调共时研究,因为语言单位的价值取决于它所在系统中的地位而不是它的历史。代表作有《普通语言学教程》。
④ 卡尔·布勒(Karl Bühler, 1879—1963),德国心理学家。布勒的工具论模型的出发点是语言符号的符号学模式,认为语言符号同时承担着象征(symbol)、表征(symptom)和信号(signal)的功能。

可是，如在上一章所详细讨论的，近代认识论以及很多语言学家们援引为前提的"内在观念"本身原本并不存在。即使从语言交往的场面来说，不仅有不伴随任何所谓"心象""观念"的语言交往，而且也会形成在原理上不可能的诸如"圆的正方形"（round square）或"二角形"等心象观念。因此，即便退一百步而客气地说，"内在观念"本身对于语言表达、理解的实际结构而言并非必要条件。

从这一点来讲，历来"近代"的表现结构理论，以及"符号—意义"理论援引为前提的三项图式已从根本上崩溃。因此，作为我们来说，这里必须完全从新的视角重新接近该问题。

(1) J. Locke: *An Essay Concerning Human Understanding*, Book Ⅲ, esp. chap. Ⅱ.

(2) Ogden & Richards: *The Meaning of Meaning*, 10th ed., p.11.

(3) F. de Saussure: *Cours de Linguistique générale*, 3° éd., p.99.

(4) K. Bühler: *Sprachtheorie, die Darstellungsfunktion der Sprache*, S.24.

(5) 例如，维特根斯坦①在 *Tractatus Logico-philosophicus* 中写有：The proposition is a picture of reality (4.01). The picture can represent every reality whose form it has. The spatial picture, every thing spatial⋯ (2.171). The possibility of proposition is based upon the principle of the representation of objects by signs (4.0312).

(6) 在语言学家当中，连可谓对这个问题进行过特别深

---

① 路德维希·约瑟夫·约翰·维特根斯坦（Ludwig Josef Johann Wittgenstein, 1889—1951），奥地利裔英国哲学家。代表作有《逻辑哲学论》《哲学研究》。

入考察的代表性学者加德纳①,也未漏掉这一范式。cf. *The Theory of Speech and Language*, 2nd. ed., p. 188, et seq.

[三]

近年来"思维"与"语言"无法分离的认识终于开始**确立**。这种见解达到了"思维首先在于通过语言这种媒介(vehicle)而表达、传播"的近世默认理解,可以说含有一种自在性批判。但是,在这种见解中,大多数依然将人类的"知觉"或"知觉世界"(für uns)②本身理解为独立于我们的语言活动而存在。

但是,在我们看来,当语言历史地形成之后,"思维"自不待言,而且被赋予现象的知觉世界本身,原本也无法脱离交互主体的语言交往而存在。原本,知觉本身便有着符号(象征)的存在方式,语言符号不过是典型地体现知觉的东西,现象世界只有等到通过语言交往的中介而实现意义的分节化,才成为现实的东西。所以,联系语言这种特殊的、具体的形象重新追问其存在结构,也就成为关于信息世界的存在结构以及现象世界的积极性立言。

这里,我暂且只想确认语言表达结构的图式,在下一节之后再将应予主题性地探究的诸契机自为化。

在通过语言表达而被赋予"信息"的情况中,**直接地**被赋予**的只是**语音、文字形象这种"感性形象"。但是,这种感性的与件,不光是作为其本身,也是作为之上的某物,作为之外的某物③而被意识,正是通过这一点,信息表达的世界才是在场的,可以首先追认这一论点。

---

① 阿伦·亨德森·加德纳(Sir Alan Henderson Gardiner, 1879—1963),英国现代埃及学家、语言学家。参见武波:《加德纳与早期语用学思想》,《长春师范学院学报》2003年第3期。

② ◎für uns:对于我们。参照本书第62页脚注。这里 an sich(作为其本身)的语气较强。黑格尔也经常以 für uns oder(或)an sich 的形式而使用。

③ ◎etwas Mehr, etwas Anderes:etwas Mehr 是"之上的某物",etwas Anderes 则是"之外的某物"。

那么，被表达的东西，即作为信息内容（区别于符号）之外的某物是什么？虽说也可能有传播者的妄想或谎言的情况——谎言之所以能成为谎言也是有赖于如下结构的东西——一般来说，对于传播者而言是"客观"的事象。而且，例如，关于越南战争的信息接收者（不是对传播者的"观念""表象"的反应），对于作为"客观事实"的"战争"是持愤慨、反对态度的，就此而言，传播者和接收者可以说将"一个同一"的"客体事象"作为共同的对象来分有。在此意义上，所谓信息传播的世界，可以说不过是通过接收者的另一双眼睛看到的"物"的世界。

但是，这时接收者并非被该"事象"赋予"观念""表象"这种心象的**形式**，也并非**通过**"观念""表象"而被附与的东西。确实，也可能有清晰地浮现战争的状况的情况。但是，毋庸置疑，也有缺少我们所说的这类心象的情况，出于与上一章（《广松涉著作集》第1卷，第34页）中"朋友的再认"同样的理由，即使浮现出印象，这种心象在原理上也终究不过是次要的伴随表象。

明确地说，接收者是在符号中直接识别"客体事象"的。从仅仅着眼于远离三项图式那种结构来说，将黑板上的图形直接理解为几何三角形，与此是同理的。信息所表达的东西、这种之外的某物，在符号这种现实的形象中，可谓通过超现实的方法而被清晰地赋予的。

语言＝符号的表达性，关于其"对象方面"，若先给出结论的话，现象一般是现实地表现自身为自身的东西①（das, was sich selbst zeigt），但它每每同时已是显示理念的某种其他东西的东西（das, was etwas Anderes zeigt）——所与形象一般不过是基于所具有的这种原基性存在结构。

但是，这种"对象"的表达之所以可能，就在于传播者和接收者共有索绪尔所谓的语言（langue），缘此可谓"共有一双眼睛"。换句话说，接收者和传播者，不是作为单个私人的私人，而是在可谓该符号体系的

---

① ◎自己自身を示すもの：表现自身为自身的东西。参照本书第49页脚注。

"语言主体",交互主体地实现了自我形成;若援用上一章的表述来说,主体的二肢二重化是通过"语言主体性"这一具体面相而确立的,这乃"先决"条件。

如已推测性地指出的,关于语言表达结构,不可忽视上一章的"所与面向作为之上的某物的作为某人的某个而存在"(Gegebenes als etwas Mehr gilt einem als Jemandem)①这种四肢存在结构之范畴,暂且请谅察这一点吧。以下,我想重新予以分节,联系各个契机进行主题性的探究,重返上述推测性地给定的内容,探讨语言世界的存在结构。

第二节 语言意义的存在性格

"意义",即符号地表达的所指(signifié),呈现极为复杂的面貌。即使限定于语言的意义也几乎会迷路。而且,不应该的是——无需等待厄尔曼②指出(见氏著 *The Principles of Semantics*)——尽管意义论可谓语言研究的一个自足性部门,但在传统的语言学中未必占有应有的地位。奥格登和理查兹的《意义之意义》之所以耸动学界的视听,那是由于好不容易迎来1923年,凭语言学家之手展开对"意义"本身的主题性探究的、最近的事情。

在哲学家当中,与此相反,可以说大体上比较偏向于旧有的"意义"研究。并且,在本世纪初以"意义"研究为通路而形成学派,不久之后甚至形成完全限于以哲学的工作来进行意义分析的学派。虽说如此,无需考虑到现象学派之后的展开,日常语言学派的"莫问意义,但问使用"

---

① ◎Gegebenes als etwas Mehr gilt einem als Jemandem:所与面向作为之上的某物的作为某人的某个而存在。参照本书第78页。

② 斯蒂芬·厄尔曼(Stephen Ullmann, 1914—1976),匈牙利语言学家。

(Don't ask for the meaning, ask for the use)①这种口号(slogan)的确立之类,哲学上的"意义研究"并未取得顺利进展。

今天,年轻的哲学家们一方面追溯卡西尔②、拉斯克、迈农③、胡塞尔④、

---

① 此话的语境,可参见寻找"五个红苹果"的游戏:"现在,请想一想下面这种语言的使用:我派某人去买东西,我给他一张写着'五个红苹果'的纸条。他把纸条交给店主,这位店主打开标着'苹果'的抽屉,再在一张表上寻找'红'这个词,找到与之相对的颜色样本;然后他念出基数数列——我假定他能背出这些数——直到'五'这个词,每念一个数就从抽屉里拿出一个与色样颜色相同的苹果。——人们正是用这样的和与此类似的方式来运用词的。——但是,他怎么知道在何处用何种办法去查'红'这个词呢?他怎么知道对于'五'这个词他该做些什么呢?——好吧,我假定他会像我在上面所描述的那样去行动。说明需要在某个地方终止。——但是,'五'这个词的意义是什么呢?——这里根本谈不上有意义这么一回事,有的只是'五'这个词究竟是如何被使用的。"(维特根斯坦:《哲学研究》,李步楼、陈维杭译,商务印书馆1996年版,第3—4页)

② 恩斯特·卡西尔(Ernst Cassirer, 1874—1945),德国哲学家,新康德主义马堡学派主要代表人物。他提出"人是符号的动物"的命题,从康德的"知识现象学"视角和马堡学派对自然科学的关注出发,开创出一种作为象征体系的文化哲学。主要著作有《符号形式的哲学》《自由与形式》《神话思维的概念形式》《语言与神话》《人论》。

③ 亚历克修斯·迈农(Alexius Meinong, 1853—1920),奥地利哲学家和心理学家。在哲学上提出著名的对象论,发展了他的老师布伦塔诺关于被认识的对象不依赖于认知的行动而存在的观点,认为对象不只限于现实存在的事物,也包括非现实存在的东西(如"金山")。除此之外,他还提出了与对象论有关的价值理论。主要著作有《对象论》《一般价值论的基础》《假设论》《论可能性与或然性》《论感情的表现》等。

④ 埃德蒙德·胡塞尔(Edmund Husserl, 1859—1938),德国哲学家,现象学的创始人。在《逻辑研究》一书中,他试图运用"现象学"的分析方法解决经验论与唯理论之间的对立,通过追踪所有哲学和科学的体系和理论发展,追溯其纯经验的来源。在《纯粹现象学和现象学哲学的观念》一书中,胡塞尔提出现象学是一种普遍的哲学科学。在《第一哲学》中,他提出现象学及其还原法是实现人类伦理道德自主的途径。其哲学思想对他在弗莱堡的教席继承人海德格尔产生过很大影响。

布尔查诺①、洛采②等,同时,另一方面也回顾维特根斯坦、同一时期的罗素③和摩尔④,以及马赫等,可谓努力回到原点以便重新把握"意义的问题",这大概是合适的评价吧。

对我们来说,尽管这些前一时代的哲学家们的"意义"论包含很多值得学习的东西,但是必须指出,它们归根结底仍局限于"近代世界观"的范围内,我想预先避免对质这种迂回之路,追认上一节持有的、上一章以来的视座"面向事情本身"(1)。

(1) 本节以下的讨论,与数年前《名古屋工业大学纪要》(1965年度)发表的拙稿"意义论研究备忘录"(《广松涉著作集》第1卷,第471页以下)的一部分颇有重复,请予谅解。

---

① 伯纳德·布尔查诺(Bernard Bolzano, 1781—1848),捷克哲学家、数学家、逻辑学家和宗教学家。其主要著作《知识学》(Wissenschaftslehre)一书从客观主义逻辑学的立场提出了"命题自身"(Satz an sich)、"真理自身"(Wahrheit an sich)、"表象自身"(Vorstellung an sich)这三个基本概念。另著有《无穷的悖论》《宗教学教科书》等。

② 鲁道夫·赫尔曼·洛采(Rudolf Hermann Lotze, 1817—1881),德国心理学家、哲学家,价值哲学创始人。"洛采对20世纪的德国哲学乃至整个西方哲学的影响通过四条主要线索得以显现。首先,通过其弟子文德尔班,洛采的'价值哲学'被广为传播并由此形成了新康德主义的西南学派(代表人物为文德尔班、李凯尔特、拉斯克);其次,通过对胡塞尔和舍勒的影响,洛采影响了德国现象学的形成和发展;再次,洛采的'纯粹逻辑'思想也影响了弗雷格,又通过后者对英美分析哲学提供了隐秘的助力;最后,洛采的哲学对海德格尔思想的形成和发展产生了独立的持续的深刻影响……洛采思想在当代哲学中所遭遇的遗忘未必是一种精神之堕落的表现,至少洛采早已为自己思想的命运作了妥善的、令人感佩的解释:'事实上,总有这样一种可能性,我们思想的绝大部分的努力也许只是打造了一座脚手架。这座脚手架并不属于借助它而得以伫立的那座建筑的永久形式,相反,它必须被拆除下来,以便其成果的全景得以自由展现'。"(张柯:《洛采:20世纪德国哲学的关键因素》,《中国社会科学报》2014年12月15日第680期)主要著作有《逻辑学》《医学心理学》《心理学大纲》等。

③ 伯特兰·罗素(Bertrand Russell, 1872—1970),英国哲学家、数学家,著有《数学原理》《哲学原理》《西方哲学史》等。

④ 乔治·爱德华·摩尔(George Edward Moore, 1873—1958),英国哲学家,元伦理学创始人。主张不能从事实陈述合乎逻辑地推导出价值命题,严格区分事实陈述和价值命题,区分"是"和"应当",避免"自然主义的谬误推理"。该观点源自休谟在《人性论》中提出的著名的"休谟问题",即从"是"能否推出"应该",亦即从"事实"命题能否推导出"价值"命题的问题。代表作有《伦理学原理》。

[一]

"意义之意义"是极为多义的。而这种多义性不是并列的多义性，而是被看作基于多层的复合性的东西。这里，让我们从既着眼于语言具有的功能又确认"意义"的外延开始。

语言的功能，① **指示**对象之事态的功能，② **表现**关于对象之事态的发话者的设定意识或感情状态的功能，③ **唤起**听取者一定的精神感应或身体反应的功能——目前，可以大致区分为以上三类。例如，"失火了！"[1]这种发话，可以说同时具有指示作为目前对象之事态的失火，表现发话者的狼狈或恐怖的意识，唤起听取者避难或灭火作业之类的反应这三个功能。

其实，第一种指示功能本身可进一步划分为两种功能，即，可以区分为①陈述所关心的对象的功能，②陈述对象作为被规定的某物（als etwas Bestimmtes）[1]的功能[2]。"失火了！"这种发话，在指示眼前对象的事实的同时，还将其**作为**"失火"来陈述。这两个功能，在别种语言环境也有负载。例如在"那是白色，这是黑色"的例子中，"那个""这个"二词分担指示功能，"白色""黑色"二词分担陈述功能。这两种功能，诸如"失火！"的情况中，在由同一词汇二重性地负载的情况中，既然作为功能是完全异质的，应该可以明确区别吧[2]。

这样，语言具有的各种功能，可以说每每由指示、陈述、表现和唤起这四个契机构成。当然，并非一切语言现象都具有这四种功能。事实上既有缺少其中一种或两种的情况，也有以某一功能为重点的情况。但是尽管这样，既然四种功能联成一体，那么它就是语言交往

---

① ◎als etwas Bestimmtes：德语。"作为被规定的某物"。
② 概而言之，广松将语言的功能划分为"指示""陈述""表现""唤起"凡四种。例如，在"那是火灾呀！"（あれは火事だぞ！）一句中，1."那是"＝指示功能（「あれは」＝叙示機能），2."火灾"＝陈述功能（「火事」＝述定機能），3."是"＝表现功能（「だ」＝表出機能），4."呀"＝唤起功能（「ぞ」＝唤起機能）。

(Verkehr)的常态。

在语言的这四种功能中,"指示""表现"和"唤起"这三种功能,在发生论上或是独立的。我们可以看出在动物的举动或发声中,已经有这些功能了。若说人类作为具有语言的动物能够区别于其他动物,那尤其是由于具有"陈述"的契机。虽说如此,在作为成体的现实的语言现象中,四种功能成为不可分割的有机统一体,为了进行充分的语言交往,有必要做到四种功能的完全充足。因此,只要"失火!"这种发话指示对象的事实,而发话者又将其作为"失火"来陈述地传达,那就无论如何也不能说是传达(communication)的完成[3]。只有发话者的心情被理解,进而唤起应有的反应才是传达的完现。(确实,也存在像学术讲演等只有指示功能之音调的场合——如后面所考察的那样——但在原理上仍是如此。)而且,语言的各种功能,并非只是并存的,而是形成了以指示为核心的整个陈述表现为归属于发话者,通过包含上述三个契机的整个表现内容被理解而唤起听取者一定的反应这种所谓的"套匣型"结构。

回过头来想,虽然语言具有的功能和"意义"未必是一义性地对应的,但是,很容易看出两者具有密切的关系。实际上,即使想起以索绪尔那里的符号(signe)与声音(sound)的区别[4],采取与此不同视角的兰格①的符号(sign)与象征(symbol)的区别[5],布龙菲尔德②的反应理论(response-theory)[6]这些为前提的"意义"观,想法亦多半没错吧。"意义之意义"的多义性,乃是源于语言功能的多重性,这岂不是非常有趣?

---

① 苏珊娜·兰格(Susanne Knauth Langer, 1895—1985),美国哲学家、美学家和教育家,符号美学流派开创者,怀特海的学生。她的主要著作《哲学新解:理性、仪式和艺术的象征手法的研究》更加明确了用于传统语言中的推论象征与用于各种艺术形式中的非推论象征间的区别。另著有《情感与形式》。

② 伦纳德·布龙菲尔德(Leonard Bloomfield, 1887—1949),美国语言学家,结构主义语言学的先导人物之一。代表作有《语言论》。

因此,①"启明星是长庚星的别名"①这种通俗所谓的"辞书同义"是基于指示对象(指示功能)的同一性的"同义",② 在"两个等边三角形与两个等角三角形意义不同"那样的情况中,尽管指示对象是相同的,却有基于陈述内容(陈述功能)之差异的"异义"。这样,从弗雷格以来的含义(Sinn)与指示(Bedeutung)②的二契机来说,并不只是着眼于双方的同一性、区别性来讲"同义""异义",③ 在"一点儿也不了解这首诗的意义"等情况中,即使大致与指示的意义相关,也并不了解表现的、情感的意义,④ 而在寻求婉曲的妥协的仲裁者说"他始终没有领会谈话的意义"等情况中,是从第四种反应唤起功能而定位"意义之意义"。

这样看来,"意义"的多义性岂不并非并列的多义性,而是与"功能"的多重结构相照应的"套匣型"的多重性? 若是如此,我们就不能只是将意义假设为某种**单质的东西**,而采取探求这种单质的东西的程序,就不能以"意义之意义"是多义的这一事实为借口,而满足于简单列举其多义这种作业。

我们在探究"意义"之意义及其存在性格时,必须始终将语言的四种功能纳入视野,努力从全体来把握多重结构体。

(1) 虽说有关第三种功能的视角有所不同,但与 K. Bühler, *Sprachtheorie, ibid*., S. 25. 的三种功能基本一致。

(2) 关于指示的东西的存在性格毕竟见解不同,斯特劳森③等人对这一问题做了出色的考察。P. F. Strawson: *On*

---

① 参见姚大志主编:《现代西方哲学》,中国社会科学出版社 2015 年版,第 145 页。启明星和长庚星所表达的叙述对象固然是同一的,但这两个词的含义却相异,即该语句并非空洞的。那么,含义究竟是什么? 就启明星和长庚星而言,其含义在于时间上的"一早一晚",一如赫拉克利特所谓"上坡路和下坡路是同一条路"(《西方哲学原著选读》上卷,商务印书馆 1981 年版,第 24 页),"启明星和长庚星是同一颗星"。同理,"上坡路是下坡路的别名","下坡路是上坡路的别名"。

② ◎Sinn与Bedeutung:涵义与指示。译语根据各自的立场,例如,启明星与长庚星是在 Sinn(赋予)中形成的,其 Bedeutung(指向)的对象相同。

③ 彼得·斯特劳森(Peter Strawson, 1919—2006),英国哲学家,语言哲学牛津学派代表人物。著有《个体与主语》《逻辑基础》等。

Referring. cf. *Essays in Conceptual Analysis*, ed. by A. Flew, 1956.

（3）梅洛-庞蒂①的语言理论,对这一点有很深的认识。Merleau-Ponty: *Phénoménologie de la perception*, p. 204. 参照赤松宏的"面向具体性的哲学",他进一步深化了对这一点的考察。

（4）F. de Saussure: *Cours, op. cit.*, p. 101. 另外,耶姆斯列夫②的《语言理论导论》(林英一译注)也有着与索绪尔基本一样的思考。

（5）S. K. Langer: *Philosophy in A New Key*, chap. Ⅲ. 另参照 Ch. Morris: *Signs, Language and Behavior*, chap. Ⅲ. Ⅵ.

（6）L. Bloomfield: *Language*, p. 24.

[二]

语言符号的功能性相关者,作为所指(signifié)的"意义",如前一小节所暗示的,形成一个结构体。这里的"指示"功能相关者,即"指示"与"陈述"的二契机是什么?下面就让我们来探究意义的存在性格,明确那种三项图式之所以难以维持的原因。

一　作为被指示对象之事态的"所指",每每被看作"客观实在的事实"本身。但是,无需提出虚构(fiction)的情况之类,这样的俗见也难以维持。——不过,我们是在重新思考所谓的"客观的实在"原本是什么的基础上,在别的维度上来恢复这一"俗见",我想暂且在语言学的、

---

① 莫里斯·梅洛-庞蒂(Maurice Merleau-Ponty, 1908—1961),法国哲学家,法国存在主义的杰出代表。主要著作有《知觉现象学》《行为的结构》等。

② 路易·耶姆斯列夫(Louis Hjelmslev, 1899—1965),丹麦语言学家。他从1926年开始接触索绪尔的理论,1943年用丹麦文出版研究语言的共时性的著作《语言理论基础》。

常识的维度进行论述论——例如,"火灾发生之后不久消失了"的情况,尽管对象的事态发生了变化,表达的意义内容则是保持不变的,从而独立于"对象事实"的变化。一般来说,实在对象的事实有着生成流变的面貌,一旦成为所指示文章的意义内容,就与对象的变化无关而保持不变。鉴于这一事实,如某些学派的哲学家或语言学家们所指出的,指示的意义内容,原本并非"客观实在的事实本身",必须承认两者有着不同的存在性格和维度。

那么,所谓被指示的对象的事态,只是映现于表达者的意识的对象的事态(对象的事态的心象)吗?当这样思考时,可否认为虚构(fiction)的问题等也得到解决?可是,如果将所谓"意识映现的对象事态"本身以表象/心象的形式理解为所谓意识内容、意识的实际内容(reeller Gehalt),这同样难以维持。例如,在"多角形与多一角形不同"的场合,能够区别地表现多角形与多一角形吗?若是不能区别地表现,论者的主张就站不住脚。另外,在说"二角形不存在"的情况中,尽管该语言表达大致上有意义(significant)故而"可以理解",但要将该事态以心的印象的形式来表现,这在原理上原本是不可能的。因此,"所谓意义就是与语言符号联想地结合的观念(表象/心象)"这种通俗的意义观是无效的。若进而言之,尽管在所表现的范围内的事态及其心象是不断变化的,但是鉴于所指示的意义内容乃是稳定不变的这一事实,不能将"在所表现的范围内的对象的事态"与"意义"相等同。

要言之,作为指示的"意义"的对象之事态,这种"所指",不同于实在(realitas)①——不论是物之物理(Physisches)抑或是心之心理(Psychisches)——的存在维度。

二 当试图作这种截断时,或许将产生如下反问:如果指示的对象之事态实际上甚至不能以表象的形式被赋予,那岂不不能进行对象之

---

① ◎realitas:拉丁语。源自 res(物)的词语,也译"实在性",作者在目前的脉络中毋宁说是在"实在物"的意义上使用的。另外拉丁语 realitas 虽是阴性名词,不过紧接的 als solches(中性形)(参照本书第 48 页脚注)和德语所附加的,如原作者的标记。

事态的"指示"？反过来说，在"失火了！"这句发话中，岂不是未曾指示眼前的实在性事实？甚至在这种场合，所指示（以及指示）的岂不并非作为那种实在（realitas als solches）？若如此来看，眼前被赋予的失火这种"客观实在"、这种实在（realitas）究竟是处于何种位置？

为了回答这一系列问题，必须试着考察关于"指示"的对象的如此等等（so und so）和陈述的该"如此等等"的规定（Bestimmtheit）①——这可谓关于"陈述的意义"的东西。

陈述的本在（das So-sein）②，如上一章所概述的，与实在（realitas）有着明显区别，具有其独特的存在性格。倘若将两者的"存在性格"（Seinscharakter）进行对比，那么：

第一，感性经验的对象的实在和表象，即实在（realitas）是**个别**的，陈述的意义是**普遍**的。例如，"树木"这一陈述，指示的对象是"这棵杉树""这棵松树"这种个别的个体，通过这些个体设定某种普遍的东西。由"树木"一词所陈述的意义，多数的个别性外延群（denotations），具有通过这棵松树、这棵樱树、这棵梅树和这棵杉树等都作为有着同样的**那种**内涵（connotation）的某物的普遍性。

第二，陈述的意义，与实在（realitas）具备某种特定的规定性相反，具有所谓**函数性格**。例如，"犬"这一陈述，既有大犬也有小犬，既有虎头犬（bulldog）也有牧羊犬（shepherd），根据场合不同还可能有陶制的犬或木雕的犬，较之于指示对象的特定规定性，它们不仅是相对自由的，而且每每可以代入特定的值。在这一点上，例如函数"$y=ax+b$"，可以代入各种数值，与此相应，自然地，尽管指示的数值不同，却与陈述"$y=ax+b$"这样某种被规定的函数关系相类似。盖陈述的"意义"具有函数性格。

第三，如前所述，陈述的意义与指示的意义相关，与实在（realitas）

---

① ◎Bestimmtheit：德语。"规定性""被规定的状态"。
② ◎das So-sein：德语。处于"那种 so""状态 sem"。"情况"。"本在"。与 Da-sein（定在）相对。

有着生成流变的面相相反,是自我同一的、**不变**的。例如树木,成长、枯死而不久就消灭了,但"树木"一词的"意义",并不与树木共同成长,也并不枯死、消灭。陈述的"意义",始终保持自我同一性而一贯永存。在此意义上,它具有"超时间"的"*存在性格*"。

第四,陈述的"意义",从它形成的起源来说,以及从它伴随意识的经过来说,明显是经验的、后天形成的东西。尽管如此,较之于经验认识具有逻辑的先在性(Priorität),在此意义上可谓逻辑的先验(ein logisches Apriori)。

关于最后一个论点,即"意义"的逻辑的先在性,这里有必要作若干说明。

一般认为,某个词语(概念)所陈述的意义,即该词语的概念内容,是通过经验、归纳而抽取的东西。即认为概念内容(用逻辑学的用语来说是"内涵"[Inhalt]),是通过比较、校勘该词语所称呼的一群个体(逻辑学所说的"外延"[Umfang]),舍去它们具有的各种规定性中偶然的东西,抽取其**共同的本质**规定性、**归纳**地提取的东西。

但是,这种"抽象理论"(abstraction-theory),如一直以来被批判的那样——即使撇开现在补充(Ersatz)①的问题[1]——蕴含着二重性的预期理由和循环论证。

(1)为了进行归纳,必须预先赋予比较、校勘的对象以类(group)。换句话说,必须预先判别哪种范围的东西属于那个概念的"外延"(盖由比较、校勘这一外延群而抽象出"共同的本质规定性"="内涵")。然而,关于该概念是否属于某种个体的外延——例如,小石头或暴力棒是否"犬"这一概念的外

---

① ◎Ersatz:德语。"补全"。如原注所述,是洛采的概念。他主张在形成概念的场合,不单舍去各种各样的性质,可谓作为"一般性质"而函数地补充。例如"犬"并不属于一般的"白色",而是归属"一般体色"。

延——的辨别,确实必须从**逻辑上**根据该概念的"内涵"而定。质言之,"外延是已知的"以"内涵是已知的"为前提。即,陷入了在比较、校勘外延群之际事先**进行归纳**,预先知道归纳地提取的该内涵这种预期理由和循环论证。

(2) 退一百步来说,即使**仅**外延是已知的,当从所发现的杂多的规定性中,舍去某物,析/取(pick up)本质的规定性时,又如何辨别是不在乎舍去的任意规定性的偶有属性,还是应予保留的本质规定性? 到底是根据什么? 另外,单从**共同**的规定性来说——即便撇开为了了解它甚至必须使**全部**外延群是已知的这一点——也明显是不充分的。例如,人类发现的"理性"这一属性,虽然对"人类"这一概念而言是本质的,但对"白人"这一概念而言是偶有的(?)这种情况,某种规定性是应予保留的本质的东西,还是最好舍去的偶有的东西? 这不是根据其本身的性质而定,而确实是与其概念内容相关的。析取、提取之际的辨别标准,从逻辑上说,归根结底不过是仅在于该内涵本身。这里,也同时陷入了预先知道归纳地抽取的内涵这种预期理由和循环论证。

——由于这种原因,无法形成经验论的抽象理论(因而,很多语言学家以"概念"[concept]为简便的前提!)。尽管如此,"知道"概念的内涵乃是事实,而且,甚至构成相对于经验认识的必要条件,从逻辑上说,必须**事先**预先予以经验的抽象。

在此意义上,概念的内涵,总之陈述的"意义"一般,应该说具有逻辑的"先验"(a priori)的性格[(2)]。

陈述的"意义",当将其本身纯粹地抽取出来进行考察时,就具有① 非个别的普遍性,② 函数的补充的性格,③ 超时间的不变性,④ 较之于经验认识的先在性(Priorität),呈现出不同于实在(realitas)的存在性格。在此意义上,必须承认"意义",具有哲学家们穷尽词汇地姑且——终究是姑且——称之为"超时空的""非实在的""理念的"等的特殊存在性格。

三 我们在"承认"上述性格的意义上,可以说乍一看"意义"是"形而上学的存在"。传统的形而上学即使绝非构筑空想的楼阁,也是立足于所谓"形而上学的世界"之上的,从某种逻辑的脉络来说,也可以说确实引发了"意义存在"的问题性。我们今天自己应有的课题,并非仅是非难、攻击及拒斥形而上学——请想想从后门放进近代科学主义的坏的形而上学!——而是追溯地分析该形而上学的想法得以形成的存在论、认识论的结构本身。这一作业,通过追问"意义"为何是形而上学的**幻影**的存在,可谓方便的路径。

一般认为,用**同一词汇**来表达对象(或观念)群,尤其在"概念词"的场合,具有**同一性质**。而且,认为这种一对一的对应性,并不仅是并行现象,而是由于具有同一性质(原因),才引起用同一词汇来表达(结果)这种因果关系。可是,实际上,不是毋宁说与此相反?不是从交互主体地用同一词汇来称呼的事实(原因)中,产生了"具有同一性质"这种想法(结果)吗?

毋庸置疑,我们绝非随意(at random)地将某一名词与任意对象相联结。甚至在幼儿把羊、山羊、缝制的玩具熊和甲虫一概称作"哞哞"的场合,他用同一名词来称呼它们的基础在于"客观的某种事情",也可以说介于对象群之间而具有一定的类似性(毋宁说类缘)。但是,归根结底,这不是类似性、类缘性之外的东西,不是那种理念的"本质必然的同一性"。

根据某些儿童心理学家的实证研究[(3)],幼儿对名词的使用,处于固有名词和普通名词的中间形态——"可谓就像'姓名'"。顺便说一下,虽说某一族的人们被用同一个"姓"来称呼,但那里既没有固有名词的那种"**实体**的同一性",也没有普通名词的那种"**种类**的同一性"。那里顶多停留在用同一个姓来称呼,多半带有人为的、一定的类缘。

成人对"概念词"的使用,不是也与幼儿对"姓名词的使用"没多大程度的差别吗？例如，我们将苹果、菠萝和无花果等一概称作"水果"。苹果是被子植物的子房，菠萝是茎，无花果是花，等等，从反思的视角来看被称作"水果"的对象群，找不到任何排他性的共同的本质规定性。即使找出很强的"共同的本质规定性"的东西，那也恐怕与西红柿或其他水果之外的东西是共同的，终究不可能是"使水果成为**真正**的水果的那种规定性"。这样，应该说"水果"之类的名词，并不表现为严格意义上的"种类上同一的东西"，归根结底与"姓名词"没多大程度的差别。作为一般论，倘若姓名词和概念词具有不同的本质性格，概念词的所与的外延群的确以"**是**那个东西""**并非不是**那个东西"表达其规定性。然而，当严密思考时，我们实际上并不具有那种概念词。退一百步来讲，应该说所谓的"概念词"的绝大部分，并不是那种严格意义上的概念词，而是与"姓名词"大同小异。

然而，人们却假设词汇是严格的概念词，坚信用同一词汇称呼的外延群——即使"尽管俗众对其并无明晰的认识"——存在某种本质必然的共同规定性。并且，这里，因为是试图将这种本质必然的共同规定性的总和（逻辑学上的"内涵"）作为其本身纯粹地抽取出来，故而要求成为理念的存在，有时则将其实体化乃至确立为"形而上学的实在"。

如果能确立概念词所表示的某种共同的本质规定性是**存在**的这一**前提**，就必须推定那是具有普遍性、超时空的不变性及较之于经验认识的先在性（Priorität）这种前面考察过的超现实①的，即不同于实在（realitas）的维度的特别存在性格的东西。但是，即使这在逻辑上是整合的、必然的，也因其前提本身错误而成为颠倒的臆断。

对于我们来说，论定同一词汇所陈述地表现的某种同一的东西（etwas Identisch-Seiendes），原本就不是**实在**的。

那么，"意义"的东西只是空无（nichts）？不。虽说我们指出"意义的同一性"不过是想法的同一性，它绝不是在各个主体与客体之间的直

---

① ◎irreal：德语。参照本书第50页脚注。

接关系中存在的东西,但我们也积极地留意"用同一个词汇称呼的东西应具有同一性质"这种凭信,以及基于这种信任(belief)的交互主体性。

单独的个人随意地用同名称呼一群对象无法产生这种信任。不过,在我们的语言活动中,尽管将某种对象称作什么在原理上不具有任何的必然性,但总之,在诸个人之间形成了交互主体(共同主观的)(intersubjektiv＝交互主体[間主観的])的一致。准确地说,是从孩提时代开始通过不断地矫正而达成一致。并且以这种交互主体性为诱因,例如当说到"西红柿不是水果""甜瓜是水果"时,尽管其内容不过是人们那称作什么而不称作什么的差别,却产生了宛如客体本身具有的本质属性相异这种想法。这大概是因为,(1)"个人的东西是主观的"这一命题变换为"非个人的东西是客观的",这(2)"客观的东西"通过与"交互主体的"这种"经验"相联系,在不知不觉间形成"交互主体的东西是客观的"这一图式——基于这种认识根据＝存在根据的图式,人们从一起用同一词语来表达这种**交互主体性**而产生"那里应存在**同一的某种客观的东西**"的想法。[并且从这种同一的东西(das Identische)所具有的"存在性格"和先验性,甚至产生出通过本质直观(Wesensschau)①等特别直观来了解它的理论。]

具有理念的存在性格的"意义的东西"是自身的存在的这种想法,因此颠倒地产生了基于上述将"意义"看作宛如形而上学的实在这种幻影的东西的想法。

虽说如此,但是"意义"未必是空无的无(nichts)。确实,如果根据几何图形或数的体系、纯粹数学的对象无论在哪里都并不是实在的这种原因而可以称之为"无"(nichts)的话,"意义"应该也可以称之为"无"。这是因为纯粹数学的对象,作为具备普遍性和不变性的"理念—超现实"(ideal＝irreal)的对象性,与"意义"有着相同的存在性格。但

---

① ◎本質直観 Wesensschau:胡塞尔现象学的用语。

是,"意义"或"纯粹数学的对象",虽说不过是被误视(vermeinen)①的"存在",但这种误识(Vermeinung)是交互主体的想法,如上一章所论述的,不能否定是不是与真的抱有这种交互主体的误识(Vermeinung)相应的意识事态的根本变样。而即使这种想法所指向的对象作为实在(realitas)是无(nichts),误视(vermeinen)本身也并非无(nichts),而是实在(realitas)。

在此意义上,我们力戒将上述交互主体的想法的对象"意义"错认为自存的对象性实在的"拜物教"(Fetschsmus),关于这一物象化的秘密,当允许后文将之作为想象焦点(focus imaginarius)②,而将其概念化。在这种留保条件下,且只能在这种条件下,我们如前面假设的那样不仅将"意义"作为无(nichts),而且作为非形而上学之实在的理念存在(ein idealer Bestand)③来处理。

(1) H. Lotze: *Logik*, 2. Aufl., S. 41 f.

(2) 这一点自不待言,目前与天赋观念(ideae innatae)这种意义上的先验无关。另外,平林康之在《哲学讲座》(岩波书店)第10卷所收的论文中将乔姆斯基④所谓的先验明确地归结于象征(symbol)功能。

(3) 维果斯基⑤:《思维与语言》上卷,柴田义松译,第203页。

---

① ◎Vermeinung:德语。前面动词 vermeinen 的名词形。"以为""臆断""臆测""误以为"。

② ◎虚焦点 focus imaginarius:拉丁语。康德在阐述理性的"理念"时曾使用该词。

③ ◎ein idealer Bestand:德语。"ideal(理念)的存在"。

④ 艾弗拉姆·诺姆·乔姆斯基(Avram Noam Chomsky, 1928—),美国哲学家、语言学家。著有《生成语法理论》《句法结构》等。

⑤ 维果斯基(Lev Semenovich Vygotsky, 1896—1934),白俄罗斯人,前苏联心理学家,社会文化历史学派创始人。

[三]

我们现在已讨论"指示"之中意义的结构关系，解答了传统意义论的几个难点，亦能回答先前提出的一系列问题。那与目前"指示"的对象和"陈述"的二肢性结构相关。

"指示"的对象，是通过**作为**具有对象的具体（so und so）①的规定性（内涵）而"陈述"，——犹如人们所说的"方木料"是"暴力棒"——它已不是作为单纯的本身的与件（als solches），而是作为负载陈述的内涵规定的对象性而本在（so-sein）。换句话说，尽管对象的与件作为其本身是实在（realitas）的，但作为负载源于陈述的超现实＝理念（irreal＝ideal）的"陈述的意义"的东西，已不再作为那种实在（realitas als solches）了。就此而言，比如眼前的失火，作为指示的对象事态来说不单是实在（realitas），而且成了之上的某物，因此尽管眼前的对象的事物是生成流变的，但指示的对象的"意义"能保持不变的自我同一性。

"陈述"所具有的这种情况，若变换视角换句话说，不外是将"指示"的对象涵摄地设定为外延之一。由陈述的这种情况，所设定的并非对象（als solches），而是外延之一。但是这时，指示的外延只是作为负载理念的"陈述的意义"的对象性而本在（so-sein），这种情况可谓孕育（prägnieren）②理念的规定性，乃至当中的"意义"是作为"具身化"的"场"而定在（da-sein）。这当中的情况，可以说好比在黑板上画的三角形，在这当中几何学的"三角形"作为"具身化"的场而定在，作为几何学的"三角形"的一个范例（ein Exemplar）而有效③。只要黑板画的图形作为"三角形"的一个范例是有效的，那么是否画得更像三角形这种实在的属性就只具有次要的意义，即使几乎接近圆形亦无关紧要。关于这一机制，在上一章联系知觉地赋予的现象一般的二肢结构作了说明。

---

① ◎so und so：德语。"如此等等"。（译注：参照本书边码第104页。）
② ◎怀胎 prägnieren：参照本书第52页脚注。
③ ◎ein Exemplarとしてgelten：德语。"作为一范例而有效"。

在语言现象中,只要联系陈述的意义,实物乃至联想地浮现的心象归根结底就不过是一范例,不过是在这当中进行"意义形象的具身化"的"场"。正是负载这一情况,指示的对象才作为实在(realitas)而得以与赋予其实际的东西相分离。这种背离的典型是虚构(fiction)的情况,即使是在指示对象能通过具体的个体来充当的情况中——例如"水果"这一陈述,虽然对象作为具体的个体是未定的,但总可以指示某种水果这种对象,不用说,陈述是通过具有具体性质的"x"这一形式间接地指示对象的。(基于这一机制,也有例如"耶拿的胜利者,滑铁卢的失败者,被流放圣赫勒拿岛的男人"所说的那样,可谓被赋予作为连立方程式①的解的对象的情况。)并且尽管这个"x"作为具体的形象是未定的,只要能间接地指示一范例,那么它是否实际上用具体的数值来充当,即眼前的个体乃至其表象这种形式是否被实际地赋予这种情况,对陈述表现的结构而言就是偶有的(因此,虚构的表达或"二角形""圆形的四角"这类所谓的无意义②[Unsinn]的表达、理解也就成为可能)。

　　进而言之,通过上述指出的"陈述"与指示对象的直接具体性的背离的机制(mechanism),语言形象(声音和文字)⑴本身明显地得以"具身化之场"。在拟声词或象形文字的情况中,与黑板上画的三角形等一样,与之相伴的并非个别的实物或表象,而是语音或文字图形本身作为具身化的一范例,得以成为"意义的具身化之场",这很容易被承认吧。同样的机制,关于抽象词汇,即使在可能伴随具体的副表象的词汇的情况中——这种情况,恐怕正如喇叭的声音明显地告知汽车本身那样,中介性存在着格式塔式的补全,这暂且不论——也同样能形成。要言之,语言形象本身可谓有着"外延"的功能,可谓有着作为当中"本质直观"得以进行的实际与件的功能。(在速读学术书等情况中,尽管具体的指示对象甚至连心象的形式也全然不被赋予,阅读者却能进行理解——

---

　　① ◎连立方程式:相当于对("拿破仑"这种)固有名称的所谓"确定记述"。
　　② ◎Unsinn:德语。"无意义"。这既与从迈农到特瓦尔多夫斯基、胡塞尔等所继承的论点相关,也是源自从迈农到罗素的一个问题。

换句话说,"陈述的意义"的传播之得以进行的直证,盖基于上述机制吧。)附带说一下,对于将"意义"理解为某种"心的形象""与符号相联系的心象"的理论而言,"无心象的理解"这一现象成为"圆形的四角"之外的难点。

这样,我们基于"陈述"具有的现实—理念(real-ideal)意义论结构,不仅能够消解语言现象中的几个"难点",而且——如本节所讨论的那样——能够为传播论投入一束光。

那么,从发生论的考察来看,所谓指示和陈述,像一边指着眼前的"花"一边陈述"红色"这种情况,我想原本确实是基于二阶结构的心的作用的东西。但是,不久二阶的心的作用就被缩简,"花是红色的"这一"事态"(Sachverhalt)本身,这个全体进而被同时**觉知**(apprehendieren)。即,陈述的意识被缺失,"事态"的全体被客体化,变为被直证地指示。打比方来说,(自在地进行了从包含指示和陈述的"分句"[clause]①到直证地指示对象的事态的全体的"句"[phrase]的简化。)通过这一机制,在发生过程中被指示地设定的二肢性成体(例如"花是红色的")缺失了二肢性的设定意识,而变成作为一个事态(例如"红花"或"什么花是红色的?"[what the flower is red.])的高阶的指示对象。(在"衣冠禽兽"这一类的表达中陈述的设定意识退却为背景,在"该来的总会来"[what will be will be]这一类表达中,主语部分所指示的对象的事态的统一体及第二段的陈述应予指示的对象,不外是基于上述机制。不光是逻辑学的推论,文章一般都能接连不断地设定那种陈述和指示的多重结构。若预先从关于判断的主语—谓语结构的讨论来说,谓语的重层地嵌入主语的辩证法的展开逻辑[参照另著《马克思主义的形成过程》第 227 页以下]《广松涉著作集》第 8 卷],也是基于该机制)。

"指示"的对象化,严格地说,是通过"指示的事态"的"客体化"

---

① 分句(clause),亦名从句,日文译为"节",是比句子小的语法组织单位,在传统语法中包含主语和谓语。

(Objektivation)而产生的高阶对象,即用迈农的用词来说,与"对象"(Objekt)相区别的"客体"(Objektiv)[2],当提取其自体而追问其存在性格时——正如从上述关于"陈述的理念意义"的"具身化"所明确的那样,以及正如只要留意"客体"(Objektiv)在本原上具有函数的补充的性格就足矣——呈现超现实＝理念(irreal ＝ ideal)的存在性格。而且,这种"高阶对象",是我们在上一章第三节所讨论之意义上的"质料-形式"的成体。

以上,我们探讨了"指示"归根结底是通过"陈述"将"指示"的对象作为超现实的内涵的意义的具身化的一范例,而中介性地指示这种方法的——然而每每使语言形象本身成为意义成体的"应有具身化之场",并且使指示的事态本身成为高阶的指示对象,设定了具有以语言符号本身为内核的重层的——"现实—超现实"(real-irreal)的存在性格的二肢性结构成体。通过这一机制,世界的交互主体的"意义怀胎"才得以进行,但是,在以上的讨论中,只限于先前确认的语言功能和意义契机这两个契机。为了将剩余的两个契机纳入考察,探讨意义的全体结构,具体地把握语言世界的存在结构,有必要联系语言活动中的主体契机。让我们再设一节,着眼于语言交往的存在结构,以靠近全体的结构。

(1) 如 E. Sapir[①]: *Language. An Introduction to the Study of Speech*., 采取视文字为 symbols of symbols 的立场(*ibid*., p.20), 而我们承认语言声音和文字形象的相对独立性。

(2) A. Meinong: *Zur Erkenntnistheorie und Gegenstandstheorie*.

---

① 爱德华·萨丕尔(Edward Sapir, 1884—1939),美国人类学家、语言学家。"萨丕尔—沃尔夫假说"(Sapir-Whorf hypothesis)认为,人类的思考模式受到其使用的语言里所包含的文化概念和分类的影响,因而对同一事物可能会有不同的看法。代表作有《语言论》。

第三节　语言交往的存在结构

在对语言的考察中,我们总是容易将"语言那种东西"实体化,在日本语的历史、日本语音韵的变迁及活用形的变迁等方面,宛如存在"日本语"那种东西,将其表现为实现了自然史的变化似的。可是,毋庸置疑,离开该语言交往的主体及其行为的"语言"那种东西不可自存。正如在磁带或纸上记录的声音或文字形象的尔刚(ergon)①,既然它不具有作为活生生的语言交往的契机之功能,那么就只是杂音或污渍,从现实的观点来说,语言每每必须通过发话的表达和听取的理解而进行生产(再生产)。而且,只有形成表达者与理解者的"共犯行为",并且只有在那种情况中,语言才是真正地实在。

尽管如此,语言——也正如其社会形象一般——在我们的自在意识中,以物象化(versachlicht)的相貌显现。在此意义上,我们并非一概拒斥从物象化的相貌作语言分析——并且实际上,在上一节中我们自身也是在物象化的相貌中讨论意义的存在。现在已必须将"语言交往"这一主体活动纳入视界,通过语言世界中主体契机和对象契机的结构关系的分析,也将"物象化的秘密"自为化。

[一]

语言表达中的能指(signifiant)和所指(signifié)的关系,"唤起"的功能自不待言,就连"指示""陈述""表现"的功能,在本原上也与听取的理解者(Vernehmer)形成"共犯"的协动行为。

关于能指和所指的这种"结合"关系,即使在今天也可看到有人用

---

①　◎エルゴン:ergon[尔刚(用热表示的功的单位;光子能量单位)]。源自希腊语,洪堡所使用的概念。Ergon 可谓相对于索绪尔的 langue(语言),其 energeia(现实性)相当于 langage(语言能力)。

"联想(联合)"(association)这种简便的处理方式来讨论。但是,无需提出基于冯特①的"统觉的结合"(apperzeptive Verbindung)说的批判(例如即使"月"一词与"甲鱼"②有密切的结合关系,后者也绝不是前者的所指＝意义!),符号与意义的"结合"关系不是仅靠"联想"就能穷尽的。但是,能指和所指的结合,也不是人头与鱼身相结合而形成"美人鱼"的表象那种结合,只要统觉的结合说没有明确地限定种差,就不能原封不动地采用。

在我们的思考中,不限于能指—所指关系,一般地说,意识现象终究无法通过还原为现实的"心理要素"来说明。顺便说一下,今天多数的语言学家们放弃了传统的心理学关于"结合"的两种说法,可一谈到该论点,就援用条件反射说。确实,尽管对于第二信号系统③的理论还留有某种不完备,不过条件反射理论或许能够阐明"能指—所指"的生理学的结合机制。可是,即便我们每每——即使撇开科勒所说的以洞察(Einsicht)④为经验的这种反思的事实——对初次听到的单词,即便至今未有过条件作用,也能够当场理解那个词语(的意义),之后也能将两者的"结合"固定化。鉴于这种事实,我想与能指和所指的**初始的结合**相对应的,是条件**作用**的过程本身,而不是条件**作用**后的反射。可是,既然条件反射理论还遗留着关于条件**作用**的问题和关于意识过程及其对应性的原理性问题,我们就不能以条件反射理论本身为立论的逻辑基础。

能指—所指关系,其生理学基础若与构成条件反射的可能性之制

---

① 威廉·冯特(Wilhelm Wundt,1832—1920),德国实验心理学家、哲学家。著有《生理心理学原理》《心理学大纲》《语言史与语言心理学》等。
② 根据统觉的结合原理,月亮与甲鱼都是圆形,两者有着能指和所指的关系。
③ ◎第二信号:巴甫洛夫的表述。与通过直接经验而获得的第一信号系统相对,以第一信号系统为前提,主要借助语言而获得的东西。
④ ◎ケーラーのいう洞察 minsicht:《猿猴的智慧》中所举的通过木棒而获得食物(香蕉)的实验那种**"明白了"**的体验。[译注:科勒认为,黑猩猩对问题的解决是通过对知觉经验的重新组织,在某一刻突然领悟(顿悟)其间的情境关系。顿悟,就是自发地看到关系,这与广松的关系存在论颇为契合。]

约的"条件作用"相照应,那么不难想象其意识过程也构成根源性现象(ursprüngliche Vorgänge)之一斑。实际上,在我们看来,如第一节预先立言的那样,这是现象一般作为单纯的与件之外(另外)的某物而显现这种根源性事实之一斑[1]。因此,这里的课题在于明确那种种差,确定其具体相貌。

首先"指示"功能的能指—所指关系,即在传播者将"陈述"的对象指示给听取者的功能关系,语言符号扮演这一功能时——不同于用手指等情况,即使那是指示代词等——必须以语句具有的陈述功能为中介。[这不外是上一节所讲的可能作为"x"或"$f(x)$"的间接指示的功能。该发话以投向某物的肉眼为机缘,因此,是否为进行直接指示的功能的结果,在原理上是偶有的。]因此,对我们而言当前的问题是"陈述"的能指—所指关系。

一般地,在现象作为"未加工与件"之外的某物而显现的场合,这个之外的某物,当尝试对其作出限定时,在多数场合,结果只发掘出"内语"[1]这一点是反思的事实。但是,作为"内语"而被发现的现实的音韵形象,或与之相伴的特定的副表象本身并非其之外的某物[2],眼前的现象和这一音韵形象都是作为**它**的有效的某物(als etwas gelten)[3]这一意义上的理念(Ideal)的某物,若联系上一章第一节中"朋友的再认"的例子来进行厘定,正是其之外的某物。我们现在所讨论的现实的发话中的能指—所指关系——只是将"内语"置换成了"外语"——在结构上与上述完全同一。在发生论上,该"外语"关系是被内化(erinnern)了的东西,也无非前面列举过的情况。不过,在语言交往中,也会有该现象作为现实的与件不出现于听取者的情况,传播的意义=所指正是理念的某物,如上一节所讨论的,只要语言形象(能指)本身能作为"具身化之场"就能实现传播。

---

① "内语",即国语,相对于"外语"而言。
② ◎etwas Anderes:德语。"之外的某物"。参照本书第93页脚注。
③ ◎als etwas gelten:德语。"作为某物而有效"。

这样,包含通过"陈述"功能(als etwas Anderes setzen)①而间接地指示的"指示"功能,是作为表达者和理解者的"共犯"之作业而实现的,在"表现"以及"唤起"中还遗留着能指—所指关系的问题。但是,实际上,追问关于"唤起"的直接性"能指—所指"关系是不合适的。确实,像反射运动的唤起那样,或许能作为物象化的"刺激—反应"关系来处理。因此,某些学派,试图从"要素主义""机械论"的构想,将唤起反应的一切还原为简单的条件反应来说明。可是,就现实的语言交往而言,先撇开低维的例外情况,并非通过符号＝刺激物而进行直接的"唤起",尽管那是基于复杂的条件反射,"唤起"功能的完全实现也有待于"指示的事态"的**理解**,作为听取者的"意思行为"。因此,虽然能指以"指示的事态的传播"为媒介,并由此成为"意思行为"的**机缘**,但是追问关于"唤起"功能的物象化的"能指—所指"关系几乎毫无意义,应该说它是似是而非的伪问题(Pseudoproblem)。

在以物象化的相貌讨论"能指—所指"关系几乎毫无意义这一点上,关于"表现"功能也是如此。但是,关于"表现"的传播结构,有必要从别的视角进行分析,我想另立一小项对其加以讨论。

(1) 就此而言,我们与以"象征(symbol)功能"为"原活动"的卡西尔的象征哲学(Philosophie der symbolischen Formen)②是共通的,关于"符号功能"的内容则有着不同的见解,这是无需絮说的。

[二]

我们所说的"表现",如上一节开头所规定的那样,不单是像那种悲鸣的直接"表现",而是与"套匣型"地包含**指示**和**陈述**的二肢性成体的

---

① ◎als etwas Anderes setzen:德语。"作为另外的某物而设定"。
② ◎Philosophie der symbolischen Formen:德语。"象征哲学"。也是卡西尔著作的书名。

东西,传播关于这种"指示的事态"的表达者的设定意识(心态)的功能相关。这里,我想分析这种"表现"的传播的意义论结构,探究"语言主体"的形成结构。

一 我们也有必要进行对"指示的事态"的陈述论结构的分析,但我想倒转讨论顺序,目前首先从"指示的事态"作为一种高阶对象而存在的场面开始。

这种客体(Objektiv),例如"漂亮"这一"文基"[①][(1)],其自身尚未确定是认真还是讽刺的意义。若是将反说解读为认真,即使明白"辞书的意义",也不能说理解发话者未说的地方(意义),从而无法形成**意义**的传播。盖即使存在"**指示**的意义"的传播,也不能欠缺"**表现**的意义"的了解。

但是,"表现的意义"的了解,从表达者的意识到听取者的意识,可谓并非如移动物品那样的情况,换乘某种东西。同时,这也并非以语音为机缘而产生的"同感"。(因此,理解对方的愤怒并非自己也愤怒!)关于"指示的事态"的**设定意识**,这种套匣型的全体,在作为发话者**的**意识事态、听取者的意识**中**,被"**归属**"于发话者,这种"互渗"(participation)构成"表现的意义之传播"的内容。

我们在上一章中,以"**牛**对某个小孩'哞哞'的某种场合"为例,

"在牛朝某个小孩'哞哞'叫的场合,牛的'哞哞'叫是朝小孩,不是朝我。虽说如此,假设我自身没有在某种意义上理解牛的'哞哞'叫,我甚至不懂小孩是否把牛'错认'为犬。而我之所以能理解小孩的'错误',是因为我自身也在某种意义上理解牛的'哞哞'。在此意义上,作为'哞哞'叫的牛,确实具有二重性的归属。……这里,可发现可谓自我分裂的自我统一的二重化。对我本人来说,牛终究是牛而不是'哞哞'。但是,

---

① "文基",文字的基本结构单位(文字的细胞)。与作为口说语言的基本结构单位(口说语言的细胞)的"语基"相对。

对于在能够理解小孩的发言这一意义上的我，可谓作为小孩这一意义上的我，牛终究还是**作为**'哞哞'而出现。……'作为我的我''作为小孩的我'……这当中的两个我，在某种意义上既是不同的我，同时又是同一的我"云云（第356页）。

这种"自我分裂的自我统一"，并不只是语言交往的场面显现的特殊现象，而是说明"现象的意识一般地具有的可能性结构"的情况，语言传播之所以成为可能，正是由于负载这一可能的二肢结构。

"语言主体"的形成，也仍然基于这一意识的"自我分裂的自我统一"的可能性结构和列维-布留尔①意义上的"互渗律"（loi de participation）。不过，在讨论这个问题之前，我们必须处理先决问题。

二　在上述讨论中，我们未触及"指示的意义"的内在结构。但是，如我国服部四郎教授等人所强调的，为了完全理解例如"这是好手杖"②这样一句话之意义，必须了解"指示的事态"的谐仿（parody）内容。

即使同样是"这是好手杖"这样一句话，在手杖店的柜台前与看到王室博物馆的陈列品所说的情况，与用正常的短木棒走路所说的情况，

---

① 吕西安·列维-布留尔（Lucien Lévy-Bruhl，1857—1939），法国社会学家、哲学家、民族学家，法国社会学年鉴派的重要成员。指导列维-布留尔全部研究的核心概念是涂尔干的"集体表象"，他认为"原始人"的思维就是以受"互渗律"支配的集体表象为基础，神秘的、原逻辑的思维。原始思维具有"前逻辑""互渗律"和"集体表象"的性格。它是一种具体的思维，它不知道因而也不应用抽象概念的思维，它完全不关心矛盾，容许同一实体在同一时间存在于两个或几个地方，容许单数与复数同一、部分与整体同一；它拥有许多世代相传的神秘的"集体表象"，它们之间的关联不受逻辑思维的任何规律支配，而靠"存在物与客体之间的神秘的互渗"来彼此关联。所谓"互渗律"，即一切客体、存在物、人工制品都有可感受到的神秘属性和力量，神秘力量可通过接触、传染、转移等方式对其他存在物产生不可思议的作用。"集体表象"是一种社会性的信仰、道德和思维方式，它并非产生于个体，比个体存在得更长久，并作用于个体。大致上，这与广松所谓"超现实—理想的某物"相类似。著有《孔德的哲学》《原始思维》《原始灵魂》和《原始神话》等。
② ◎これはよい杖だ：原本是时枝诚记的例子。挑选适于山道的合手手杖时的发话之设定。服部批判时枝，而时枝则回应"即使是发话的意义，也不是文字的意义"。广松在东京大学文学部学生时代，出席过时枝的"日语学概论"，留有笔记。

具有完全不同的"意义内容"。在"这是好枕头"等场合,枕头的内涵,既可以是图书,也可以是人,光是理解辞书的意义无论如何也没法传达(communication)所要表达的意思。

这里的问题是,第一,这句话扮演怎样的"指示功能",以具体指定成为"指示对象"的东西。在这种情况下,指示对象的明确把握若不成功,传达就无法完现。第二,关于"陈述"的功能、"陈述的意义",有着怎样的规定性音调(accent),要求限定其细微差别(nuance)来理解。

> 作为后面讨论的伏线,我想附带说一下与"超语法的主词—宾词"[2]的关系。由于我们尚未涉及新的词类分类的标准、新的构文论(syntactics)乃至统词论(syntax),这里必须停留于消极的表述。从**判断**的意义结构来看,构成真正的主概念(主语)的东西——不管它与传统的语法学有着怎样的语句对应——构成我们所谓的"指示对象"、真正的宾概念(谓语)的东西,是我们所谓的"迹定的意义"。将前者**作为**后者来设定的"指示的事态",若从与上一章所讨论的"质料—形式"结构的关系来说,是以指示对象为质料、以陈述的意义为形式的"质料—形式"成体(之一种),这是"指示"的判断的意义成体"。

从这种"超语法的"主语—谓语结构来说,真正的主语,为具有当前必需的具体性的现实所限定,并且真正的谓语被判明,因而"指示的事态"被**明晰判明**,这是构成充分的传播的必要条件。

为了保证这种"指示的事态"的明晰判明性,必须注意需要时枝语言学[1]这种"场面"的共有,这种"场的共有"本身,是通过历史的、社会的交互主体性才成为可能的,单是物理的"场所"的共有是不行的。

---

① 时枝诚记(Tokieda Motoki, 1900—1967),日本语言学家。从批判以索绪尔语言观为代表的西方语言学的立场,提出独创性的"语言过程论",声称这是日本的传统语言观。由此形成的日本语学就是有名的"时枝日本语学",由此形成的语法理论被称作"时枝语法"。著有《国语学原论》《国语学史》和《日本语法》等。

而且，一般地说，即使"指示对象"的限定，也是通过语言表达来进行的，负载着限定上一节所说的作为"连立方程式的解"的指示对象的机制。关于"陈述的意义"的细微差别的限定——虽说这是基于若干"陈述词"的相乘的、相抵的意义功能，有赖于更复杂的媒介关系——基本上仍是通过语言表达本身来进行的。

这样，作为谐仿文的意义交往的可能性制约，我们反倒遇到"既成"的语言体系的存在。盖谐仿文的意义限定，不是通过**外在**地引入语言外在要素，**一般地说**，通过语言的意义功能的综合（synthèse sui generis）①而被赋予乃是实态。

三　"指示的意义"的传播，归根结底是将指示对象（超语法的主语）**作为**"陈述的意义"（超语法的谓语）、"视为之外的某物"（als etwas Anderes halten）②意义上的"意识作用"，这不外是表达者与理解者之间的交互主体化，套匣型地包含这一"判断的意义成体"的设定意识(3)的互渗/分有（participation），在听取者方面也是基于如上所述意识的"自我分裂的自我统一"。现在必须联系语言主体中的意识的二肢结构性，一瞥语言及其主体的问题。

在现实的语言交往中，在发话者陈述"第三者"的主张等情况下，该"指示的事态"，正如听取者、发话者和"第三者"三重归属，实际上呈现出极为复杂的套匣型结构。但是，这里我想将事情简单化，从二重归属来进行讨论。

任何"指示的意义成体"，能被意识为归属特定的发话者的东西（即，以某某氏如此这般说的形式），发话者某某氏这个项，可谓能够代入任意个人这一"数值"。通过这种自在性经验的集积——恐怕有赖于心理学所说的"变样表象"形成的机制——产生洛采意义上的"补充"

---

① ◎synthèse sui generis：synthèse 是法译（综合）。synthèse 是拉丁语（成为其自身的类）。"特殊的综合"。作者的另译是"独自成类的综合"。

② ◎als etwas Anderes halten：德语。"视为另外的某物"。

(Ersatz)①，"指示的意义成体"及其归属者（发话者）这种二项性"套匣型"结构体，越发使函数性格理念化(idealisieren)②。

其结果是，一方面，发话者的项中个体的人格性变得稀薄，使得不定人称化③。与此同时，另一方面，"指示的意义成体"断绝**特定**人称者的归属关系，正是通过这一点，产生脱离归属者（人类）而予以独立化的倾动。这一过程，若从将符号的侧面也纳入范围来说，"指示的意义成体"的"具身化的现实的场"，也是与专门收缩为语言符号的过程相照应的。同时，换句话说，在归属于具体的、个别的发话者的时点中带有发话者各自的个性性格的语言符号形象，由此自在地舍去个性性格，不久后符号本身也与理念化相联系。

这样，一极是理念化的语言符号及专门以此为"具身化之场"的意义成体，即抽象地一般化的"符号与意义"的结合体，可谓作为自存的东西而被表象。（所谓概念的"抽象"即基于这一机制）；或作为这一"符号—意义"成体的归属者，理念化的抽象的一般"语言主体"而自在地规定。这种可称作"语言主体一般"的东西，即其本身既不是男人也不是女人，既不是老人也不是小孩，在那里，进行该"语言"活动的人都是作为**它**而通用、有效的某人，是为设定的另一极。

前者，即与从具体的人称的主体而自立化的"语言主体一般"相关的"符号＋意义"的体系，不外是物象化之表象的"语言"。这种理念化的"主体"，不外是一部分语言学家通过"conscience collective"④（索绪尔）、"das Ich"⑤（布勒）、"主体一般"（时枝）、"ideal speaker-listener"（乔姆斯基）之类的方法而予以自为化的东西。

---

① ◎ロッツェのいう意味での「補完」Ersatz：参照本书第 106 页脚注。
② ◎idealisieren：德语。"理想化""理念化"。下一段落末尾的"イデアリジーレン"(理想化)为其读音。
③ 不定人称化，特点是注意力集中在事实、事件、行为上，行为的发出者或没有表示出来，或不确定、不清楚。
④ ◎conscience collective：法语。"集合的意识"。
⑤ ◎das Ich：德语。"（大写的）自我"。

然而,在以上的行论中是将可称作"语言主体一般"的"理念"的某人放在所谓对象化的相貌中来讨论。现实的语言活动的主体,是通过听取者(不妨碍他同时也是发话者)与众多的发话者之间不断形成那种自我分裂的自我统一,即通过将所与的事态作为**其本身**来把握的方法而与众多的他者分有/互渗,而将语言活动中被中介的对象把捉及"表现"方法交互主体化,交互主体地、自己也作为"语言主体一般"而有效(gültig)①地实现自我形成的。

通过这一点,作为具体的现实语言活动的主体人称的个人,并非各自的、单个的私人,而是作为具有可谓该语言体系"语言主体"的理念主体而通用(geltend)②的二肢二重性性格的主体。

语言交往之所以能够"实现",作为语言体系和语言主体而有效(gültig)的主体的交互主体的形成,正是基于这种历史地、社会地实现的"事实"。具有复杂的细微差别(nuance)和样态"表现"的了解成为可能,是基于我们自为化这种二重二肢结构,即通过我们在上一节以来的讨论而设定的这种四肢结构关系。

(1) 黑崎宏在《力学》(《哲学杂志》,第 755 期)中通过改释维特根斯坦而设定了这一概念。

(2) 不用说,这是沿袭 E. Lask: *Die Lehre vom Urteil*, Kap. I.的用法,但我们未必原封不动地采取拉斯克的立场。

(3) 这③与迈农的"Annahme"和"Urteil",文德尔班④的

---

① ◎gültig:德语。"有效的""有效"。
② ◎geltend:德语。"通用的""通用"。
③ ◎これが……:关于这一点,参照本书Ⅱ(外篇)第二篇论文。
④ 威廉·文德尔班(Wilhelm Windelband,1848—1915)德国哲学家,新康德主义弗莱堡学派的创始人。受到身为价值哲学之父的老师洛采的影响,他关心康德哲学中的价值方面,认为哲学问题就是价值问题。将世界区分为"事实世界"和"价值世界";将知识区分为"事实知识"和"价值知识"。著有《哲学导论》《哲学史教程》等。

"Urteil"和"Beurteilung",李凯尔特①的"Frage"和"Urteil"等直接相关,此亦毋庸置疑。

[三]

语言体系被物象化地表象,如前一小节所考察的,可以说有其发生论的根据。人们自幼儿期以来,就使自己的语言活动适应于"既成"的语言体系,这与其说是出于自己的需要,毋宁说是基于"集团命令"(impératifs collectifs)[夏尔·布隆代尔②]之压力的强制。其结果是,"语言"不光作为"外在拘束力"而逼近,而且变得带有一种规范的权威。但是,与此同时,语言体系也从诸个人以及交互主体的"现实世界"中抽离出来,变成一种工具的手段。

这里,所谓语言交往,产生诸个人将关于"对象世界"的**没语言**(或**前语言**)的思考的"意识内容",用语言符号这种"工具的手段"(即便那是心的实体[entity])进行通讯联络这种二重性颠倒的表象。古代以来的自然说和人为说③这两种相互对立的语言观,正是以这种二重性颠倒的表象为前提,并且是那种场合必然产生的拉锯战(Wechselspiel)④。

但是,如果我们"就事象本身"进行分析,向我们如实地展开的现象世界,几乎都是"信息化的世界"——即使撇开被语言媒介的"记忆世界的普遍性渗透"——若援用上一章第一节来说,甚至所谓"未加工"的知觉世界已经被符号(象征)化了,而且通过语言交往的媒介进行交互主体的意义作用已格式塔分节化。

---

① 海因里希·李凯尔特(Heinrich Rickert, 1863—1936),德国哲学家,新康德主义弗莱堡学派的主要代表。李凯尔特追随文德尔班,而将康德的先验哲学运用于社会历史领域。著有《先验哲学导论》《文化科学和自然科学》《历史哲学问题》《哲学体系》等。

② 夏尔·布隆代尔(Charles Aimé Alfred Blondel, 1876—1939),法国心理学家。著有《精神病者的世界》《病态意识》《社会心理学入门》等。

③ 人为说,亦即前述"约定说"。

④ ◎Wechselspiel:参照本书第34页脚注。

当拒斥"近代的世界理解"的先入之见,且拒斥物象化的语言观而直视实相时,面向我们的世界(Welt für uns)这一意义上的现象世界,不能离开作为现实(energeia)①的语言活动而现存。从作为我们基础的世界图式(Weltschematismus)而规定的"现实—理念"的二重二肢的四肢结构关系,在其现实态中,以语言(活动)为构成的契机。

通过本章,我们对与近代世界观相照应的"世界—表象—符号"的三项图式从意义论的视角进行了批判性对质,反题性地追认了"理念—现实"的四肢结构关系。另外,通过这一点,对"自然说"和"人为($\nu \acute{o} \mu \omega$)说"的双方,对峙了自在的批判。对我们来说,在某种意义上,即在与马克思、恩格斯的"历史的自然""自然的历史"这一思想相吻合的意义上,可以说"自然就是人为,人为就是自然"。

但是,在本章的讨论中,尚未将"语言"本身真正作为历史的、社会的形象来具体地规定,因而未能将语言活动作为历史的、社会的"对象性活动"的契机来设定。由于这一局限性,尽管我们需要语言观以及世界观的更新,但仍停留于以抽象的形式将"语言世界"之存在结构的图式自为化。

为了从总体(total)上把握"世界"的交互主体的存在结构的具体相貌——那也是之所以应真正超越自然和人为的二元性地平的理由——必须从认识论的构图上拒斥只是基于与"符号—意义—世界"的三项关系相关的"近代世界观"的"理解结构",超越对峙个别的存在论=认识论的构图这一论域,效仿马克思、恩格斯,以"历史—之内—存在"的"实践"为视座,具体地阐明历史世界的交互活动的存在结构。语言形象的"物象化"的秘密,以及"意识"及其主体的交互主体的自我形成的现实过程,也只有在这当中,在与社会形象一般的关系中,才有望真正地解明。这便是我们接下来的论题。

---

① ◎Wechselspiel:参照本书第34页脚注。

第三章　历史世界的共同活动的存在结构

在本章中，我想对"历史世界"就其最基本的结构加以自为化。第一章从知觉地展开的现象世界，第二章从语言所给予的信息世界，指出在各自相貌中的世界的中介性存在结构、四肢的存在结构，试着与"近代"世界观的基本世界理解图式相对质，但终究未能逾越若干认识论的视界。在本章中，我想试着直接将马克思意义上的"对象性活动"①纳入讨论范围，既联系"对象"的契机也联系"活动"的契机，以更为具体地重新把握"在历史—之中—存在"②的存在方式。

但是，这里虽然说是"具体"，却也只是暂且从认识论的维度、文化哲学或历史哲学的维度之透视的深化，即使有一些具象事例的阐述，也终究停留于举例说明、例证（Beispiel）和图解（illustration）。本章所探讨的主题，依然是第一章以来的问题，即世界理解的基本结构（Grundverfassung）*。

　　＊毋庸赘言，关于"历史世界"的讨论应该具体地展开。可是，我们今天遇到应从根本上重新思考传统的历史观——世

---

① ◎对象的活动：参照本书第19页脚注。
② ◎歴史・内・存在：海德格尔《存在与时间》中所谓"世界・之内・存在"（In-der-Welt-sein)的改写。作为概念，海德格尔的弟子 H. 马尔库塞的论黑格尔亦有使用。

界观,使历史世界作为历史世界而开拓的地平线本身之自为化乃是先决条件的那种思想史局面,离可直接着手上升法的展开①还有很大差距。因此,首先试着从基础层面做预备性的考察。

为了避免不必要的误解,并且突出问题意识,也许在本章预先触及所谓"历史世界"的广袤比较合适。所谓"历史世界"不是历史书所描绘的世界,也不是常识意义上的历史事实。"历史"这一限定,并非将"世界(宇宙)"区分为"自然界"和"历史界"的领域概念,从原理上来说,它与对世界的**观察方法**、理解方法相关。

当这样表述时,大多读者可能越发抱有"论点不明"的印象吧。然而,确实有必要在本论前将导致该混乱的既成观念自为化、相对化。

在近代=资产阶级的世界观中,与物质和精神的二元性分离相联系,"自然"与"历史"——自然与文化,自然与人,等等——被二元性地,而且领域性地区分。(在谈到自然史,即自然的历史的场合,也不过是与以领域的区分为前提的狭义"历史"相对照、相连接的。)这里,古希腊的自然(φυσις)②、中世纪欧洲的自然(natura)③与"近代"所观察的"自然"有着怎样的异质性? 自然与历史的二元性分离是如何产生的? 它为何是近代意识形态所特有的东西? 我们对这种讨论一概不深入,如今我们应该牢记的是从根本上重新追问将自然和历史、自然和文化作二元的、领域的区分的构想本身。

自然和历史(文化)的区别究竟在于哪里? 两者的区别乍

---

① ◎上向法的展开:"上升法的展开"。"上升"(Aufsteigen)法,是马克思为了学问的叙述方法而主张的东西。像"商品"→"货币"→"资本"那样,从抽象的根本性概念向具体的现实性概念前进。
② ◎φυσις:希腊语。"自然"。读作"physis"。
③ ◎natura:拉丁语。"自然"。

一看可认为是明确的。"自然",就是与人为无关、通过其自身而存在的东西(das An-sich-vorliegende),"文化"(历史)则是通过人们的行为而形成的人工的产物,云云。——然而,这里所谓的"自然"并不直接是康德的物自体,而是具有颜色、声音和形状的现象世界的一半。关于知觉地现存的世界,尽管与人们的知觉器官相关,在很早以前的常识中,知觉器官及其能力乃是属于人们的自然的东西,因此被理解为"与人们生活在什么样的社会、什么样的时代无关,只要客体本身是同一的,'物的世界'就会以同样的面貌显现"的东西。然而,在今天,这种近世认识论的前提理解已难以维持。正如在第一、二章中看到的,尽管人们的知觉器官在生理学上几乎是同构的,但知觉地分节现存的世界,甚至连声音的听法这种维度也是被历史地、社会地交互主体化的。因此,将具有"感性地如实呈现的世界"称作"自然",在原理的层面已经不被允许了。

通过追问"文化"方面,我们也面对同样的事态。一般认为,被称作"文化"的东西,其外延包括从习惯到制度的形象化的"活动"(gebildete Tätigkeit)的维度,以及产业、学问、艺术、宗教及世界观这种"形象化的精神"的维度。这种一般的理解推衍下去,可以导出人们内存在于其中的世界(大自然)正是"文化"的最好例子这一悖论性结论。顺便说一下,在原始文化的神话/巫术的世界观这种情形中,这种文化形象的神话/巫术的世界,并非存在于原始人的想象力中,而是他们原始人就居住在这种神话/巫术的世界中。那正是在他们眼前知觉地展开的世界,以万物有灵(animistic)的相貌在日常显现的这种"神话/巫术的世界"内存在着他们原始人,进行与此相关的对象性实践的事务,在他们眼前展开的世界(这种意义上的他们的"大自然")已是他们的文化。我们内存在于其中的世界(大自然)也在同样的意义上是我们的文化形象。

这样，不管从自然方面来思考还是从文化方面来思考，我们都不能在原理层面对自然和历史作二元的、领域的区分。我们当然不是要剥夺常识意义上的自然和文化的区别，更不是要剥夺"自然"的物在。并且，也并非主张人类诞生之前的世界是空无*。我们这里想确认的，不是自然和历史的二元的、领域的严格区别乃是悖理的这一点本身，而是人们作为"大自然"来推测的东西已是历史的、社会的交互主体化的文化形象这一点。

*人们谈论关于人类诞生之前的世界是"葱郁的大树繁茂地生长云云"，但是，那种情况中的"世界"——在不是色盲的人看来是这样——实际上已与认识主体相关。

现在，我想读者已能够理解我们前面所说的"历史世界"并非表示世界（宇宙）的一半的领域概念，而是与将世界作为怎样的东西来理解**这种观察方法**相关的东西的旨趣。那么，在我们将世界作为怎样的东西来理解时究竟如何使用"历史"这一规定词？我们自第一章起，将现象地展开的所与世界被历史地、社会地交互主体化这一事实自为化，即便它与对象的认识和认识的对象相关，也终究没有超出认识论的维度。另外，它没有将对象世界的实践变样纳入考察范围，是将基于人们的对象性活动的世界的现实变样置于考察的范围之外了。在本章，我们对内存在于其中的世界不光有认识方面的关心，还将其作为生命的全体关心性的对象来正视，把世界看作人们的实践这一交互主体（intersubjektiv，交互主体）的行为的与件，并且通过这一行为而作为被中介性地设定的东西，重新把握当中的问题，这便是本章的课题。"历史"这一限定，不外是表示世界——不仅包括狭义的"历史"也包含"自然"——在本原上是在基于主体间性的实践的被中介性中存在这一理解（用马克思、恩格斯的话来说，那是"历史的自然"这一理解*）。综上所述，本稿与其说是所谓历史哲学或文化哲学维度的考察，毋宁说是关于世界观一般的地平的探讨，这已无需絮说。

＊在《德意志意识形态》中，他们有批判费尔巴哈的"唯物论"的如下文字。"感性世界"即科学家和常人意义上的感性地赋予的"现实世界"，实际上是"工业和社会状况的产物，是历史的产物，是世世代代活动的结果"①。"这个'纯粹的'自然科学也只是由于商业和工业，由于人们的感性活动才达到自己的目的和获得自己的**材料**的。……劳动和创造、这种**生产**，正是**整个现存的感性世界的基础**……当然，在这种情况下，外部自然界的优先地位仍然会保持着，而整个这一点当然不适用于原始的、通过自然发生的途径产生的人们。但是，这种区别只有在人被看做是某种与自然界不同的东西时才有意义。此外，先于人类历史而存在的那个自然界，不是费尔巴哈生活于其中的自然界；这是除去在澳洲新出现的一些珊瑚岛以外今天在任何地方都不再存在的、因而对于费尔巴哈来说也是不存在的自然界"②，云云。

第一节　历史形象的二肢性及其物象化

在本节中，让我们首先将目光投向所谓"历史世界"的对象相貌，解析这种对象的存在的二肢性结构，试着暂定性地探究关于以物象的相貌而显现的该历史形象（Gebilde，构成物）的一种独特存在性格。为了推进这一作业，我想即便同样说是"历史形象"，不过试着区分几个层面来讨论更加便利。而且，如前面所显示的那样，我们比一般的看法更为宽泛地使用文化或历史的概念，扩大了其外延。

---

① 《马克思恩格斯文集》第 1 卷，人民出版社 2009 年版，第 528 页。
② 《马克思恩格斯文集》第 1 卷，人民出版社 2009 年版，第 529—530 页。

[一]

我们总是将艺术作品或宗教仪式这类"高级"的精神文化形象,同工具或农耕这类物质文化形象严格区别开来。可是,艺术、宗教和学问这种东西,原本不仅形成了未分化的统一,而且与日常生活非常贴近。原始人在洞窟的墙壁上雕刻的绘画,不仅是艺术并带有巫术的意义,而且作为**狩猎活动的一部分**,它还带有**工具的意义**,等等。——为了摒弃"近代"的先入之见,我想将这类事态也纳入范围,还是先从现象世界的用在性(Zuhandenheit,上手性)①谈起,虽说这乍一看好像极大的迂回之路。

现在在我眼前的裁纸刀,不光是具有具体形状和颜色的物体,还是"裁纸的东西",它目前并非以金属或塑料这种物在性(现成性、自在性)显现在我的意识中。对象之所以并不只是作为这种物在,还作为用在性而显现,在于它不光是狭义的工具。户外的水稻并非具体的禾本科植物之类的东西,而首先是"米的植物",月是"照亮夜路的东西",对面的河川也是作为"游泳或钓鱼"的地方,即便是"自然物",对我们而言在第一性的也是用在。[对原始人来说,图腾(totem)动物是作为单纯动物之外的东西,巨石是作为神的座位而存在,关于诸如此类的事态,我想眼下暂且撇开不谈。]

这样,现象对象的与件,作为单纯"知觉与件"之外的某物,作为带有对于生活的关心的工具的有意义性而自在地显现。若在反思的意识中重新把握这一事态,那么现象的与件就不是单纯的与件(als solches),而是作为某种工具的有意义的东西,作为具有二重性的规定性的东西,作为二肢性的被中介性统一体而存在。

而且,这种"……之上的某物"(etwas Mehr),不能还原为我们第一章厘清的推论(discursive)的"意义"或第二章探究的信息的"意义"。

---

① ◎用在性 Zuhandenheit:德语。参照本书第49、82页脚注。

我们面对的所谓"之上的某物"(etwas Mehr)之工具的有意义性究竟是什么？目前可以认为那是自然物作为自然物而具有的一定的现实的性质。并且所谓物在之上，实际上是"物在"(Vorhandensein)的东西的抽象(舍象)，因为它数量过多，可以认为现实的各个对象当然在它之上。物在是"舍象"的产物，对于现实的与件而言过少，这一点确实如此。但是，现在的问题是所谓的"现实的与件"，是它作为有意义性的东西的存在性格。它果真是自然物作为自然物而具有的性质？在常识中，刃具具有切物的性质，铁锤具有敲钉的性质，货币具有购物的性质！它与水具有冷的性质，玫瑰具有红的性质是同样的！这样的想法和用词法，确实是常识。但是，我们现在必须追问的正是这种"常识"想法本身。

我们现在不打算在这里进入实体和属性(本体和性质)的关系这种传统的大问题，也不打算在这里解决"颜色这种主观的东西为何被看作物的客观性质"这个曾使哲学家和心理学家烦恼的问题。

这里想特别提请铭记的是，工具的有意义性这种"性质"，从一定的功能关系来说，实际上是作为凝结、归属于物的无意识过程的结果而存在的，因此，它以该功能关系为中介，只有在此意义上才具有存在性。

例如，小刀的切物的"性质"，人们通过将小刀推碰物体进行适当的动作而切断物体这种功能关系——这里，由于作为活动主体的人和切断的物体都是可变的、不定的，不管是谁都行也不管是什么都行，这两个变项就被消除——于是这种可能的关系被凝结、归属于小刀，结果被当作小刀的性质。既然它有赖于这种主体的实践关系的凝结这一机制，那么脱离一定的人们的实践活动及其条件的物本身就不具有工具的有意义性。

这样，所谓的有意义性，如果是包含以人们的主体行为为不可缺少的一项功能关系，可谓作为以物为内核而凝结的表象——在这里我们并不打算着眼于这一点，直接采用所谓有用物或有意义性是人的**活动的物象化**这种说法——那么不言自明，这种有意义性乃是历史的、社会的和相对的。颜色或形状这种"性质",无论是多么复杂的物理—生理的功能关系的凝结,也无法完全消除历史的、社会的被中介性的决定性。然而眼下问题的性质,例如,从某种泉水的禁忌(tabu),人肉一般不具有作为食材的有意义性这种维度,到对于我们日本人而言有意义的筷子对欧洲人来说只不过是两根短木棒这种维度,历史的、社会的被中介性都是决定性的。所谓有用物及其有意义性,即便以物的存在为基础,也正是历史的、文化的形象。

这种历史的、文化的形象的有用物形成复杂的连环,而保持固有的秩序。铁锤之所以有用是由于敲钉而有用,敲钉之所以有用是由于建房子而有用,房子之所以有用……是作为这种总体的关系的一契机,在此意义上的有意义性是存在的,这种分级(Hierarchie)以不同于"自然变化"的秩序(order)而变化、维持。

当我们作以上讨论时,并没有特别探讨"有用物"是不是人工产物,即是通过人们的双手而现实地加工(制作)的东西,还是天然的、被发现的东西。我们在日常生活中发现的身边的东西,几乎都是人工产物。必须铭记这一事实。我们也会在后面别的脉络中特别强调人工。但是,对于历史的、文化的形象而言,在现实上是不是人们制作的东西并非决定性的。例如,农民引水的河川是天然的东西,还是远古开掘的沟渠,对于灌溉的有意义性而言没有任何区别。一般来说,对于各个时代的人们而言,有用物的总体作为与件是被赋予的,它是否属于先前世代的制造品,暂且在问题之外。

以上,我们厘定了四周的对象是带有作为单纯"自然物"之上的有意义性的东西而显现的,这种工具的有意义性虽是以人们的主体活动(关心)为一契机的功能关系,但是以凝结、归属于物的方法被对象化的东西。通过这一点,我们试着抵近历史的、文化的形象的"物象化"及其二肢性的最基底层,为了就此展开稍微正式的讨论,这里必须再度回到现象的场面，重新眺望四周。

[二]

我们四周所发现的他人及其行动也具有用在性。但是，它具有一般的单纯工具有意义性之上的或不同于此别的有意义性。

朝我点头的他人的行动是作为我也应点头的事物，对方的笑脸是作为我也应报以笑脸的事物而自在的、前反思的存在。对我挥舞拳头的人是作为我也应握紧拳头的事物而存在。这种事态不限于以人为对象的状况。"神体"①和"佛龛"②乃是作为在它面前应低头的事物，狂吠的犬乃是作为应握紧拳头的事物。我们自在地相信对于他人来说情况也大致相同。

在行动诱发＝活动规定的这种存在方式中，与件是作为单纯的本身之上的某物而呈现的。与件的这种存在方式，以此为机缘的主体活动的存在方式——虽说其中一部分是以人们的"生物性自然"为基础的——只要其明显属于历史的、文化的形象，我们就称之为"规定的有意义性"，将其当作主题性考察（后面的讨论）的对象。

但是，这里我想首先将有关人们的行为而现象地发现的某种事实——虽然据实而言它是作为"规定的有意义性"的结果而形成的东西，但是我们暂且不问这种被中介性——作为问题。那与被称为"人们的行为方式的物象化"的事态的探究相联系。

无需再次观察便知，人们的行动以极为模式化的面貌运行。那不是由"生物性自然"而一义性地决定的东西，而是基于社会习惯形成的制度的固定化的东西，现在亦不必进一步解释。然而，着眼于从构成历史的、文化的形象的成层之一的这些习惯到制度的一系列形象（我们这

---

① 神灵寄居的物体，是作为神自身、神的本体而祭拜的对象。
② 摆放佛像和亡人灵牌的地方。

里也未能将自萨姆纳①以来,由诸多学派尝试施行的那种子分类总括起来进行论述)的存在性格时,不能忽视其些微的特殊性。

习惯或制度——工具的有意义性不同于在"性质"这种存在方式中显现的东西——习惯的**东西**、制度的**东西**作为存在似的那样一种事情(chose)而显现。但是,那不是**物体**,不是几何图形之类理念的存在。习惯或制度,**若将其作物在化的考察**,失火或河川这种发生的事象,即作为其自身来说虽然不是物质,在物理上却也许是现实过程的事象(Vorgänge)。可是,与失火或河川这种格式塔作为直觉的对象而呈现相对,习惯或制度这种东西并非单纯的知性构想物,只能通过省察结成格式塔。那么,它究竟如何作为具有某种存在性格的东西而呈现?我们必须在对其重新进行追问的同时,将交互主体的交互活动之一的位相自为化。

这里,也许有一半的读者会满足于习惯或制度这种东西是"人们的主体活动的物象化"这一回答。但是,另一半的读者,或许原本就不满足于"物象化"这种"比喻"的规定,至少关于制度,会列举例如学校这种制度包括校舍这种"物"在内的事实,而主张"活动的物象化"并不足以说明问题。

对于我们来说,无论如何,并不光是说"物象化"就完事。什么是"物象化"?同时,什么是被物象化的该物(主体、主语)?我们在后面的论述(第三节)中才能对这个问题给予最终的回答,这里暂且举两三个事实。

  第一个想到的是,人们的行为方式的惰性的固定化。如果作近代哲学之流的理解,将惰性的、固定的情况理解为物的本质性格,而精神本来是进取的、流动的东西,那么将惰性的

---

① ◎サムナー:萨姆纳(William Graham Sumner, 1840—1910),美国历史学家、政治学家、社会学和人类学家。(译注:耶鲁学派创立者,以实证方法研究习惯的起源、本质和价值。代表作有《习俗论》)。

固定化称作"物象化"或许切中事理。但是,这样做就逸失了习惯或制度的某种本质性格。如果只说行为方式的惰性的固定化,就可以说只是特殊个人的习癖。但是,眼下讨论的习惯或制度,在本原上是集团的现象。因此,在谈到物象化的场合,有必要从本原上的集团性乃至交互主体性来设定。

第二个想到的**也**满足这种集团性要求的是,涂尔干学派意义上的"外部拘束性"。例如,我们日本人,即使试着不脱鞋进入客厅,也会因为脚而感到紧张,感到简直与具有外部的、物理的拘束相同的行为制约。从惯犯小偷将出手时也会"拧紧手腕,并感到肘部有一股向后的牵引力"来看,习惯或制度,也伴随这种"外部拘束性"的意识的对象化。这种外部拘束性,尽管作为外在拘束而被意识,但并不是生理/物理一义的拘束,而是一种规范的拘束,因此在习惯或制度中总存在违反者、逸出者。在这一点上,我们将其与基于单纯生理/物理的规定而形成的**习性**——动物的种具有的习性——相区别。在集团现象这一点上,尽管也在方式上颇有类似性,而我们将习惯或制度与习性相区别的规定的拘束性,虽是**外在**的意识而非物理($\varphi\upsilon\sigma\iota\varsigma$)的,但实际上源于人们的主体间性的活动的拘束性,这可看作"物象化"这一把捉方式的一个机缘。

第三,物象化这一把捉更能作为直接的对日常意识的追认来立言,对这一点未必能否定。习惯或制度,即使对日常意识来说,也每每以自存的外在某物的相貌而显现。关于这一事实,第二节在阐明其机制的同时作过讨论,例如,习惯的方式化的语言活动,不是仅作为语言**活动**的方式被固定化,而是宛如"语言"(langue)这一语法的结构化的制度性存在处于活动之外那样,并且各人都**遵循**它,乃至被意识为像是以积极的方式进行活动。因而形成单纯的外部拘束性这种之上的"外在性"的表象,这样,超越活动方式的范型化这一领域,主体间性的行为方式可谓作为语言的独立化来意识这一"事实"的追认就被看作所谓的"物象化"。这里从一开始就是作为主体间性的形象化的"物象化"被思考的。

以上,我们将所谓"**主体活动的物象化**"的事态区分为三段,即联系作为**活动方式的固定化**的观察的事实,作为活动的**外部拘束性**这种内省的意识事实,及由此带有固定化的拘束性活动方式的一总体,以**外在自存性**的相貌而显现的对象意识事实进行了讨论。通过这一点,指出了习惯或制度是在可简单地区别为习癖或习性的集团的、规范的拘束性中存在的,在本原上是共同主体(=交互主体)的现象。(另外,关于可谓**人自身**的物象化或**精神活动**的物象化将在第三节论述。)习惯—制度这种维度的历史的、文化的形象,在本原上是主体间性的功能性共同活动关系,但是作为以物象的相貌而显现的东西,形成有别于单纯心的现象和物的现象的另外领域的存在,只要呈现固有的存在性格——关于制度是否包含"物件"这个问题,请参照第二节[二],第三节[一]——我们就赋予"物象化"这一把捉方式的权利(berechtigen)。

为了预备后面的讨论,这里仍停留于臆言的继续,我们暂且想交代的确切说法是,现在所探讨的历史的、文化的形象的层面乃是交互主体的共同活动的一个位相(严格地说,如后面所看到的那样,它不单是交互主体的形象,而且是我们所谓的四肢结构成体)。因此,即使允许"身体活动的物象化"这种说法,它也已不属于近代哲学所理解的主体—客体关系(以这种图式来思考的 N. 哈特曼①意义上的异议[Objektion]或客体化[Objektivation])的论域。

我们也许有些过于纠缠于通俗的"物象化"论。但是,若撇开叙述不得要领的问题,为了确认我们后面应由自己积极地说明的与件,同时也为了表明我们的视角,这是必要的迂回之路。

---

① 尼古拉·哈特曼(Nicola Hartmann,1882—1950),德国哲学家,提出用存在主义观点看待一切现象的存在论。著有《形而上学纲要》。

目前比较适合这一迂回之路的结论是，在人们习惯性地采取方式化、制度化的行为方式中，不仅创造所谓高等的精神文化，而且该行动本身总是他为①地带有单纯的动作之上的文化意义。人们的行为，在习惯、制度上——例如在点头或握手这种行为中，以此作为打招呼的方式而通用、有效②——是作为单纯的动作**之上的某物**而向我们显现的。为了了解这种"……之外的某物"（etwas Mehr），即文化意义，必须更进一层地着眼于历史的、文化的形象。

[三]

作为历史的、文化的形象的最好例子，人们可以举出道德、法律、艺术、宗教和学问这一系列的形象。我们也必须将之作为历史的、文化的形象的一个层面而纳入视野。（可以对这一层面进一步作若干区分，当尝试进入文化哲学的讨论时这是有必要的，在这一点上第一、第二层是相同的。但是，在当前的讨论水准上予以综合性处理应该是允许的。而且，如业已阐述的那样，我们并非在所谓工具性的维度与现在讨论的"高等的精神文化"之间作本原性区别的设立者。所谓三层区分不过是叙述的简便方法。）这时，我们想将原始人的图腾或灵山信仰这类事象也纳入问题圈。

但是，也可能存在现在讨论的文化形象明显是人们创造的产物，将图腾或灵山这种存在涵盖在内，这岂非不合理的扩张这种疑惑。然而，什么是人们的创造？雕刻家并不创造作为素材的那种物的存在。而自然公园的"自然原貌""未曾加工"这种规定性是文化财富。这样看来，不应该排除图腾动物或灵山等。即使不是狭义的"人工"品，这些也明

---

① "他为"，对应的概念是"自为"。也译"为他"，如"我的为他存在的结构是与他人的为我存在的结构同一的"（萨特：《存在与虚无》，陈宣良等译，生活·读书·新知三联书店2007年版，第419页）。若译"为他"，则"自为"当译"为自"较为恰当。而"自为"已成固定译法，不便迁就。

② ◎gelten：德语。"有效"。

显是人们的文化创造的产物。

所谓文化形象以及文化创造,不是关于它的存在,而是关于它的文化价值的规定。实际上体现这种文化价值的存在包括像雕刻的物体、舞蹈的动作和神佛那种"形而上学的存在",可以多种多样。问题是归根结底,该存在是其之上的某物所凭籍的文化价值。我们将现在讨论的层面所具有的文化的有意义性称作"价值的有意义性"。

这种价值的有意义性、文化价值,从前引起过价值哲学的诸派间的异常混乱。我们通过援用马克思的商品价值论的逻辑,能够解明文化价值或文化财富的"拜物教性质(Fetischcharakter)及其秘密"①。但是,这里的课题还是作为这一作业本身的前段,试着作两三点考察,确认其作为"可感觉而又超感觉的物"(ein sinnlich übersinnliches Ding)②的文化财富的拜物教性质,以提示我们的基本视角。

作为文化价值的一种特质——在这一点上与经济学上的价值有着不同的存在样态——可以指出价值与反价值的互补性,如美丑、善恶、正邪、圣俗、真伪等。并且,价值的否定意味着反价值,反价值的否定意味着价值。例如,"不美"意味着"丑","不正确"意味着"错误"这种情况,价值的否定不单是"not",而且是"not ... but"。在这一点上,普通的存在概念的否定,例如"不是铁""不是律师"等只不过意味着"那不是"。当然,仅就互补性而言,既有不是价值概念的存在概念,也有男女、阴阳那种,一方的否定直接意味着另一方的情况。另外,也有谈不上价值的否定也谈不上反价值的情况。但是,"她不是美人"这一评语,即使说话方是从普通意义上来说的,但对被说方来讲等于被叫做"丑女"这种情

---

① ◎物神的性格 Fetischcharakter とその秘密:"拜物教性质及其秘密"。参照本书第 39 页脚注。(参见《马克思恩格斯全集》第 44 卷,人民出版社 2001 年版,第 88 页。)

② ◎ein sinnlich übersinnliches Ding:德语。"可感觉而又超感觉的物"。(《马克思恩格斯全集》44 卷,人民出版社 2001 年版,第 88 页。)在本书第 39 页脚注指出的地方,马克思所表述的"商品"的特征。

况,价值的互补性与存在概念(矛盾概念)的互补性有着不同的有效性(Gültigkeit)①样态。并且,这种特殊的价值互补性在意识形态的对立这种场面扮演着复杂的媒介功能。但是,对这一点的考察和分析,且留与后面的讨论,接下来我想确认关于价值的存在性格的两三个论点。

价值,在日常意识中,有时作为性质,有时作为实体,总之是独立于主体的客观的某物而表现。并且,正因为存在客观实在性,人们的价值认识之间才被看作一致的。而价值认识——例如,是否美、是否神圣这种问题不合道理——在最终的场面被当作一种直观。这样,在日常意识中,人们通过**共同直观**的**对象**这一理解,被素朴地看作价值的客观实在性。

不过,只要稍加考察,价值的存在就显示极大的谜一般的面貌。它是文化财富的拜物教性质(Fetischcharakter)存在的根源,从这里产生价值哲学的诸派的混乱和对立。

即使价值是"直觉认识的对象"——人的五官能够直觉颜色、形状和声音等而不能直觉价值——也不可能是经验的直观的对象。这样看来,价值不是现实的经验的实在(realitas)。在这一点上,马克思关于商品价值所指出的"连一个自然物质原子也没有"②,是"超感觉"③的物,可原封不动地套用。总之,价值概念必须与存在概念区别开来。例如"她不是女人"这一表述,若作为存在概念来说意味着"是男性"。不过,若作为价值概念来说,意味着"是胜过男人的女性""还是少女"等,总之是**女性**。在这个例子中,作为存在概念**是女性**,作为价值概念则**不是女性**(有作为存在的女性者,作为不是女性的价值存在,其在二肢二重性中被把握)。无需罗列这种例子,必须区分存在和价值。同时,正因为两者的区别是"客观"的,才可能认可前面的表述。可是,既不是经验直观的对象,也不是经验的实在,而区别于一般的存在概念的"价值"

---

① ◎Gültigkeit:德语。"有效性"。
② 《马克思恩格斯全集》第44卷,人民出版社2001年版,第61页。
③ 《马克思恩格斯全集》第44卷,人民出版社2001年版,第88页。

本身,果真可以说是客观的?

这里,哲学反思的立场呈二极性的分裂,一方采取价值唯名论,另一方采取价值实在论,并且双方以各自的作风试着"说明"日常的意识事实。

一方的立场认为,所谓价值的客观实在性是错误的,主张价值不过是主观的东西。但是,连无教养的"匹夫小子、车夫马夫",不也几乎与"学识经验者"一样,能细致地识别善恶、正邪和圣俗? 如何说明价值判断的主体间的一致? 这里或许有人假设本有观念(与生俱来的观念)这种先验性,而强辩这种共同观念有其其直觉性和交互性,从而造成了价值的客观性这一错认。然而,价值判断绝不是众人都一样,若根据历史的、社会的变化这一事实,这种先验主义(apriorism)就难以维持。因此完全的经验论的唯名论就登场,主张实在的只是价值判断这一心理事实。价值也可谓一种感情,它与颜色、香味等第二性质的情况同样,幻现为宛如对象的性质,云云。

另一方的立场——暂且不谈积极地将价值作为形而上学的实在的主张——主张价值不是存在(exist)而是生存(subsist)。根据这一派别的看法,经验论的立场混同了有效(gültig)的价值和通用(geltend)的价值①,另外,仅将经验的实在作为存在来承认是狭隘的武断,是看不见现实的偏盲,云

---

① ◎gültigな価値ーとgeltendな価値:德语。"有效的价值和通用的价值"。参照本书第163页。[译注:关于"gültig"和"geltend"的语义异同,可参考康德的学生莱茵霍尔德(Karl Leonhard Reinhold)有关"普遍有效"(allgemeingültig)和"普遍认可"(allgemeingeltend)这两种普遍性的区分。例如,牛顿定律是普遍有效的,但在地球的某些角落,这样的知识并未普及,因而并未被普遍认可。随着时间的推移,牛顿定律必定能够被所有具备一定智能的理性生物普遍认可。普遍认可涉及从人类理智出发的普遍性,普遍有效涉及从效用来讲的普遍性。据此,我们可以很容易厘清"普适"(Universal)和"普世"(Ubiquitous)的区别,以及"物在"(Vorhandensein,现成存在,自在存在)和"用在"(Zuhandensein,上手存在,自为存在)的差异,等等。]

云。这一派别主张,价值不是经验的实在,更不是形而上学的实在,而是形成第三存在领域的独特的客观对象性。在此意义上,价值是独立于主体的存在,是一种直观,是通过理念的直观而被认识——追认地"说明"日常的意识事实。

那么,我们又是如何处理这一问题的?我们权宜地分作二段结构。

第一段,实际上这不过是对应予说明的事态的确认,也许可称作前段的回答,从根本上说,与已在第一章、第二章处理的"意义"的存在(Bestand)①是相同的讨论。不过,我想简单地提出论点。

现实的实在,如经验论者所主张的,只是一定的生活范围内部、在很大程度上具有的主体间的一致的价值意识。价值,绝不是独立于人们的真正独立自存的"第三领域",而是与历史的、社会的人们的存在方式相关的形象(Gebilde,构成物)。我们并不认为应将"通用的价值"(geltender Wert)和"有效的价值"(gültiger Wert)作存在性区别。虽然以上观点与经验论者一致,但是我们认为将存在局限于实在(realitas)并不能完全把握世界存在的现实。虽然不是进行理念的价值直观之类,但在主体间一致的价值判断中,确实抱有价值的客观性的推测,这有其相应的根据。我们有必要说明这种推测的根据及其结构。这时,当将推测的价值对象性勉强作为其自身而抽取出来加以考察时,它呈现与几何学上的图形或纯粹数学的对象之类同类的所谓理念的存在性格。在此意义上,现在讨论的文化财富,是作为现实—理念的二肢性成体的在场(Dasein),若是排除这里所谓的理念的契机,实际上就面临经验论的唯名论者那种困惑,说明体系陷入必然的悖理。就此而言,在承认理念的价值存在性这一点上,我们与"第三领域"论者在逻辑结构上是一致的,但是,我们不承认其自身的存在性,而是将其作为交互主体的价值意识的虚焦点(focus imaginarius)②的"物象化"来重新把

---

① ◎Bestand:德语。"存在"。动词 bestehen 的名词形。
② ◎虚焦点 focus imaginarius:参照本书第 114 页脚注。

握。——于是,这便是正式的课题之所在。

第二段有关阐明交互主体的价值意识及其"物象化"究竟是如何形成的这个问题。因此,从所谓货币具有的价值(经济价值)在于人们交互主体地一致承认其价值来看(这与我们第一阶段的讨论类似),不管这一点自身如何地真实,也不能说明什么问题。问题在于阐明该**价值内容**,并且说明为何、如何形成那种交互主体的一致。在第二阶的作业课题中,关于各种价值形象,有必要历史地、具体地做实证的尝试。虽然作为一般论,文化的价值意识的物象化,绝不是反对(objection)经验论者所设想的"第二性质"的投射(projection)。总之,如果说在本原上是交互主体、共同主观的形成机制,对我们来说,价值意识的交互主体性及其"物象化"必须联系其形成机制及其一般结构进行自为化。(附带说一下,第一项中的"工具性的凝结"云云,实际上也不过是第一段,是现在正要说明的东西。)

适应这一课题的,不外是追问作为现实—理念的二肢性结构成体的文化财富的存在性,同时,也由此阐明文化创造的机制。反过来说,价值意识的交互主体性正是通过历史地、社会地存在的被拘束的交互主体的共同活动而形成的,这种交互主体的共同活动的总体关系是经过价值意识的折射而被"物象化"的东西,它不外是文化财富的价值对象性。这样看来,我们必须进一步追问交互主体的共同活动的何种存在方式和结构交互主观地形成文化财富的价值的有意义性这一点。盖从主体性上重新把握人的活动乃是先决条件。

第二节 历史主体的二肢性及其物象化

在本节中,我想联系主体活动的基本结构重新把握人们的行动,将历史形象,特别是制度的定在何以作为历史形象而形成的机制自为化,进而阐明上一节遗留的规定的有意义性的问题。这里,让我们首先从着眼于日常生活中的现象场面开始。

[一]

在日常生活——上一节中所谓内存在地带有工具的、规定的、价值的有意义性的环境世界——中，我们每每以与所置身的场合相应的方法，以社会习惯的、制度的方式化的方法而行动。正如在教室像老师，在团体交涉的席位像管理者，在家庭像父亲……这样，与演员以与角色和场面相应的方法进行扮演同样，根据地位与角色（status and role）①不断地表演。

所谓角色和表演，从学会的主持人这种特殊的具体的东西来说，因可从中分析出诸如学者、男人这种一般的、抽象的东西而呈现复杂多重性，若将这一概念扩大，像作为经营者的实业活动的实行，作为工薪人员的劳动方式，作为革命家的活动方式……自不待言，连打招呼这种社会习惯的行为方式，以及表情的做法、走法，乃至"筷子的拿放"，等等，可以说人们的社会行为都是作为"表演"而进行的。

鉴于这一事实，我们采用作为人们活动的普遍形式的、结构的规定性角色扮演（role-taking）这一概念，通过援用这一概念，来接近历史主体的存在方式。（另外，虽说使用这一概念，但它在我们的情形中不同于林顿②和帕森斯③，以及米德④等人的规定，这会通过后续各项而自

---

① ◎status and role：英语。社会学用语，"职位与角色"。通常认为遂行与"职位"相应的"角色"（役割），但正如后论，广松逆转了这一关系。另外，本书并未特意设定"角色"（役割）和"职位"（役柄）之间的区别，但本书出版之后作者对两者做了区别，将后者进一步规定为"物象化"而使用。

② 拉尔夫·林顿（Ralph Linton，1893—1953），美国人类学家，美国文化人格学派的主要代表之一。他综合了人类学和心理学的因素，试图研究文化形成的过程。著有《人类研究》《文化谱系》《人格的文化背景》等。

③ 塔尔科特·帕森斯（Talcott Parsons，1902—1979），美国社会学家，结构功能主义的代表人物。主要著作有《社会行动的结构》《社会系统》《经济与社会》《关于行动的一般理论》等。

④ 玛格丽特·米德（Margaret Mead，1901—1978），美国人类学家。代表作有《萨摩亚人的成年》《三个原始部落的性别与气质》。

然地明朗起来吧。)

那么,人们在日常生活中经营的角色扮演,一般是自在的、不自觉的,并且适应其所处情形,极为自然(natural)而顺利(smooth)地展开。虽说人们有时会感到自己与角色的分裂,"作为我的我"与"只是扮演角色的我"的分裂,但若将自己作对象化的考察,就不难发觉自己进行着上述那种普遍的角色扮演。我们从第一章以来尤其定位于语言交往的场面,指出了人并不单是作为其人自身(als solcher),而且是在"作为某人的某个"这种二肢性中,在自我分裂的自我统一的样态中在场,鉴于眼下这种角色扮演的普遍性,可知那不是停留于单单作为意识主体的存在方式的东西,而是实践主体的普遍结构。

从我们的立场来看 für uns(对于我们)①,人的行动总是作为某种角色扮演——作为老师的行动,作为管理者的行动,作为父亲的行动,等等——必定作为单纯身体动作之上的某种东西(etwas Mehr, etwas Anderes)而在场。

为了探讨这种之上的某物是什么,以及人们的"自我""人格"是什么,在此之前必须或多或少考察角色表演的存在方式。

我们采用角色扮演这一戏剧用语不单是为了类比,而是因为人们活动的一般结构在戏剧中以放大的可视的形式而体现。就此而言,我们可以定位于戏剧而比较合适地将人们行为的基本结构自为化。

戏剧,有着舞台、背景、道具这些基本条件,同时,也有大致的既成剧情、角色、表演。在"人生剧场",情况也是如此。

在"人生剧场"中,背景和道具自不待言,甚至连舞台也已经不单是"自然的物在",如上一节所看到的那样,是带有历史的、文化的"创造"意义的用在。并且,无论舞台、背景、道具在多大程度上是"历史形象",其大多也是人工的产物,对于表演者及其表演,这些终究是既在的与件,这种既在性构成表演活动的"可能性制约"。表演,通过这种既在的

---

① ◎für uns:参照本书第62页脚注。

与件而受到存在被拘束性的制约。(表演者,原本并非受动一方,通过"表演"而变样地再生产既存的与件。正是在这一点上历史才作为历史而形成,这里尚不打算考察这种对象变样的活动性。)

说到剧情、角色、表演这种侧面,既然拒斥奥古斯丁①或黑格尔等假设"超越的剧作家"的存在的立场,那么在历史这一"人生剧"中,剧情首先遇到职位的规定这一关系。角色、表演与舞台、背景、道具直接相关,若是赋予角色,那么作为实际问题,表演(编舞)也就基本确定,并且这一表演的总体形成作为结果的"剧情"。但是,这是关于总体的讨论,在可谓剧中剧的部分现象中剧情得以先行。但是无论如何,角色对于表演者而言一般是既在的,表演和剧情也是对他作为"外在拘束"而被赋予的。

这样,人们的活动一般在他每次扮演一定的"角色"时,已经受到舞台、背景和道具,以及角色、剧情和编舞这种既在性的拘束。角色扮演这一人们活动的普遍的存在方式,在这种存在被拘束性中存在,在那界限内,使既在的与件产生物的、意义的某种程度变样,使剧作为剧而再生产地维持下去。

当这样来考察时,人们的主体性、人格性,究竟在于哪里?

在人们的日常想法中,总爱将"人格"实体化。但是,作为"人生剧场"之演员的我们,严格说来并非"本来的自己"。相比之下,区分舞台上的演员有着舞台上的生活与剧场外的私生活,演员本人的"人格"与角色上的"人格",也许有现实的意义。然而,在社会这一人生剧场中,正如在学校作为开明(liberal)的老师,在家庭作为一家之主……这样,由于人总是必定扮演一定的角色,即因为没有"舞台之外的生活",故不构成"作为自己的自己"与"作为演员的自己"的现实区分。(即使完全舍去知性的、抽象的一切角色表演而设定作为**生物体**的"自己",也如后

---

① 圣·奥勒留·奥古斯丁(Saint Aurelius Augustinus, 354—430),古罗马教会思想家,中世纪基督教神学、教父哲学的重要代表人物。著有《忏悔录》《论三位一体》《上帝之城》《论自由意志》《论美与适合》等。

述的假想怀孕等所看到的那样,会产生基于角色扮演[role-taking]的生理变化,由于"作为生物体的自己"是变化的,故仍是徒劳的。同时,如第一章所指出的,既然连"我思"[cogito]也是"我们思"[cogitamus],这种本原的交互主体性,是角色扮演[role-taking]之一斑,不可能将萨特的"实存"设定为"作为自己的自己"。不过,连萨特自己,也说那就是"无"!因而,妙极了[Bravo]。)

若根据这一点,角色扮演这种最初的说法,是与近代的"个人"主义的构想相妥协的规定,对人们来说并无实体的本质——这里不想直接谈"社会关系的总和"云云——各个人**每每只能在角色中实存**。原本"人格"(Person)一词,众所周知,意为舞台上的假装(假面等),有着位格(persona)的语源,与 personate(表演)一词同根,当去除灵魂信仰或近代哲学的教条来思考时,人格这种东西不过是扮演的诸功能之总和。撇开这种东西的"人格"是不存在的。

这样,我们在原理的层面,远离将本来的自己(das eigene Selbst)、人格(Person)的东西独立化的表象。因此,角色扮演这种表象若是以本来的自己的人格为前提,则我们自己会破坏这种表象。

可是,这一点是"人格"这一概念的权宜上的使用,并不意味着真断绝了角色扮演这种把捉方式。

从日常经验的维度来说,正如倘若老师长年工作就的确会产生老师的精神结构和风貌一样,倘若反复地、持续地扮演一定的角色,那种扮演就会"成为惯性"。同时,深信"怀孕了"的所谓"假想怀孕"的女性,实际上是所谓腹部肥胖(通过皮下脂肪的蓄积),角色的扮演甚至带来"作为身体的自己"的变化,这种现象曾使巴甫洛夫感到困惑。尤其是,据说幼时体验(幼儿期的各种扮演!)会形成强大的滞后现象①。因而"蓄积的过去"在现时点的行动,只要角色扮演的存在方式造成"个人性格"这一点作为经验事实而被承认,我们就不是拒绝使用作为一个功能

---

① ◎ヒステレシス:Hysteresis。参照本书第 37 页脚注。

性概念的"人格"一词者。(这时,作为惰性化的倾向性之**总体**的人格才是问题,在何种程度上是自然的、先天的,何种程度上是后天形成的东西,这种区别在本质上是另外的问题。)并且同时,只要人们偶尔感到"本来的自己"与"角色"的分裂,意识到作为扮演的扮演这种反思的事实是有根据的,扮演作为某人之角色的我,就**大体**上能够允许"作为他人的我"(I as someone else)这种二肢性说法吧。盖这是源于依然执着于角色扮演这一概念。

[二]

在前一小节中,我们讨论了角色宛如以其自身为角色,因此,角色的扮演似乎是一种私人的行为。但是,据实而言,角色这种东西以及扮演这种东西,在本原上是交互主体的共同活动的一个投影、一个位相。

如果演员全都扮演哈姆雷特①的角色,戏剧就不成其为"戏剧"。某人演奥菲利亚②的角色,其他的某人演霍拉旭③的角色……像这样,只有在角色的分配和共同活动中,哈姆雷特的角色才成为哈姆雷特的角色。列宁扮演俄国革命的领导人的角色,其他多数的人则通过参与(engager)④他的方针而与其相联系,只有在包含反面角色的共同活动关系中,他才完成了作为领导人的角色。马克思的警句——"这个人所以是国王,是因为其他人作为臣民同他发生关系。反过来,他们所以认为自己是臣民,是因为他是国王"⑤——在角色一般上也有效。(我们不仅在极为广义上使用"角色"[role]这一概念,而且远离由此导出"地位"[status]的林顿和帕森斯的颠倒。所谓"角色"[role]就这样,首先

---

① 哈姆雷特(Hamlet),莎士比亚的"四大悲剧"之一《哈姆雷特》中的主人公,丹麦王子。他为父王的鬼魂所困扰,要对杀父凶手复仇。经历了痛苦的挣扎之后他达成了目的,整个王宫也陷入了死亡的恐怖之中。他最后也中了致命的毒剑死去。
② 奥菲莉亚(Ophelia),哈姆雷特的恋人。
③ 霍拉旭(Horatio),哈姆雷特大学里的密友。
④ ◎アンガージェ:engager。法语,"参与"。
⑤ 《马克思恩格斯全集》第44卷,人民出版社2001年版,第72页。

是人们的行动在交互主体的共同活动中作为具有他为的有意义性[Bewandtnis]①而被设定）。

这样,角色的扮演——它的做法作为习惯的、制度的范型而被交互主体(共同主体)化,在此意义上"我做"(facio)已经超越了"我们做"(facimus)这一领域——在本原上是共同主体(交互主体)的共同活动的一种存在方式,而且,只有在交互主体的共同活动中才在角色扮演这一意义上,是交互主体地经营的一种形象(ein Gebilde)②。角色的扮演,只有通过交互主体的共同活动这种功能关系而事先作为"函数的项"才是角色扮演,正是在这一意义上,它是参与(part-taking, Teil-nehmung)。

现在这里,这种参与(teil-nehmen)③的角色(part)——换句话说,生身的个人的行为作为其之上的某物的角色(role)——当我们将其自身抽取出来规定其存在性格时,毋庸赘言就呈现出现实-理念的性格。这里,我想真正着眼于角色与个人的现实的结合、分离的关系,将制度之所以成其为制度的机制自为化。

舞台的演员中,有的是丑角,有的是男旦,与将角色的分配固定化相同,在现实生活中——这里尚未深入其"自然的""社会的"条件和原因,主要是从形式上进行讨论——人们的角色能被固定化,实际地得以固定化。(其典型之一是地位[status]。)当然,虽说是固定化,但也未必是绝对的,角色自身原本是多重态的。但是总之,通过特定的人物和特定的角色的固定性结合,即通过角色的分配的稳定性固定化,那种交互主体的共同活动关系,作为固定的各种角色的共演关系而被分节化＝结构化。

个人与角色的**结合**的这种固定化,通过这一点,共同活动关系的分节结构的稳定化确实由此反过来造成角色与人物的**分离**,角色的"独立化"的可能,现实地进行。

---

① ◎Bewandtnis：参照本书第46页脚注。
② ◎ein Gebilde：德语。"形体""形成物"。
③ ◎teil-nehmen：德语。用英语来说在词形上等于part-take。

若再以舞台演戏为例,像《忠臣藏》①《劝进账》②这种戏剧的结构(角色—表演的共同活动关系中的分节结构以及相应的舞台装置)一旦确立之后,无论演员(生身的人物)换成谁都没有关系。无论让哪一代团十郎③演出都能形成"同样的戏剧"。这样,生身的人格——无论他是如何有个性的演员,对于"戏剧"本身而言——毋宁说是无关紧要的东西(gleichgültig, indifferent),本质性在于产生结构性分节的各种角

---

① 《忠臣藏》,日本歌舞伎,取材于元禄赤穗事件。元禄14年3月11日(1701年),东山天皇派了两位敕使和院使诸卿由京都来到江户,幕府第五代将军德川纲吉为了欢迎和招待天皇派来的敕使诸卿,特地命令赤穗藩藩主浅野长矩为接待人员。可是,浅野不熟悉幕府的仪式与典礼,便命令深懂朝廷礼仪的首席"高家"吉良上野介来辅助他,以免有失礼节。据说浅野因为未向吉良行贿,而被吉良多次当众羞辱。3月14日,浅野忍无可忍,在松之廊用腰刀砍伤吉良。事件发生后,德川五代将军纲吉非常愤怒,在柳泽保明的影响下,纲吉不顾"争斗双方均应处分"的原则,而独断地裁定即日浅野切腹,吉良无罪。因而浅野于下午五点切腹。随后将军下令没收赤穗藩。消息传到赤穗藩,城代大石内藏助召集藩士商议,决定交出藩城,藩士成为浪人。交接完后,大石投入向幕府请愿恢复浅野家的活动中。元禄15年7月24日(1702年),浅野家恢复无望,大石遂全力投入到复仇中。12月15日凌晨,大石率领剩下的46名藩士,攻入吉良家,以2人轻伤为代价杀了吉良,并把其头颅送到泉岳寺浅野的墓前宣告复仇成功,最大限度地体现了武士的忠诚,宽慰了亡主的英灵。随后,47名义士向幕府自首。元禄16年2月4日(1703年),幕府判决47人全部切腹,当天晚上十点全部切腹完毕,47人的尸体被埋葬在泉岳寺浅野墓旁边,史称"赤穗复仇事件"。元禄赤穗事件后来成为著名歌舞伎《假名榜样忠臣藏》的脚本,意即"47名聚集在一起的忠臣"。其中,以日本语47个"假名"隐指47义士,"榜样"是榜样的意思,"藏"是仓库、聚集的意思。

② 《劝进帐》,日本《歌舞伎十八番》之一(由第七代市川团十郎选定整理并流传),1840年首次公演。故事以12世纪晚期为背景,描写源氏灭了平氏之后,取得了政权的源赖朝,又要除掉对他立下功劳的兄弟源义经。义经被迫与他的家臣弁庆化装成在诸国化缘的僧侣逃走。他们逃到安宅时,为源赖朝的守将所怀疑。沉着、坚毅而机智的弁庆将通关的证件假作化缘簿,高声朗读,解除守将的怀疑,又用鞭挞义经的办法,证明义经是他的从者。守将虽有所察觉,但为弁庆的苦衷所感动,终于放走了义经。传说义经从安宅逃走以后,由于源赖朝到处布置了守卫关卡,跟随义经逃亡的勇士们陆续牺牲,富有正义感的弁庆也被迫剖腹自杀,他的人头被浸在酒里送给镰仓的源赖朝。这个悲剧故事歌颂了人民所同情的源义经,歌颂了弁庆的智勇,成为人民最喜爱的作品之一。

③ 日本歌舞伎世家,从江户时代早期开始到2013年已经传承12代,历代座主袭名市川团十郎。其中,第九代因对于男角、旦角和反派、新剧都很精通,且改良戏剧,其剧因写实风格而被称为活历史剧,在明治维新的激荡岁月中,他担负重振歌舞伎界的重任,提高了艺人地位,被称明治剧圣。

色的总和这一现象。(这里这种作为"结构性分节的各种角色表演的总和"的"戏剧",从生身的诸个人去肉体化(decarnatio),宛如自存的格式塔所表象的东西——它也包括将一定的舞台装置等**去肉体化**——我想将这种东西称作"角色—配备—表演—构成态",在以下的行论中,作为**术语**酌情加以援用。)

当然,若是正确地把握事态,角色并非独步自行,"角色—配备—表演—构成态"等这种东西也并非自存的。它通过生身的人们就能扮演,并且每次都被**再生产**。虽说如此,但只要谁是合适的生身就由谁扮演,至于具体是谁则是无所谓的。在这一点上,"角色—配备—表演—构成态",呈现出可代入任何数值的 $y=f(x)$ 这种函数性格。

角色及其总和,这样,若我们只是截取这一点,即当在去肉体化的相貌中探究其存在性格时,那么显而易见,与数学之形象或"价值"等一样,就呈现出理念的存在性格。使一部分社会学家烦恼的"制度"的存在性格的"奇妙性",也不外源于这一现实—理念的契机。

这样看来,"制度",若将其自身截取出来加以考察,就是我们所谓的"结构性分节的角色—表演的总和"——它以一定的物的配备,例如以学校制度中的校舍为必要条件,但即使是契机(moment),这种物的配备作为"生身"的物体仍是无关紧要的——呈现出应有的理念性存在性格。当然,社会学家们这样不是将作为制度的制度这种去肉体化的维度,而是将通过生身的个人所扮演的现实的制度作为分析的对象,不单是将制度看作理念的形象。不过,实证的社会科学家们——自然科学家们关于对象的分析归根结底也是如此——不仅探究现实的与件中的那种实在(realitas als solches),而且探究这种与件之所以**作为**这种与件的理念的形象(Gebilde,构成物)。实际上,制度之所以是制度,不在于通过特定的个人现实地扮演,而在于通过**可能**的生身的人当中某个合适的个人而**能够**现实地扮演这种理念的存在。

我们现在已经能够更为正确地重新规定上一节遗留的习惯—制度的"物象化"这一问题。所谓习惯、制度,即我们在上一节中作为"历史

178 的、文化的形象"的第二成层来概括的东西,是表演—角色从生身的个人相对地独立化,其自身形成一种结构体似的现象的东西——并且通过任何个人只要能够"上演"便每次都是现实地再生产的东西——即"角色—配备—表演—构成态"乃是具身化(inkarnieren)的东西,不过是这种现实—理念的二肢性结构成体。它具有对于生身的个人的相对独立性,带有"规定的有意义性",以由呈现稳定的分节结构而产生的犹如外在地自存的想法这种"物象化"的把捉为机缘。然而,角色—表演在本原上是交互主体的共同活动,是在相互制约中存在的东西——这里"外部拘束性"的意识根据的存在将在下一项中详论——从表演—角色的这种本原性性格和结构来看,如上一节在所推测的那样,习惯—制度原本只是作为交互主体的共同活动的一个位相而存在的。

[三]

我们还留有重大的先决问题。人们究竟是如何进行交互主体的共同活动——因此是如何进行使习惯—制度成为原因之一的规定的—被规定的共同活动的?进而,原本是因什么缘故进行角色扮演的?

179 这不能光说一句"存在被拘束性"就完事,也不能说一句"模仿"就完事。无需援引夏尔·布隆代尔也可知,模仿绝不是纯粹产生于内发的需求。即使它像折射的内发的需求,也基本上"不单是因为榜样自身的魅力,而是由于不断的集团命令的压力而促进的东西"。

我们——并非全面否定反射性的依样画葫芦的存在——在第一节中遗留了"规定的有意义性"的问题,以及涂尔干学派所谓的"外部拘束性"的问题,必须将其作为当前的课题进行自为的设定。

规定的有意义性之所以是规定的有意义性,并不在于具体的应为这种简单的"知解",而在于将应当意识(Sollenbewußtsein)当作自己的东西而发生(ereignen),而发动现实的拘束性,这是无需再次确认的。这种规定的有意义性,不仅规定我们身体的行动,而且规定"内在的行动",即思考和价值评价,这种内在拘束性便是构成意识形态以及权力支配的杠杆的东西。

在当前的讨论中,我想在这种外延极大的与件中,以伦理、道德的维度为中心,将其作为典型来推进讨论。

传统的伦理学说,围绕道德"规范"的拘束性,分为两极化的立场。一极是以人格神、超越的价值和理法本身,来说明基于某种超越的命令者之干预的应当意识,另一极以人们的人格本身,来说明作为特殊的能力,人们原本具有某种内在的发动力,规范的拘束性。对我们来说,必须把握以这种两极化的形式被物象化的东西的原像,通过这一点,远离这种两极化的误视。为此,必须着眼于道德规定的实相。

关于这个问题,笔者曾经推及涂尔干学派的观点,像这样写道:

"一个人只要出生,就会不断受到以亲兄弟为首的周围的人们的强制、命令以矫正其行为方式。既伴有简直是惩罚的强制,也伴有哄笑、嘲笑之'罚'的矫正。如果该行为方式从一开始就与自己的需求一致,如果也没有引起强制,那么也就不会经历外在的强压。不过实际上,被强制做与自己的需求背道而驰,而且基本上可能真的不想那么做的——至少是本人的想法——行为。随着这种被强制、命令的行为形成惯性,原本是具体个人的命令者们成了'(常)人'(I' On, das Man),升华为抽象的人格。那么,一方面,可以观察和体验到现实的命令者们,或命令或不命令,或有时下达相反的命令,或经常不惩罚违反者这种事实。基于这种观察和体验,现实的有身的人格的命令产生失去定言的权威的倾向。这里,形成惯性的拘束心理(mentalité contrainte),当它被巩固的时候,在反思的意识中与上述'升华的抽象人格'相结合。而且首先,这种抽象的人格,只要它是抽象的人格,形成惯性的倾动就是自动的、内发的,就作为'内在之声''良心之声'而被意识,脱落了命令者的具体印象,成为单纯的'命令之声'。其次,通过体验与自己的直接需求的激烈冲突,而愈发强烈地感受到它具有的权威、强制力,以及绝对的、超越的命令权者(在多数场合,他的角度也是作为造型的'神格'而被意识的)。这样,人们的人格一方面作为固有的、绝对的、先天的内在定位的现实态势(innere orientierende Aktualität)①之命令的自我意识,另一方面作为超个人的人格发出的绝对命令的觉识,形成两极的应当意识的理念化,其实是通过具体的诸人格相互之间的强制、强压,形成交互主体的一致的应当及其规范的体系"云云。(名古屋大学教养部纪要,第十二辑《涂尔干伦理学说的批判性继承》,《广松涉著作集》第1卷,第Ⅱ部再录)[第409至410页]

但是,上述立论——虽然并不打算全面撤回——仍处于近代个人主义的、近代理性主义之构想的延伸中,这样的视角难免忽视规范的拘束性的实态。

当说到道德规定时,我们"现代人"主要表象为亲兄弟的叱责或邻人的道德非难。但是,非道学家之辈的亲兄弟或邻人,究竟为什么没有不经意地放过这些,而对我们加以制裁?我们并不打算将赏罚心理简单地一元化,在根源上,他们自身不也必须在该场面(situation)中,面临不得不进行制裁的角色扮演的心理压力?在原始人的社会中,一旦产生犯禁忌者,集团的全体成员就会陷入一种心理的恐怖,不也是同样的机制在起作用?

确实,从根本上说,它具有条件反射的基础吧。然而,它不能被还原为巴甫洛夫的条件反射的维度,还有必要联系巴甫洛夫本人将其排除在条件反射的范畴之外的"假想怀孕"那样的维度。

因此,虽看些唐突,但我想一瞥俗话所说的"惩罚""报应""生灵②附体"的现象。因为在这种异常的现象中,规范的拘束性的实态可以说

---

① ⓞinnere orientierende Aktualität:德语。"内在定位的现实势态"。
② "生灵",与"死灵"相对。

是象征性地显现的。毋庸赘言,"生灵附体"这种现象绝不是中世纪的遗物,在"现代"日本特别是农村和山村是司空见惯的。

我们且引用文化人类学家吉田祯吾教授数年前实地调查众多例子中的一个,当有助于论点的构筑。

"高知县幡多郡的田中松造的妻子竹子,虽然看过不同的医生,但疾病一直没有治愈。……请算卦先生察看,……被告知'由于生灵附体即使看医生也治不好'……于是请同村的祈祷师祈祷。……请邻村某女为代理人(代替神灵附体的人,也叫'帮腔'),进行驱落生灵的行事。……接着生灵向代理人转移,代理人陷入附体状态(催眠状态)。而后这样说道:'你家(松造的家)幸福,但我家里(生灵的家)有盲眼的小孩,并非快乐的事情。颇为可恨'。那声音,与同村的半田加美的声音一模一样。……驱落这生灵花了一小时左右。由于代理人说'已经去了。既然去了,请开门',一开门,代理人向门口跑去,'扑通'一声倒下了。经祈祷师唤醒,代理人爬起来,说此前自己说了什么已完全不记得了。此后,松造说'妻子竹子的疾病,没做手术就好了'。"(《巫术——其现代的有效功能》,讲谈社,第42—43页)另外,先前有"半田加美的家原本与松造相邻,她丈夫早死,母女三人也都因眼盲而死。……加美转让土地时,松造买下建了隐居屋子和仓库"的情况。半田加美本人,当然,自己不知道附体于他人之类的情况。

不限于这一例中的"生灵附体",这类例子具有一种道德制裁的功能,具有使人的行动不要招致邻人的怨恨,不要招致邻人的扫兴的功能。同时,所谓附体不限于干坏事的本人——在上述例子中是附体于妻子——人们在遇上灾难的场合也是处于"命运共同体"之中的。成员在犯禁忌的场合,并不区分谁会遭报应这种情况被看作"集团恐慌"的一大原因。

但是,我们想关注的,不在于上述那种功能,而是从中看到的催眠现象。说到"催眠",读者当中或许有人不免将其理解为狭义的催眠,即关系者本人陷入完全的无意识状态、附体状态,例如,术士若说"变成兔子"就的确以兔子似的动作跳跃这种情况。但是,像假想怀孕那样,本人的意识也有平常的自我催眠。同时,却也有例如术士吩咐陷入附体状态的人物说"如果时钟响到三点就打开窗户"后解除催眠术,这时,尽管当事人恢复到了平常的意识,但是一听到三点的钟声就打开窗户这种深层催眠。并且在这种深层催眠中,若问他为什么开窗,他会说由于空气浑浊或者其他的理由,**完全没有意识到是由于催眠**。(另外,在附体状态、无意识状态中,术士若对当事人发出"脱掉裤子"这种强烈的反价值的命令则会表示抵抗而只脱掉上衣。)催眠现象的初步"讲义"讲完了,前面的"生灵附体"乃是催眠现象,这已无需絮说。妻子竹子的场合,恐怕也是自我催眠,松造也明显与催眠相关。

坦率地说,规定的有意义性、规范的拘束性这种事情,尽管归根结底是基于条件反射,但还是应该联系深层催眠、自我催眠的维度来加以重新把握。(米德以来的角色期望[role-expectation]和我[Me]的概念,超越了考特瑞尔①之流的解释,我想有必要在这种维度上重新把握。)人类行动这种东西,比一般所思考的远为遥远而深广,可看作一种以深层催眠为基础的东西。

各种制裁(sanction)、叱责、嘲笑、非难、报应和惩罚等,不仅实现了条件作用、催眠功能,而且有着作为条件反射理论这一意义上的"强化"(条件作用的强化)手段的功能。在某种意义上,也许这种强化正是赏罚的基本功能。(前面的"生灵附体"这种自我催眠的制裁,是因为半田加美干坏事这种价值意识是预先产生的东西,并且通过这种制裁大概能够"强化"一般的道德自我规定的结构。)尤其是,像基于政治权力的惩罚几乎一般只能扮演"强化"的功能,因此,在并非基于惩罚而强化应有的原本规范的价值意识或结构的场合,如"政治犯""思想犯"的情形所表现的那样,惩罚是单纯的暴力(Gewalt),也就不具有赤裸裸的暴力

---

① 亚瑟·考特瑞尔(Arthur Cotterell),英国历史文学作家,世界神话学研究权威。著有《欧洲神话》《世界神话词典》。

之外的意义。在这种并非"强化"的应有基础的场合,由于拘束性并非规范的拘束性而不过是物理的强压,该权力支配也就非常脆弱。在道德及其规定形式化的场合,也是如此。

但是,一般说来,交互主体的**催眠**张开了根深蒂固之网,不可能有能够完全免于这种催眠的成员。(这种交互主体的催眠是显现于表层意识的顶端的东西,它是各种"神话"——不外是民主主义的神话,国家主义[nationalism]的神话,企业意识的神话,等等。)在日常意识中,"道德""法律""天皇"以及"制度",一般是被物象化的东西且带有正价值,与此相反的则带有反价值。而且,它通过各种制裁而得以强化。尽管制裁并非直接的制裁,也能通过他人承受的制裁的间接经验而实现"强化"的功能。这样,作为被交互主体的条件作用所"强化"的交互主体的深层催眠、自我催眠,规定的有意义性—规范的拘束性几乎是普遍的存在。

这种普遍的被拘束性,经过相互规定的交互主体的共同活动的这种折射,形成"作为我们的我"(Ich als Wir),"作为我的我们"(Wir als Ich)①。即人们不仅在认识主体的维度,而且在实践态度(Gesinnung)中也已是作为共同主体(观)的主体而实现自我形成的,在这种维度上达至作为"交互主体"="共同主体"的个体的二肢结构成体而在场。

第三节 历史世界的主体间性与四肢结构

通过前面两节,我们对历史世界的对象与件以及主体活动,联系各自的二肢性和物象化的存在结构作了考察。但是,因为是个别地截取两个侧面,我们尚未自在自为地把握对象性活动的动力学的结构。

---

① ◎我々としての我 Ich als Wir、我としての我々 Wir als Ich:德语。"作为我们的我,作为我的我们"。参照本书第 37 页脚注。

在本节中，重新统一地把握两个侧面，将四肢结构关系的自为化和与此相关的历史世界、"在历史—之中—存在"的交互活动的存在结构自为化成为课题。

188

[一]

在第一节中，我们论断了历史的、文化的形象的工具的有意义性，规定的有意义性，价值的有意义性——总之，指出了历史世界的自在的用在性，它是交互主体的共同活动的"物象化"的一个位相。但是，对象与件的用在性以及其二肢性，是在与主体的二肢性的关系中，且只在这种关系中存在的东西。

为了这两个侧面的有机的四肢结构关系，首先从工具的有意义性的维度进行考察是比较合适的。

例如，人们认为铁锤之所以是铁锤就在于其具有工具的有意义性。确实，铁锤只要有人去使用就具有工具的有意义性，是谁来使用都可以。然而，必须进一步深入思考事态的结构。

有意义性在本原上与角色表演相关。铁锤，对于活生生的人们而言谁使用都行，只要人扮演敲钉这种角色，对于他来说（仅限于扮演这种角色的他）它就总是具有工具的有意义性。这是基本的结构性事实，在本原上，脱离角色表演的有意义性是无法自存的。雨伞对于沙漠游

189 民来说不具有工具的有意义性，因为在那里撑伞这种角色扮演显然是不存在的。另外，由于与这种使用者的角色表演的相关性，也有可能作为与制作者的意图完全不同的功能的工具而通用。

上述说法，虽说**在原理上**进行了说明，但或许有人认为看些牵强。实际上，我们不是承认原始人将石器或弓箭——尽管我们自身决不扮演使用它这种角色——作为工具？当然。但是，问题在于我们**观念地**扮演使用石器或弓。实际，对于原始人来说是工具，我们却并不觉得如此，或者相反，对于非洲内地的原住民来说汽车或电脑不是工具，因为其甚至不能进行观念上的扮演。（我们所谓的"观念上的扮演"，并非特

指"特殊的精神作用"。它是第一章设定的意义形象的"**归属**"之一方面,正如在大人理解将牛误作"哞哞"来把握的小孩的想法等场合所看到的极常见的机制。)

通过这种观念的扮演的机制,既然不论谁都**可能**使用,即在我扮演**可能的**使用者的角色中,那就存在所与形象的工具的有意义性。我们在第一节暂定地定式化的"实践性功能关系的凝结的归属"这一事态所产生的东西,以及第二节设定的那种"角色—配备—表演—构成态"的物的契机所得以编入的,也缘于同样的机制。回到铁锤的例子来说,钉及其对象的条件—铁锤—使用者的样式化的角色表演,在这种现实的功能关系体中,无论对象的条件,还是主体活动,以及铁锤的部分现实的性质,都通过观念的扮演而去肉体化,目前,铁锤这种现实的内核,作为载体(Träger)①而残留。这就是先前所谓凝结的归属,当连这种现实的内核也去肉体化而作为任何(但是那种的)工具被观念化时,作为那种"角色—配备—表演—构成态"的契机(moment)的该工具也就得以编入。(如这里所考察的,无论"工具化",还是"制度化",在结构是归根结底是同一的。)

以上,不论关于工具的有意义性的论述,还是关于规定的有意义性或价值的有意义性,基本上是同样有效的。例如,棒球的规则之所以具有规定的有意义性是相对于以棒球为工作的角色表演,歌集之所以具有有意义性只在于对它吟唱。但是,关于价值的有意义性,观念上的扮演、观念上的有意义性变得尤其重要。例如,某些人们的信仰,对于其他的一些人非但毫无意义,而且每每是反价值的,只具有邪信、迷信的**现实的**有意义性。但是,只要后者的人能够对前者的人进行**观念的**扮演,那么基本上就具有作为信仰的**观念的**有意义性。

这样,用在的与件,作为一般论即使对于"作为我的我"不具有现实的有意义性,通过观念的扮演也能形成交互主体的用在的有意义性。

---

① ◎Träger:德语。"承担者"。

并且,实际上所与的共同的现实存在①的论域,在相当程度上形成交互主体的一致。

但是,这种用在的有意义性的"交互主体的一致",不过是勉强孕育动力学的紧张的存在。现实的扮演与观念的扮演有着完全不同的心态。然而,通过第二节阐述的角色与人格的结合,即,通过一定的角色与特定人格的结合而固定化(例如分工的固定化,在恩格斯看来其最好的例子是身份的、阶级的固定化),成员之间的现实的扮演的种类范围产生了分化。确实,即便是贵族,也能以农具、农民的风习、农民艺术等作为文化形象来加以观念地把握。但是,那终究是观念的扮演,停留于观念的有意义性。作为现实的有意义性,它甚至可能每每是反价值的。这种分化,尽管程度不同,甚至可能是同一阶级的内部产生的,它产生出有意义性的实感的把握方法以及价值高低之评价的差异。进而,这种价值评价通过推及角色本身——每每以自己分担的角色为荣,而成为对与这种角色相关的形象作"过分"评价的一个机缘——使得意义性的意识即广义的价值意识的交互主体性变成不稳定的、形骸的东西。(所以交互主体性为了成为完物应该扬弃角色分配的固定化,固定化的"分工"。)特别是在狭义的价值意识这种维度,能够像我们在第二章第二节关于语言的意义传播区别"指示""表现"和"唤起"一样划分阶型性。尤其在作品价值的情况中,能否唤起接受者在作品中所表现的东西,是这里作品价值的交互主体性的真谛,在这一点上可能存在很大的个人误差。甚至连维持无阶级的同质性的社会集团,**严格地说**,恐怕也不能说彻底形成交互主体的真正一致之类。但是尽管这样,只要角色扮演的现实的/观念的/交互主体性能够存在,在其界限内,成员基于内外的各种条件得到的新规"体验"被"共同主观化",夹杂着基于角色的固定化及其他对抗性因子,在动力学之发端(Genesis)的状态中,存在着我们现在所考察的那种程度的共同主观性。

---

① ◎共同现存在:参照本书第 36 页脚注。

第一节中，我们指出了现象与件不是单纯作为本身，而是作为带有普遍的有意义性之上的某物而自在地现存的，并且以极为片面、推断的方法阐述了其交互主体。但是，实际上那不是无中介性的直接的（unmittelbar）所与性，所谓人类主体的普遍的角色扮演，在本原上是与交互主体的共同活动的存在方式相关的，不外是通过上述指出的交互主体化—交互主体性而被中介地现存的东西。（在这一点上，我们在根本上不同于海德格尔的理解。）用在性中显现的现象只有作为四肢关系的一个项才是用在，同时，角色扮演与其中的主体的二肢二重性也仍是只有作为该四肢关系结构这种功能的、函数的关系的项才存在的东西。历史世界，作为总体，是作为这种四肢结构成体而存在的。

[二]

我们在前一小节中厘定了"历史世界"的共时论的四肢结构，它不外是历时论的四肢结构的一个断面，在发生论上是以其为中介的，这无需再次论述。同时，关于这一历时论的四肢结构，其"物象化"的机制（mechanism），在上一节中通过讨论"角色—配备—表演—构成态"这一种"时间的格式塔"的制度化的议论而抵达了其本质。但是，"历史的主体"只有作为"历史的主体"才能够设定，我们尚未将这一先决条件自为化。

这里，必须触及充当这一先决要求，以及构成设定历史规律的可能性的制约（Bedingung der Möglichkeit）的东西，即以历史的因果这种形式而显现的物象化的问题。为此，虽然乍一看好像看些迂回，但我想预先考察一下关于通俗的"物象化论"与马克思的"物象化论"的差异，这将是比较便利的。

根据我们的整理，一般所谓的"物化"或"物象化"，无论是在外延上还是内涵上都是多种多样的，一般说来，可以归纳为如下三层含义。

（1）人自身的物化。例如，人作为奴隶商品而被买卖，或成为机械体系的附属物这样的事态。这里，在第一性上，他人的存在方式对于作为观察者的我的意识映现为物与同类的东西,在此意义上,这意味着人们进行着与物同类的存在方式。

(2) 人的行动的物化。例如,火车站的人流等,群集化的人的动向不为各个成员的意志所左右这样的事态,既经过某种折射,也通过行为方式的习惯的固定化。这里,在第一性上,在自己的行动不能由自己控制,对于人们的意志行为具有自存的抵抗性这种意义上被作为物与同类。

(3) 人的能力的物化。例如,使人的精神作为物的定在化的东西而表现的艺术作品,庸俗投资劳动价值论所表现的商品价值等即属于此。这里,原本内在于人类主体的某物,可谓以由流出体外的物体所凝结这样的构想来言说,在此意义上,可看出主体的东西**变成物的东西**这种半比喻半说明的含意。

后期马克思的"物象化论",与以上三层含义在范畴上是完全不同的东西。不过,马克思早期曾尝试与如上相通的立言,后期也只是在作为比喻的表现而与如上相通的意义上使用"物象化"一词。马克思自身并未术语性地定义并使用"Versachlichung"(物象化)[①]一词。但是尽管这样,他通过价值论而提出的所谓"物象化论",显然超越了上述(1)(2)(3)之构想的地平。不过,在涉及这一点之前必须就前面的(1)(2)(3)添加若干说明(comment)。

前述的(1)(2)(3),乍一看明确易懂,是以近代哲学所理解的主体(人)与客体(物)的把握方法为前提的。这一前提,若去除先入之见,(1)(2)中的人的显现方式,恐怕不能特地把捉为"物的"。古代和中世纪的人们,并不是将该事态看作"物的"吧。当然,我们不是绝对地排斥(1)(2)的说法,而是想将支撑它的近代哲学的构想自为化、相对化。关于(3),这里以典型的形式,表现了近代哲学的主体—客体关系,近代哲学若不采取这种说明方式就几乎不能说明人们的实践。但是,当以此

[①] ◎Versachlichung:德语。与 Verdingliehung 同译为"物象化"。

作为比喻之外的说明来主张，它恐怕正是所谓形而上学的妄言。即，像（3）这种物象化，作为现实问题是无法进行的。（因此有必要再次说明该事态。并且，能够对它进行说明的是马克思的"物象化论"的逻辑。）

虽说无暇在内容上详细介绍马克思的"物象化论"，但我想请读者铭记如下几点。首先，在与前述的（1）（2）（3）的对照上，若从庸俗的观点来指出的话，马克思所说的物象化，是指人与人的**交互主体的关系**被混淆为**物的性质**这种倒错（例如，货币具有的购买力这种"性质"），**人与人的交互主体的关系**被颠倒为**物与物的关系**的现象（例如，商品的价值关系，尽管内容多少各不相同，却有着价格决定"需求"与"供给"的关系的表象）。说到人与人的关系，那当然并非只是脱离对象的人与人的关系，更不是寂静的、反思的关系，而是对象性活动中的动力学的相互关系，是功能的相互关系。即，那是我们所说的广义的交互主体的共同活动关系，指的是经过某种折射而假现为物的性质或物与物的关系的事态。

因而，马克思所说的"物象化"从与件来看，有别于前面的（1）（2）（3）——主体的东西**变成**物的东西这种想法——的别种的事态，他是从本原上将该事态作为"政治动物"（ζῶον πολιτικόν）①（拒斥近代哲学的人的理解，从本原上的交互主体的共同活动性）来理解，阐明将人的交互主体的社会关系的种种表现颠倒地理解，阐明这种混淆（Quidproquo）是为何以及如何产生的*。

　　*关于这个问题，请参看平田清明、赤羽裕的论稿。也希望参见拙著《马克思主义的地平》第七章，"《资本论》的物象化论"（《广松涉著作集》第 10 卷）。

我们之所以能设定历史的规律性、历史的因果性，就是因为这种马

---

①　◎ζῶονπολιτικόν：希腊语。读作"ゾーオン・ポリティコン"（zoon politikon）。"政治动物"之意。多以亚里士多德为可靠根据，马克思在《政治经济学批判》"导言"中也有言及。可参照本书第 204 页。

克思的"物象化论"的地平。人们每每使用"日本语的历史"或"日本农业的历史"这种说法,撇开生身的活动主体来谈论"历史"。在这样的场合,可谓似乎将其作为独立的主体来对待"日本语"或"日本农业",谈论其历史的变化。与其说如此,还不如说正是通过这样的处理,"语言史"或"农业史"才能成为"历史"。

当然,谁都认为历史不可能脱离诸个人的日常不断的行为而自存。人们每每认为"有身的诸个人才是历史的主体"。可是,某某在何时何地如何发话,某兵卫①在何时何地如何耕种,这种记录无论多么详细也不成其为"日本语的历史""日本农业的历史"。盖历史这种东西并非诸个人行为的总和。非但如此——虽然在上一节讨论了基于角色的固定化—独立化的生身的个人乃是无关紧要的,历史,原本即使一次发起的行动,生身的人格也每每是无关紧要的。例如,攻打巴士底狱这种赌"实存"的行动可谓作为"常人"的行动,他们各人的个性毋宁说是作为无关紧要的东西而表现的。从某种观点来看,有着独特个性的"实存"的行动,从别的**视角**来看只是作为"非人称"的行动而有效的②。历史,每每就是"事件",即仅仅具有角色—配备—表演的一总和的意义,这种去肉体化的表象是主要的(dominant)。

这种去肉体化、历史主体的非人称化,也与如下情况相关吧。即诸个人,虽说其每次进行语言传播、农作物的培育这些面对"私人的目的活动"——通过这一点,确实促进了"语言"或"农业"的历史发展——但这绝不是有目的意识地推进历史发展,诸个人的活动并不以历史发展为自为的**目的**。确实,虽然革命家或某些"英雄人物"等是以历史发展为自为的目的的——这里有着英雄史观形成的机缘之一——但现实的历史的进展远远超出他们的范围。

由于这种情况的二重化,不仅产生以诸个人为历史的主体,而且产

---

① 日本人名常用"某兵卫",兵卫原是官职,属于地位很低的小官,多由下级武士担任。

② ⓄgeIten:德语。"有效"。

生被视为"历史"的工具性手段的表象。并且产生真的从历史的主体寻求超个人的某物、与诸个人相区别的某种"大主体＝实体"的倾向。基于这种经过,"历史""历史的主体"被"物象化""实体化"＊。

但是,对于我们来说,乃是要将这当中的事情自为化,将既回避物象化的颠倒又"物象化"地显现的这种东西作为记述的概念而工具(tool)化。

＊我们在上一节中,揭示了作为个人的个体"人格"的实体化,产生于将在本原上是共同活动的角色扮演这一函数关系的"项"加以实体化,这里考察的"大主体"的实体化,是作为交互主体的共同活动的总体关系蒙受理念化的实体化(idealisierende Hypostasierung)的结果而产生的东西,无论是作为个体的个体实体化还是"大主体"的实体化,其原像不外是交互主体的共同活动——这通过行论本身业已明确了吧。我们远离"历史的主体"的这些两极的"物象化""主体化"。

在以上的行论中,我们拒斥"历史"这种维度所讨论的超个人的"大主体"这种物象化的错视,由此作为工具(tool)而使用的形象完全是同一的逻辑结构,可以置换(代入)任何交互主体的共同活动形象。其中,当诸个人的表演被去肉体化,该形象被自存地实体化时——例如,当所与的供需关系中的诸个人的买卖这种集合的主体活动被去肉体化,构成"需要""供给"的东西被物象化地实体化(hypostasieren)①时——这些形象以具身化的样态形成仿佛原本具有的联系,表现为物象化的形象之间的联系(因果联系等)。

关于以这种"物象化"的形象或事件的因果联系性的表象为基础,通过夹杂与制度的物象化的场合相同的理念化(Idealisierung)和实体化(Hypostasierung),得以形成历史规律性的表象——只要想起上一

---

① ◎hypostasieren:德语。"实体化"。同页"Hypostasierung"的动词形。

节中的所说——已无需赘言了吧。

201　　因此，这里就不深入"基于历时论的物象化这种基础条件的历史规律性如何得以设定"这种问题的主题性探究，接下来，我们想直接以遗留的基本的问题场面为论题。

[三]

在以上论述的意义上，我们也许有人们为既成性的网眼所束缚，诸个人不管如何挣扎也难以企及那样的印象。但是，我们至少有一半的理由只着眼于既成性的固定化和再生产的结构，若变换**视角**予以重新把握——像宿命论的决定论，无论是神学的决定论，还是经济的决定论，都是通过物象化的**颠倒**才产生的东西——原本所谓的既成性不外是通过人们的对象性活动而创造出来的东西。这里，我想从这种观点来触及基本事实之一端。

在上一节中，我们以角色扮演这一结构来把握人们活动的普遍的存在方式，这种实践，不管它是如何被拘束的东西，也势必使对象、工具及表演方式，乃至人们本身产生变样。确实，在一定范围内，也许一般来说它在物理上即使多少是变化的，在历史脉络上也几乎不具有作为

202 变化的意义。可是，往往相反，即使是在物理上细微的变化，也能带来对于用在世界的意义关系的大变动。例如，最初的火的使用，家畜的饲养，从"自然的""物理的"脉络来看，几乎谈不上是值得一提的变化。然而，火的使用，赋予从前无价值的对象以作为食材的有意义性，使土器的制造成为可能……家畜的饲养，重新创造出畜牧这一角色，这种角色表演使得人们的集团生活方式发生变化……这样，从历史的、文化的角度来看，"琐细的自然变化"可能具有决定性意义。而同时，变化的再生产积累能体现所谓"从量到质的转化"。规定的有意义性，即使从习惯—制度的不断"强化"的稳定化方向起保守性作用，其内容也难免变化。

这样，历史世界难免以与物理学上所观察到的"自然"不同的秩序

不断发生变化，并且，那是由作为交互主体的人们共同活动的对象性活动所造成的结果，当将历史作为历史来把握时，有必要抓住其活动主轴。某些历史形象是永存的，某些东西是会衰灭的。取代某种角色扮演而让新的角色扮演登场。规定那些的东西是什么？规定作为总和的历史运动的活动主轴是什么？

这里，我们不能具体地多谈，也没必要抽象地多谈。因为，具体的个别性实证研究是必要的，在能够抽象地讨论的范围内，我们已经具有基于马克思、恩格斯的唯物史观的回答。

确实，因为历史是有机的、函数的一个总体，所以可以说全部的项都是动因。诚然，例如在动物个体这种有机的整体中，即使就血液循环来看，也不能说心脏是单方面的原因。末梢毛细血管的代谢过程及其中的压力，包含这些在内的总体的循环体系在运转，心脏的运动既是原因，也是结果。更准确地说，是应以辩证法的"相互作用"（Wechselwirkung）这一范畴来把握的东西。只要在第一性上应以这一规定来把握，就必须拒斥"活动主轴"云云这种问题式。可是，若停留于那种辩证法的总体观的维度，甚至不具有作为历史观或历史哲学的现实的有效性。

因此当退一步思考时，角色扮演的基础部分是物质生活的生产，而且，在考虑历史的现实时，我们发现这种物质生活场面上的角色扮演的结构……归根结底，是马克思所规定的意义上的"经济基础"的根基性。因此，无论它在何种程度上是"相互作用"的总体，相对于末梢血管，甚至手脚即使损坏一处或两处，生物体也能维持的情况，心脏若是整体损伤就会"崩溃"，历史的、社会的"生物体"的情况亦类似。盖不能单是讲总体的相互作用、上层建筑和经济基础的相互作用就完事。

着眼于经济基础的发动性，当从这一**视角**来新把握人们的行为、人们的交互主体的共同活动时，我们有必要更为具体地分析"劳动的结构""分工的共同活动的结构"以及以此为中心的社会编成的结构，我们这里同时也能模仿马克思的先例来应对这一课题。只有经过这一作业之后，我们才能进入历史哲学以及作为历史的历史的现实的具体分析吧。别说尚未对阶级的社会编成这种维度，甚至连**真正的对象变化**的活动性的维度我们也还没能探究。

但是，正如开头所限定的课题，这里我们尚且抱着与"近代＝资产阶级"的世界理解的地平相对质的问题意识，以使我们的世界观（Weltanschauung）①的视座和基本图式的自为化成为课题。在本章中，停留于将人类活动置于最普遍的、抽象的维度，从马克思所把握的意义上的"政治动物"②的存在方式，即也包括相互漠不关心和敌对关系的最广义的"共同活动"（Zusammenwirkung）的一般结构，探究了物象化的"可能性条件"（Bedingung der Möglichkeit）。实际上别说对历史世界的具体分析，就连距离上升到文化哲学、社会哲学和历史哲学的各种维度也还很遥远。我们不得不将上述自为化的课题悉数让与今后（另外，本章中的立论，缺失了"人们的主体性""自由"，岂不是陷入一种决定论？对于这一应有的疑惑，当前请参看《马克思主义的地平》第三部，"历史规律与个人自由"[《广松涉著作集》第 10 卷]，这里我想节省篇幅）。本章探讨了作为"历史世界"的普遍的用在性和角色扮演的对象性活动，将这些二重二肢的四肢结构关系中的共同活动的存在结构，历史世界的这种基本结构的若干侧面自为化，我想就此搁笔。

---

① ◎Weltanschauung：德语。"世界观"。
② ◎ゾーオン・ポリティコン：political animal。参照本书第 197 页脚注。

II

第一章　交互主体的存在论基础

我们在第Ⅰ部"序章"中指出了当今哲学陷入蔽塞状况及其认识论根源的基本范式的隘路，在"第一章"以下，提议了"近代"世界观的基本构图的更新。但是在那里，由于是从以现象世界的四肢结构关系为主的认识论的视角来突出其重点，还遗留着以"身—心"问题（Leib-Seele-Probleme）的维度为主的，交互主体（Intersubjektivität＝主体间性＝交互主体性）之存在论基础的先决问题。这里，我想回应这一先决要求。

世界观的地平具有历史的、社会的相对性，即使学术上的世界观也不可能真正超出扎根于当代的"日常生活体验"的"民众的先入之见"（马克思）的基本框架，归根结底也不得不以"世人日常的世界理解的构图"为参照系。不得不以时代的先入之见为"参照系"的这一结构，即使是在有关对它的否定的场合，也至少难免将其作为叙述的线索。因此，作为我们来说，有必要从着眼于日常的世界像开始，追溯到揭示当中前存在论（Vor-ontologisch）的理解结构的问题点。

第一节　身体的自我与他在性维度

在日常生活中，我们前反思地区别四周的存在和我们自身的身体，同时自在地理解这种身体的自己寄寓着所谓精神的自我。

"外物—身体—精神"这种三分地区别的构图——暂且不论关于三分肢各自内容的理解的时代差异而仅就其形式来看——作为构图本身,可以说有着前近代泛灵论的世界观的背景,进一步来看,恐怕还有着太古以来的"世界像"分节的根基。(确实,在**近代**哲学中,即使以"物的对象—意识内容—意识作用"这种三项图式为其根基,也无法消除这种前存在论的构图,我们这里想探讨的问题,首先是"日常的世界观"的构图。)

对于日常的、实用的意识生活而言,不用说,不可能真正放弃这一构图。但是,其中隐藏着某种重大的陷阱,由于从存在上截断外物和身体、身体和精神(意识)而产生一系列悖理。因此,对于我们来说,必须首先自为地重新把握这当中的事情,试行"既成观念的批判"。

[一]

首先要讨论的问题是关于身体的自己(象征地说是"以皮肤为界"的自我)与外部的存在的截断。

在日常生活中,人们将身体的自己和外部的存在物(这种所谓的"物"也包括"他人"和"动物")作为实体上不同的东西,从存在上加以截断。这一点即使有其相应的机缘和理由,使之实体性地独立化,也并非说人们按字面意义将身体的自己视为"实体"。自他的截断岂非当然之事?

这里产生的问题是,将个体的身体的自我看作能知能动的自立的主体,在这种东西相对于作为所知所动的客体的外界而关涉作为能知的主体的意义上,是将"身体的自我"看作实体的自我完结的,要言之,是因为对"能知的主体"和"所知的客体"作存在上的截断。在这种情况中,人们将能知的主体关进了所谓的"皮肤"之内,将身体的自我(并非单纯肉体的能知的主体)和客体的存在以与两个物体相类比的"空间上并存"的相貌来表现。

我们并没有在这里倡导"意识超越皮肤的限界"之类异论的意图。这里应予考察的问题是，重新把握所谓的"身体的自我"的真实态。在原初上、原理上，身体的自我究竟是不是以皮肤为界的存在？让我们不抱持既成观念，将目光投向现象地现存的身体的自我之实态。

当虚心地反思时，会发觉身体的自我之"境界"是极为暧昧的。眼镜和助听器，对于经常使用它们的人来说，与其说是对象性的存在，毋宁说是身体的自我的一部分。相反，麻痹的手和脚，与其说是身体的自我的一部分，毋宁说是作为对象的存在而被知觉的。确实，从某种反思的立场来看，眼镜和助听器是外部对象，即使是麻痹的手和脚那也终究是身体的一部分。然而，该反思的立场，其预设的前提是所谓身体的自我是以皮肤为界的肉体性存在。但是，对于我们来说，正是由于重新追问该前提，才能够进入定位于现象的意识事实的讨论。

无需援引梅洛-庞蒂，我们也能体验到身体呈现二义态。例如，右手握住左手腕时，右手作为能知，左手作为所知而被意识，过不了多久产生反转，变成右掌作为对象的所知而通过左手腕被触知。这样，身体（的一部分）既作为能知而在场，也作为所知而在场。然而，这时应铭记的是，无论作为能知还是作为所知都**不是**排他的、非两立的这一事实。（由于我们定位于这一事实，就几乎与梅洛—庞蒂形成决定性的分歧。由于他认为，无论作为能知还是作为所知每每都是排他的、非两立的（cf. Maurice Merleau-Ponty：*La phénoménologie de la perception*, p. 109.）①，他归根结底陷入没能超越"主体—客体"图式之基本框架的境地）。举例来说，在合起两掌闭上眼睛的场合，左右掌哪一方都不能说是能知，哪一方也都不能说是所知，而是真正以浑然一体的"能知的所知＝所知的能知"之相貌被知觉的。同样的事态在与他人握手等场合也能看到，同时，用手掌和指尖接触桌子表面等场合也可产

---

① 参见"当我用我的左手触摸我的右手时，作为对象的右手也有这种特殊的感知特性。我们刚才已经看到，两只手不能同时被另一只手触摸和触摸另一只手"（梅洛-庞蒂：《知觉现象学》，姜志辉译，商务印书馆2001年版，第129页）。

生。无论用手掌和指尖知觉对象,还是对接触对象的手掌和指尖进行知觉,都不免是以"能知的所知＝所知的能知"之相貌被手掌知觉。

呈现能知和所知的二义态的,以及呈现能知的所知＝所知的能知的一体性的,并不只是肉体的一部分。拐杖对于盲人来说,只要他拄动拐杖,就是一个的对象的所知,当他用拐杖触知之际,它就成为他的身体的自我的一部分。正如我们用指尖触知物体那样,盲人是用杖尖进行触知的。不惟如此,正如当我们用右手握住左手腕时,每每产生反转,而用左手腕触知冒汗的右掌,盲人(在这一点上常人亦然)用拐杖的所握部分感受冒汗的手掌,而往往产生反转的事态。身体的自我的放大(超越皮肤的境界的延伸、膨胀),不限于盲人的拐杖或医生的听诊器的范围。乐器对于音乐家或汽车对于司机,总之,可以是身体的自我的分肢。一般而言,玻尔和诺伊曼意义上的"观测装置"①,与盲人的拐杖尖或医生的听诊器等一样,能够成为能知的身体的一部分。正如我们感受接触物体的杖尖或指尖那样,感知观测装置这种能知的所知＝所知的能知的一状态。

关于放大、延伸的身体的自我,我想提请留意的一点是,知觉不单是客体的认知,也不单是主体的体感,而是能知＝所知、所知＝能知的一种状态的感受。关于这一点也许需要多少作些说明。首先以指尖的刺痛为例。指尖的刺痛这同一个与件,在反思中既可看作"被棘刺的**指尖的感觉**",也可看作"刺入指尖的**棘的感觉**"。两者在意义的所知性上是不同的。但是,棘这种认知是基于视觉和记忆的判断等且是共同活动的,作为触觉是同一的。当中存在的只是指尖的一状态。——也有平常未被棘刺而指尖痛,并非只有被棘刺才痛的场合。人们区别指尖和作为外物的棘不过是"生活的智慧"。并且,"指尖"的说法只是表现**准**概念的抽象化的指尖,那种抽象的"手指"与被棘刺的状态当然是相

---

① ◎ボーアやノイマンがいう意味での"観測装置":玻尔(N. Bohr, 1885—1962),物理学家。诺伊曼(J. von Neumann, 1903—1957),数学家、物理学家。两人共同主导了创立期的量子力学,为"观测问题"公式化作出了贡献。

区别的。不过,抽象的"手指"(从而,与棘等外物的截断)是从哪里取得的呢?每次都是通过特殊具体的存在方式,"舍去"具象的现实的理想化①抽象的"手指"并非实在。实在的是棘的刺,针的刺,接触桌子,等等,手指只能存在于其每次的状态性中。因此,在现在的问题场面中将刺激与指尖(抽象的"手指"!)的存在的截断作为大前提而提出是一种颠倒。——因此,在黑暗中接触完全未知的对象等场合,要区别指尖的感觉和对象的刺激是不可能的。那里只能发现浑然一体的"能知的所知=所知的能知"。

关于视觉的情况也是一样的。例如,在观察苹果时,即使能够反思地区别苹果发出的反射光刺激(与被棘刺相对应)与眼底细胞的光化学的生理状态(与指尖状态相对应),也无法对其加以实体地区别。在指尖刺痛的场合,严格地说**不光是**被棘刺的指尖的状态,而是包含从神经回路到中枢的触觉体系的一种状态(以痛的棘这种对象的相貌)都上升为意识,与此类似,在现在的例子中,包含从苹果四周的光束—眼球—视神经—中枢的视觉体系的一个状态(以苹果的形状和颜色这种对象的相貌)被知觉。这时,对于我们来说,没必要绝对地区别神经回路中的脉冲②的传播和从苹果到眼底的光线的传播。与拐杖或听诊器这种弹性振动传播体作为身体的自我的一部分而被承认一样,也能将从苹果顶端到作为传播体的大气和光线视为放大的身体的自我的一部分而加以承认。由此看来,相对于绝对地截断肉体和外物的"常识"而言,即便可以说看些奇特,但在认识论上、存在论上的权利中,以眼镜或拐杖的情形来相比,一点也不逊色。

以上从触觉和视觉加以讨论的问题可以推及所有知觉,这是很容易理解的吧。但是,在视觉、听觉、嗅觉的场合,眼、耳、鼻与指尖并不类同③,而是与传播回路的相应中间器官类似,其对象的表面与指尖相

---

① ◎Idealisierung:德语。参照本书132页脚注。此处是其名词形。
② ◎インパルス:impulse(脉冲),与神经细胞相关的"动作电位"。
③ ◎アナロゴン:Analogon。源自希腊语。"类比物""类同物"。

照应。

若定位于上述事态，延伸的身体的自我可以说犹如变形虫（amoeba）的伪足那样，接触对象的表面。例如，在根据红色或酸甜香味来觉知苹果的场合，这种颜色或香味，与盲人由杖尖所感知的触觉相类似，在此意义上，那可以说属于身体的自我的表面。这样，身体的自我能够放大、延伸至整个知觉世界，这时，与杖尖或指尖中的触知一样，全部的知觉形象形成能知的所知＝所知的能知。

这样，当定位于放大、延伸的身体的自我时，知觉形象就形成任意身体的自我这种能知的所知之状态的知觉。因此，无法找出客体的东西和主体的东西是分别存在，且后者认知前者那种自在的所知和自为的能知的二元性结构。

这时，毋庸赘言，我们并非要原封不动地将世界的**东西**和身体的自我的**东西**看作同一的。所谓身体的自我的膨缩，终究是在其每次的功能关系性中存在，并且也能在当中显现能知和所知的反思的区别。然而，为了明确我们的论旨，眼下必须对一些视野进行分节。

[二]

这里，也不打算能专题性地讨论"自己"（自分）与"他人"（他人）的关系，只想考察前一小节遗留的"他人的身体"问题，确认身体的自我的存在样态。通过这一作业，我们当能开拓"身—心"问题的新视座。

众所周知，在日常意识中，人们一开始原本就将自己和他人从存在上加以截断地理解，倾向将"自我"和"他我"的关系表现为单子①性的两个实体的关系。只要是以这种既成观念为公理的大前提，就必将产生"哲学上"的一系列无理难题。然而，不管从中产生怎样的难题，倘若自他的单一（monadic）的截断合乎真相，我们就不能随意地排斥它。实

---

① ◎モナド的：monad（单子）。是由希腊语"monas"（单个）构成的词，莱布尼茨的概念。传统上译为"单子"。当这里说到"单子性"时，有强烈的"没有窗户"＝"相互之间没有直接关系"的含义。另外，胡塞尔的共同主观性论亦有转用"monad"概念。

态又是怎样呢？我想虚心坦怀地厘清。

当从发生论来看时，新生儿恐怕不存在以皮肤为界的自我，身体的自我每次或膨胀或收缩，被推测为向来放大至不定形的母亲的身体（乳房或手等）。他通过摇动手脚或头脑，以及发出哭声，而摇动放大的身体肢，即乳房或大手等。虽说脐带已被切断，但从第三者来说，新生儿与母体是相融合的，犹如畸形的连体双胞胎。

当这样来论述时想必马上有人反驳。这岂不是对认识与存在的混同？"新生儿不过是尚未自我觉醒，不知道自己身体的限界，作为存在来说他已是独立的主体"，云云。论者们或许还会补充说，"母亲也许确实移情地与小孩产生共鸣，但是，那终究是母亲的意识，不是小孩的意识"，云云。——这种反驳，不过是"自我是以皮肤为界的自我完结的存在"这一既成观念的另一种说法。不过，因为我们正是要尝试重新探讨该教条，这里不必直接收回前面的观点。为了联系实态进行反批判，我想再稍微提示一下我们的见解。

连体双胞胎式的存在方式决不限于新生儿。例如，当管弦乐队的指挥者自在地指挥众多的演奏者、乐器时，对他来说，在前一小节所述意义上，可以说乃至演奏者们的身体和乐器都成为他身体的自我的分肢。他"体感"着小提琴的音色、鼓的声音。这一点，不光是指挥者，对于每个乐团成员也都可以这么说。通过各人直接分担的演奏，通过指挥棒、通过声音（类似于新生儿以哭声操纵乳房这一"分肢"）而操纵他的乐手。当中展开的演奏者的世界，形成放大的能知的所知＝所知的能知的一体系。在那里看不见"自我—他我"（自我—他我）的自为的区别。那是浑然一体的一种能知＝所知（能知—所知）。

这种"协存体"当然具有其内部透视性的结构。并且，乐手有着各自不同的透视。对第一小提琴来说，敲鼓手在左后方，对鼓手来说，小提琴手在右前方。但是，包含这种透视的差异的情况，并不能导出自我否定连体双胞胎式的结合体这一情况。连体双胞胎中哥哥所具有的知觉的透视与弟弟具有的知觉的透视是有差异的。哥哥右手感到刺痛，

221 不是说转移到弟弟的右手,而是终究从场所,即从弟弟一侧来说位于左后方的第三只手所感受到的吧。哥哥和弟弟其知觉的现存样态,是各不相同的。当哥哥闭上眼睛时,虽然弟弟感知到哥哥闭上了眼睛,但弟弟的视野不可能消失了。这样,兄弟各自占有对知觉地现存的世界的透视的特殊位置。在管弦乐演奏者的情形中,在结构上也与此类似。管弦乐当然不是肉体的单一主体。但是,通过奏音(空气振动),同时通过指挥棒的运动(反射光线),队员进行着生理、物理的**接合**,如果说听诊器或眼镜作为身体的自我的构成因而被承认,那么即使神经纤维并非直接连接,也仍应允许主张连体双胞胎式的"合一体"这一情况。就此而言,管弦乐中队员们的存在方式,从一般化来说,关于"协存体"的存在方式,我们主张推及连体双胞胎式的存在结构。

但是,人们通常并非合唱或合奏。连体双胞胎式或珊瑚类的协存体,对人类存在来说难道不是例外的存在方式?在某种意义上确实如此。然而,关于这个问题我们放到后面进行探讨,这里我想回应前面遗
222 留的可能"反驳"。

抱持既成观念的论者主张,我们所谓的"连体双胞胎式的存在方式",不过是自我意识的缺乏态或移情的忘我状态。为了明确论点,让我们假设如下场面。带小孩的女性因涉嫌参加游击队活动而受到拷问。现在在她面前,正要用火筷子去烫小孩的手。当看到火筷子接触小孩的手的瞬间,她感到手一阵剧痛,而不由得将手缩回去。生理学家也许会说"那不过是幻觉"。但是,在她看来,感到剧痛是无可辩驳的事实。而且,反思性地来看,虽然所感觉的地方是自己的手,但确实是小孩的手被摁住的那个位置。作为肉体的手即使被反绑在后面,但她的身体的自我的"手"却延伸到小孩的手的地方,并在那个位置感觉到剧痛。当然,她的手和小孩的手,的确并非合体的。小孩感到的疼痛和她感到的疼痛有着不同的视角(perspective)。明确地说,当看到火筷子碰触到的时候,较之于小孩的疼痛,母亲感到的疼痛更为剧烈吧。总之,她俨然感到在自己小孩的手的地方,并感受到自己小孩的(手的)疼

痛这一意识事实。生理学家的"不过是幻觉"这种批评，不能推翻这一"现象学的意识事实"。这时，我们要铭记的是，在小孩的手（的位置）中感到疼痛的事实。若是看到火筷子碰触石头、插入火盆的情景，便不会觉得那是什么特别的事情。正因为她的身体的自我放大、延伸到小孩的地方而成为连体双胞胎式的"结合体"才感受到小孩的手的疼痛。如前所述，我们并不主张那是小孩感到的疼痛本身。即使连体双胞胎哥哥和弟弟的知觉的透视的也有不同，同样地，她和小孩的疼痛的透视（在扩大单纯的空间的象征意义上使用这一术语）是不同的。但是，在她与小孩分开的场合，即在小孩不在她的身体的自我的扩张范围的场合，那是绝对不会发生的东西，只有在她与小孩的"连体双胞胎式的结合态"的场合，才是在此意义上的透视中而感受到的东西。

　　论者作为事实而承认的充其量是"那种感觉到的事实"吧。然而，对于我们来说，若暂且承认这种事实的话，后面则是"花见劫"①。论者们说"那实际上不过是幻觉"。从"常识"的生理学家之流的标准来看，也许确实如此。在论者们看来，由于上例的女性并未被给予与痛觉相对应的物理刺激，她**应该**不会感受到真正的痛觉。因此，她主观上感受到的痛觉不过是幻觉吧。以论者们的作风来说，当头脑受到电子冲击而感受到的色彩感觉或音响感觉也是幻觉。因为"适应刺激"的光或声音并不存在。同时，用一只眼睛看风景也有远近感，用一只耳朵听声音也有方向感，这也是幻觉！因为单眼的感觉不明远近，单耳不明方向。在论者们看来，那是混入了记忆的想象（幻想）的幻觉吧。然而，若是采用那种讨论，一般被称作"感觉"的东西就几乎全部成了幻觉。实际上，若根据眼睛的光学的结构来看，外界的正立看法恰恰是幻觉！（实际

---

① "花见劫"，围棋术语。指对己方胜负而言无关痛痒，但对对方来说攸关生死。故己方尽可以赏花的心情打劫。

上,根据斯特拉顿①的实验,戴上能够看见外界倒立的特殊眼镜不久,就产生逆转而看作正立的,因此一旦摘下眼镜时,会将外界看作倒立的。)无需援用格式塔心理学便可知,刺激和感觉一对一的恒常对应性原本就并不成立。因此,"不过是幻觉"这一论者们的指责,丝毫不能动摇我们的观点。

我们当然也在"日常的意义"上承认感觉与幻觉的区别。通常,视觉上的光刺激的辐辏体,听觉上的音源体,触觉上的接触性刺激体现实地赋予皮肤的身体,包括但不限于人们的动物,由于该对应性,便以感觉为指针处理身体。因此,外在刺激物与感觉的身体的区别变得重要,以与前一小节所述的抽象的"手指"相同的机制,设定准概念化的抽象的"身体图式",感性的体验就被看作在这一准皮肤的身体的内部自我完结。但是,"通常"发现的对应性,是指概率大,而并非"必定总是"。因此,在无法发现对皮肤的身体的外在刺激的直接对应性的场合,便习惯于将其当作"幻觉"来处理。但是,这即使是"生物体的自然的智慧",从原理上说,也不过是权宜的处理方式。所谓"真正的感觉"与错觉、幻觉的区别,在机械论的"刺激—接受"这一维度原本是无法规定的,后来即使以此为第二性的分类的前梯,也不得不首先定位于当事人的意识实态。基于这种原因,我们从原理的场面拒斥论者们的批判。

这样,我们是在承认与所谓"幻肢"的感觉(即被切断手腕或脚的伤病者所感受到的"手"或"脚"的感觉)同样的权利中,在放大、延伸至他人肉体的场所的身体的自我,在这种连体双胞胎式的"身体图式"②(body-schema)中立论能知的所知=所知的能知。

那么,自己与他人的区别,以及能知的主体与所知的对象的区别,

---

① 乔治·马尔科姆·斯特拉顿(George Malcolm Stratton,1865—1957),美国心理学家。他于1897年开创了对视觉感知的研究,通过佩戴专门的眼镜,实现了将图像上下颠倒、左右颠倒。

② ◎身体图式:原本是在与"幻肢"现象等的关系、精神病理学领域中使用的概念,也叫"体位图式"。在哲学上,自梅洛-庞蒂在《知觉现象学》中谈及以来,这便成为一般的概念。

究竟是如何产生的？这种区别并不是自己的身体与外部的存在的简单的物体性区别。因此，为了进行关于这个问题的讨论，必须阐述——在当前的问题维度能够言及的范围内——被人们称作"精神的自我"的东西。

[三]

这里，那种"三分肢图式"中的"身体"与"精神"的截断，以及与此直接相联系的自我与他我的分节，成为当前的主题。

身体与精神的截断性区别，在日常意识中，并不像外物与身体的截断或自他的身体的区别那样明确。实际上，一般认为幼儿开始具有明晰的自我意识是在年龄达到数岁的时候。当然，看来，（1）能看不能看、能听不能听这种意识态势的存在与否，即便是乳幼儿也有所知觉吧，超越了活动的东西与静止的东西的对象性辨别这一范围，（2）是触摸还是被触摸，是活动还是被动这种能动与受动的识别也像从很早开始就在进行。这样看来，（3）准皮肤的身体作为具有一定的恒常性的知觉与件开始从四周的存在形成分节的意识也并非那么迟缓。可是，这种意识态与"自我意识的形成"之间还存在鸿沟，为了填平它，至少需要几个前提性条件。

我们并没有在这里进入发生论的考察的意图，即使暂且撇开后述的他为的存在关系，也可以举出作为所谓的前提之一的所动的能动的自我觉识。

能知能动与所知所动的区分特征，无需引证左右手的反转等，在前考察中就能够得到所谓自然发生的体验。当用杖尖接触物体时能知＝所知的临界面为杖尖所感知，若重新放松地握住拐杖，拐杖与手掌的接触面是移动的，一般来说，在要移动重石的场合皮肤的接触面存在紧张感的能知能动与所知所动是该接触面所进行的分节。那么，在仅仅移动手脚的情况下，关节部和胴体内部存在紧张感，作为视觉的格式塔，对象性地（在此意义上与"外物"是同位的）进行分节的手或脚作为所知所动而被知觉。但是,这时,在皮肤的界面与所知所动连接场合,通常存在相当大的抵抗感,相对于"近接的操作",在仅是移动手脚的场合将要移动或仅是"打算"这种几乎没有抵抗感的独自一人的移动,可谓"远隔的操纵"。大概是以这种体验为机缘,"身体图式"缩小至皮肤的境界的内部,皮肤的身体的内部已表现为像是寄宿着一个准身体的能知能动。但是在此意义上,身体的自我不过是二重存在地被理解,即使有着远隔地**进行**操纵的"内核"和远隔地**被**操纵的"外围"的区别,那也并不直接意味着身心的二元化。

这样作为"所知所动的能知能动"的身体的自己就在二重存在论上被理解,但是,无需进行"哲学"的考察,能知能动的内核也逐渐被考虑为非肉体的存在。这里没必要追溯生物体和死尸的区别、梦的体验等所谓"灵魂的自我"的观念其形成的经过。对我们来说,超越皮肤的境界的身体的**自我**的收缩,以及对身体的自我进行肉体的自我和灵魂的自我的二重化的理解的结构现存于日常意识,将这些纳入范围展开批判的考察的话就足矣。

对我们来说首先成为问题的是,要从存在上截断所知的对象和能知的主体,就不得不将"精神的能知"设定为与"肉体的自我＝身体"的区别性的情况。为了考察这一点的逻辑机制,我想预先确认哲学家们"定位"于日常意识的所谓"对象意识"和"自我意识"的问题论的机制。

我看美人看得出神,不由得发出"啊"的一声。虽然我发出"啊"的一声,但美人的身姿不会有丝毫的变化。这对于美人的身姿＝对象的知觉形象既没有丝毫增加,也没有丝毫削减。然而,回到我之前和之后,可以说意识事态有着明显的不同。在反思的意识中,显现着此前缺乏的"我"的意识或"我看"的意识。从这一点来说,在反思的意识中,虽说对象的知觉并未改变,但在当中增加了"自我意识"。这种自我意识,并非以"我"为对象的自我认识。这里所谓的自我意识,目前与对象的知觉有着不同的相貌。相对于对象的知觉定是场所的定位,而自我意识不具有场所的定位。与其说自我意识是无场所的,还不如说浸润于知觉的总体的意识域①，在此意义上是泛场所的。（在定位于场所的情况下，那是对象的意识或自我认识，已不是主体的自我意识）。只有在对象上可以说是"无"的这种无色透明的觉识的显现，才能划分前反思意识和反思的自为意识的差异。常识的论者们认为，这种觉识与"看"（一般是"我思"[cogito]）这种能作的意识相联系，同时也与自我归属的意识相联系。

如果将上述一瞥的"内省的事实"设定为实体的自我（ego），就会犯以前康德所批判的笛卡尔的错误推论②（Paralogismus）。因此，哲学家们不谈实体的自我（ego）。然而，那种只是自在地、对象地称作"无"的"自我意识"，不就是作为纯粹意识的"我的意识"（纯粹自我）吗？很多哲学家认识到了这一点。但是，对于我们来说，必须小心这一点隐藏的陷阱。

为了凸显论旨，我想重新确认"纯粹自我"得以假设的逻辑的机制。一旦将反思的意识看作**我在意识**，关于这种反思的意识的反思意识也就被看作具有同样的结构。**意识到**"我在意识"的仍然是我，这一点再通过反思而被意识。这样，反思每每是二重性的，我依次地跑出来，这个跑出来的我作为同一个我而被再认地辨认。**进行辨认的是谁**？因此再次进行反思的自为化，了解到那是我。在这种无穷倒退的结构中，认为现在的意识的背后必定总是隐藏一个意识着它的意识。并且，**进行该意识的我被指称为"纯粹自我"**。——我们不能责怪这一立言形成无穷倒退的结构这件事本身。

假如"所谓反思的意识就是'我在意识'的意识"是正确的，那么就

---

① 意识是赋予现实的心理现象的总体，是作为直接经验的个人的主观现象。通常意识清晰度最高的状态称为注意，相当于意识的注视点或意识点。与此相对，清晰度低，但在某一时刻同时被意识到的领域，称为意识域。

② ◎デカルトのな論過："笛卡尔的错误推论"。从"我思（cogito）"，推论作为实体的"思的自我"（ego cogitans）的错误。康德在《纯粹理性批判》"先验辩证论"中对此进行了批判。（译注："我思故我在"是笛卡尔全部认识论哲学的起点，也是他"普遍怀疑"的终点。）

自然（natural）认为意识的背后每次总是已非规定性地隐藏着一个能知的意识，其即便要求进行实体化也并非毫无道理。因此，当设定灵魂的自我，将先验的自我实体化时，在逻辑上不仅形成无穷倒退还产生截断！——因此，这里的关键是，我们应着眼的场面是，前反思的意识和反思的意识的差异究竟是不是"我的意识"的显现，即厘定所谓的"自我意识"的显现的实态。

在我们前面拟设的我"看美人入迷"而发出"啊"的一声的情景中，在反思的意识中"累加"的是，容易想作主要是"我看了"这一觉识似的。因此，我想举出别的例子来重新展开讨论。

请想象一下沉浸于电影的我的场面。在那里，也许能发现论者们所指的"自我意识"。不过，"累加"的不只是"我在看电影"的意识。在前反思中与整个意识域相一致的画面，现在已不过是占据视野的一部分，观众席、屏幕的两端、观众们的头脑及我的身体等也都显现着。当对前反思的意识与反思的意识进行比较时，断开美人的身姿、屏幕的情景，若仅着眼于此，可能认为"对象的知觉没有丝毫变化"。但是，只要着眼于整个对象的知觉领域，观众席"出现"的其他情景，就可以说在那里有着显著的变化。即使从这一点来说，反思的意识所累加的只是自我归属意识，这一"认定"明显是错误的——确实，论者们并不否认对象的知觉范围的变化，也许以为那"不过是与反思的意识的本质结构无关的次要现象"。然而，只重视被称为本质的契机的"**自我**意识""**自我**归属意识"，而忽视知觉范围的结构变化，这正是论者们在立场上的臆断。我们需要与之对质的，不外是与这种主体—客体图式相联系的立场的先入之见。——在反思的意识中，若借用格式塔心理学的术语来说，在前反思的对象的知觉中"背景"的一部分，显现为"图形"。不过，这时，我们不能以"背景"和"图形"这种简单的二项图式就完事。"图形"一般呈现"复分子"式的重层分节状貌，有时，背景和图形没有明晰的反转，而以可谓准背景的＝准图形的相貌而现存。以电影为例，在前反思的状态中只有画面作为"图形"而呈现复分子的结构；但在反思的意识中，就将这一"图形"作为下位分节的放大的复分子的"图形"而显现出来，因此我的身体＝身体的我以准背景的＝准图形的相貌而现存。当然，也有他人的身姿或我的身体等作为明确的"图形"而被意识的场合，这时，屏幕的情景容易成为准背景的＝准图形的，在回到我的瞬间的场面，身体的我或他人是准背景的＝准图形的，这也是通例吧。并且，在那里，这一准背景的＝准图形的身体的我成为透视的视座在大部分场合被承认。以这种相貌显现的**知觉的布置的觉识**，可以说与"（我）**在看**"这种意识相联系。并且，当中的准背景的＝准图形的身体的我的现存支撑着**我**的自我归属意识。虽说如此，这里所谓的"自我意识"，并非关于我的主题性意识，实际上不外是知觉的布置的觉识，因此"自我意识"并不是场所的定位，而可谓泛场所的浸润。进而，在进行身体的我的准图形化时，身体的能作和所谓努力感的内部知觉成为机缘，而伴随能作的自我的意识。在我们看来，论者们所把握的**自我**意识、**自我**归属意识，成为设定"纯粹自我"之机缘的东西，就在于上述那种现象的事态的错认。这时的关键是，论者们忽视了反思的意识中的知觉的分节相貌的变貌，被"累加"的完全是将"我在意识"臆断地初始"认定"为"关于'我'的意识"的过错，这已无需赘言吧。

对我们来说能暂且确说的是，在日常的"反思的意识"的维度，说是反思的对象意识，在那里"自我意识"的实态是，不超出定位于身体的知觉的布置性的意识这一界限。在这一场面中与所谓"能知的**我在意识**"这一自为的自我意识还存在显著差距，暂时属于身体的自我的维度。

如上所述，正是在这种身体的自我的范围内，才产生那种"内核"与"外围"的二重化的表象。即使精神的自我的表象在历史上源于肉体与灵魂的二元性分离，因而应排拒在此意义上的精神的自我，我们仅凭身体的自我也不足以完成此事。这是因为，当对能知和所知进行**反思的区别**时，确实存在必须设定不同于身体的自己的精神的能知的情况。

确实存在身体的自我（的分肢）作为一个所知而被对象地知觉的场合。被棘刺的**指尖**的知觉等就是明显的一个例子。我们试着记述性地定式化这种反思的事实,大体上将指尖的触觉的状态理解为身体自我的自己知觉的能知=所知,反思地区别能知和所知,采取将指尖这种末梢器官(的状态)从属于所知方面的程序。然而,一旦采取这一程序,关于包含中枢器官在内的整个触觉体系之状态的自己知觉的能知=所知也就应该采取同样的程序,中枢器官也就必须位于所知方面。关于视、听觉等其他中枢亦然。因此,伴随身体的自我这种能知的所知=所知的能知的收缩,生理、物理的身体(所谓精神物理的主体)全都向所知方面过渡。

这样的话,什么是以身体的自己的总体为所知的"能知"?撇开反思等各种发生论的经纬的当前脉络来说,从上述情况就能确立与身体明显相区别的"精神的能知"。

这样设定的"精神的能知",是对能知的所知=所知的能知这种自己知觉的统一体进行反思的二项化的程序的产物,从存在上说并非脱离所知的契机的自存的存在。我们后面也将设定整个意识域都归属于它(归属的现存)的能知的意识主体的概念,关于这一点也预定通过别的途径进行探讨,这里暂且想武断地提出,能知和所知是无法从存在上加以截断的东西。然而,人们对能知和所知的反思的区别和存在的截断加以二重化,这一错误推断使得精神的能知(纯粹意识)独立化。

身体的自己与精神的自我那种三分肢图式中的存在的截断,若撇开历史的经过而着眼于逻辑机制而言,可以说是基于上述错误推断。我们自为地重新把握这一逻辑机制,拒斥该存在的截断。

但是,在日常意识中,人们将其表象为精神的=灵魂的知情意相统一的主体,自在地以为这种能知能动可以自在地"远隔操纵"的外延,就是身体的=肉体的自己。某种对象的与件(即第三者称之为他人或动物的东西),在按预期变化时,**对于自在的意识来说**正是"远隔的操纵"的外延,身体的自我延伸至那里而易于形成"连体双胞胎式"的分肢。不过,当产生与预期的不一致时,身体的自我随即收缩,作为所知的对象进行分节。

某些论者们在看到幼儿放心地凝视朋友或仔犬的场合,提出"幼儿移情地与对方成为一体,将自己类推地投入对方"的说法。但是,作为事实问题,对当事人来说,"类推"地"投入"的"自己"自身大概并非**预先**被表象的吧。例如,在朋友看到幼儿绕在餐桌边伸手拿苹果的情景的场合,即使区别地意识到放大的身体的自我就是收缩的自他的皮肤的身体,眼睛看到苹果,手则"远隔地操纵",这类觉识对该幼儿来说确实是永存的吧。但是,如果根据这一意识事态就说幼儿的意识是"朋友与自己**一样**,**看到**苹果,并且手伸向它",那是有问题的。对幼儿当事人来说,只要"与**自己**一样"这一点并非自为的,那就不能说是类推。

这里若期待一定的体验的证据,那种"远隔地操纵"的身体的自己与操纵它的能知能动体的二重性存在的意识就成为既成的东西,这样看来在产生将他者也理解为那种存在的事态*的那个阶段,从第三者的记述的立场来看,大概可以称为"他人"也作为"能知能动的主体"而被知觉。

但是,为了能够满足这一要件,无论在发生论上还是结构论上,若借用黑格尔、萨特的话来说,"他为─自为"的存在论的关系成为前提。为了考察这一前提性要件,对我们来说,现在已必须将共同活动的实践与他为性的维度主题化。

> * 相对于身体的自我的外在的,并独立于我的操纵的变化的某些现象(从第三者来看是他人或某些动物),在我眼前,向看到的现象的某物(例如食物)走去,对于障碍物不盲目冒进,巧妙地移动脚步来到该物前面而将视线投向它,直接向它张开手或口。即,在该场面(situation)中我表现出与执行相同的行动。这一点也显示在他看到食物或障碍物,以及他操纵他的手脚的情况。用最简单化的话来说,通过这种体验,作为主体的自我的我和作为主体的自我的他能够"对比"地辨认。(这时,并不意味着我的身体的知觉映现和他人的身体的

知觉形象有着不同的相貌这种评判。需要注意的是，上述讨论，也包括某种动物，例如犬这种身体的异貌的他者。同时，幼儿或猴子的动作，例如用右手的两个指头指捏住自己的耳朵这种模仿动作，也显示马上就能进行他人的身体的行动和自己的身体的行动的前反思的辨认。我们并非要在这里拥护关于他我认识的"类推说"。但是，例如，尽管自己闭上眼睛的运动感觉和他人闭着眼睛所看到视觉形象作为知觉的映现是完全不同的，却能够作为意义的所知而辨认。需要铭记的是，这样一种直觉辨认的机制，已在知觉的维度上存在这一事实。）不过，倘若他人的行动完全符合预期，我的身体的自我也就延伸到那里，不久便准背景地漠不关心化，而不会意识到自他的区别吧。在基本上达到预期的样态而部分上不符合预期这种展相，以肉体的—灵魂的，以及身体的—精神的他我的意识为机缘。

虽说他者的行为方式与我的预期相反，我使用右手，某人则使用左手，或冷不防地使用口，但反复经历这种情况的特定的某人能够对该场面（situation）中进行的行动方式再次预期，其结果是预期变得相符。由于这一情况，人的个性的意识得以形成，不久也与身体的特征一同被区别、分类和类型化。（达到何种范围可看作灵魂的自我，如何赋予它阶层的秩序，这种情况在不同文化圈的表现多种多样。）经过这样的过程，身体的—精神的他我主的概念图式一旦形成，以部分的标记为线索的格式塔的补全就得以直觉地进行。（它与单是看到书脊就将其作为图书来知觉有着同样的机制，将模特（mannequin）当成人，将活人错认为稻草人这样的错误也不过是基于该机制而产生的）。

在这种既成性中，日常地现存的某种形象，就被理解为"身体的＝肉体的—情感＝精神的"的他我——仅在这种观察中现存的"他我",不惟如此,其还难以避免那种"机器人的疑惑"——准对象化的观察的现存的这种"他我"的存在方式,并非自为的他为—他为的自为的本来的存在方式。那与其说是紧张的自为的他为—他为的自为的弛缓的存在方式,不如说是自为—他为的自在的一个面相。那么,肉体的—情感的自我,身体的—精神的自我,以这些为辩证法的契机的"他为的—自为的"自我的现实态,是在怎样的存在结构中在场的?为了回答这个问题,现在拟直接以"自为—他为"的存在论的关系为主题。

第二节 角色的主体与他为性维度

区别于身体的"精神的自我"自觉地形成的是"他为—自为"的存在关系,从精神的能知的在场本身来看,实际上具有他为的存在关系。盖甚至连"自我意识"也不单是在观照的知觉的场面中形成的,而是在与他者的实践的相互关系(sich verhalten)的场面才形成的,精神的能知的现实态乃是他为的存在关系中主体间性的形成态。在本节中,我想定位于他为的自为＝自为的他为的维度,一瞥存在论的基本结构。

[一]

作为尝试,主题性地考察人的存在的他为性的先例,首先不能不说萨特。虽然离拳拳服膺他的主张还相当远,但我们以他的说法为行论的线索,还是能够比较合适地援用。我想多数读者亦已发现,我们在前一小节中也尽可能努力保持与萨特的讨论的接点。这里让我们先围绕他的《存在与虚无》第三部"他为存在"论的积极的立言,一瞥其核心思想,以便为后面的讨论铺设伏线。

众所周知,萨特主张关于**对象**的正题意识时,总是同时提倡关于**自**

己的非正题意识。虽说通过反思这种前反思的意识,显现关于自己的正题意识,在非反思的意识中不能赋予"我"(moi)。但以上讨论,是对**自为进行单独地考察的场合**,在现实中,可以发现"纠缠未反思的意识的'我'"的场合。让我们来考察"羞耻"或"自负"的例子。那是"他者面前的自己"(de soi devant autrui)的正题意识。"未反思的意识是**对世界的意识**。因此,'我'在世界的诸对象的水平上为这意识存在;这仅止是反思意识应起的作用:我的现时化现在属于未反思的意识。只不过,反思的意识直接把'我'作为对象。未反思的意识没有直接地把握个人并把他当作它的对象:个人是面对意识在场的,因为他是为他的对象。"①这是他为存在的应有状态。可是,对我们来说,必须进一步从结构的诸契机与结构关系来考察其实相。"让我们想像我出于嫉妒、好奇心、怪癖而无意中把耳朵贴在门上,通过锁孔向里窥视。我单独一人,并且置身于(对)我(的)非正题意识的水平上……然而,现在我听到了走廊里的脚步声:有人注视我。这意味着什么?这就是我在我的存在中突然被触及了,一些本质的变化在我的结构中显现。"②——我觉得听到了脚步声,尽管实际上并没有任何人。即便如此,我已经不能忘我地窥视锁孔,而不得不意识到我自己。这种结构的变化显出怎样的契机。"被—他者—注视—着"(être-vu-par-autrui)、"被投注目光"的意识,这里表现的"我",不同于自己在内反思之际的自己,是"仅对他者而言的对象的我"。

"我是别人认识着的那个我。并且我在他人为我异化③了的一个世界中是我是的这个我,因为他人的注视包围了我的存在,并且相应地

---

① 萨特:《存在与虚无》,陈宣良等译,生活·读书·新知三联书店 2007 年版,第 328 页。
② 萨特:《存在与虚无》,陈宣良等译,生活·读书·新知三联书店 2007 年版,第 326—327 页。
③ ◎他有化〔疏外〕:"他有化(异化)"。原词为 aliénation(法语)。

包围了墙、门、锁。"①那不是自为的我,而是自在的我,"是我是的这个我"。那是被剥夺了自为的自由的超越,"被超越的超越性",我的"可能性"堕落为单纯的"或然性"。他者的注视,给予我空间性,同时也给予同时性。然而,我当然并非仅成为自在存在。而是呈现出"注视的显现被我当作一种存在的出神关系的涌现,这关系的一端是作为是其所不是和不是其所是的自为的我,而另一端还是我,但是我触及不到它,作用不到也认识不到它"②这一应有状态。

那么,在"被—他者—注视—着"我这一场面的他者,即注视着我的他者是什么样的存在？毋庸赘言,那不是"客体—他者"即我盯着的他人,而是"主体—他者"。"他是注视我而我还未注视他的存在,是向我本身表明我是不被揭示的,而本身又没有揭示出来的存在,是面对我在场的存在。"③"他人是作为不是我的超越性的一种超越性而没有任何中介地面对我在场的。"④但是,这种在场不是交互的。他者,目前"他是具体的一极,并且是我的流逝,我的可能的异化,以及世界向另一个相同然而与之不相联属的世界的流动所达不到的一极"⑤。

"他人对我来说首先是'我是其对象的存在'……而且他不是被给定为我的宇宙的对象,而是纯粹的主体。"⑥"通过注

---

① 萨特:《存在与虚无》,陈宣良等译,生活·读书·新知三联书店 2007 年版,第 328—329 页。此处引文中的"别人""他人",日文原文分别为汉字词"他人""他者"。
② 萨特:《存在与虚无》,陈宣良等译,生活·读书·新知三联书店 2007 年版,第 337 页。
③ 萨特:《存在与虚无》,陈宣良等译,生活·读书·新知三联书店 2007 年版,第 338 页。
④ 萨特:《存在与虚无》,陈宣良等译,生活·读书·新知三联书店 2007 年版,第 339 页。
⑤ 萨特:《存在与虚无》,陈宣良等译,生活·读书·新知三联书店 2007 年版,第 338 页。
⑥ 萨特:《存在与虚无》,陈宣良等译,生活·读书·新知三联书店 2007 年版,第 340 页。

视,我具体地体验到他人是自由和有意识的主体,他在自己向自己的可能性时间化时使得有了一个世界。"①——这样,在萨特看来,"如同我的被我思把握的意识无可怀疑地证明了它自己和它自己的存在一样,某些特殊的意识,例如'羞耻意识',对我思表现出来并证明了它们自身及他人无可怀疑的存在"②。——不过,也许有人会反问。确实,"我具有注视的意识",不是并不保证他者现实的存在吗?实际上,不是也有自以为"被注视"而只不过是虚惊的场合?萨特这样自问自答:"在虚惊时,究竟是什么虚假地显现,是什么自我摧毁呢?不是'主体—他者',也不是面对'主体—他者'的我的在场;而是他者的事实性(facticité),就是说他者与一个我的世界中的作为对象的存在的偶然联系。这样,值得怀疑的不是他者本身,而是他者的此在(être-là)。"③——这听起来看些像诡辩。不过,萨特主张关涉他者的存在的我思(cogito),并不依存于他者具体的"此在"的经验。在他看来,"他人的存在是如此不可怀疑以致这场虚惊也完全能成为那使我放弃我的行动的结果"④,经验的表现,之所以也能产生关于它的误解,不过是这一个东西(un ceci),这与他所说的"他者"有着不同的存在维度。若先把话说完,"主体—他者"是使用非人称代词来表现与"人"(on)有关的应有的某人,对萨特来说乃是援用海德格

---

① 萨特:《存在与虚无》,陈宣良等译,生活·读书·新知三联书店2007年版,第341页。
② 萨特:《存在与虚无》,陈宣良等译,生活·读书·新知三联书店2007年版,第343页。
③ 萨特:《存在与虚无》,陈宣良等译,生活·读书·新知三联书店2007年版,第348页。
④ 萨特:《存在与虚无》,陈宣良等译,生活·读书·新知三联书店2007年版,第348页。

尔的"常人"①。——因此"无论我在什么地方,总有人们注视我,人们决不可能被把握为对象,因为那样一来,人们立刻就解体了。人们是主体—他者,绝不是客体—他者"。

若从结论上来说关于他者的存在问题,"注视使我们跟随我们的为他的存在,并且向我们揭示了我们对他而言才存在的那个他人的无可怀疑的存在(il y a [des] consciences)"②。这样,所谓的"我们"就不是无差别的人们,若考虑自我意识的否定性而对其进行应有的定式化,则可作如下说明。"自为作为它自身,在它的存在中包含着他人的存在,因为它在它的不是他人的存在中是有问题的。"③"我思向我们揭示的,只是一个事实的必然性,它发现——而且这是无可怀疑的——我们那维系着自己的自为存在的存在也是为他的,对反思意识揭示出来的存在是'为他的自为'。""笛卡尔的我思只是肯定了一个事实,即我们存在这一事实的绝对真理;同样,我们这里在稍许宽泛的意义下使用的我思把我们揭示为他人的存在和我的为他的存在。"④要言之,"反思的意识所显示的存在是'自为—他为'"。

从以上一瞥的范围来看,我与他者的关系并不止于我被注视这种单方面的关系,我与他人的关系是相互的,因此,身体性的维度同时成为具体的问题。虽然我们并无详细地追溯萨特的讨论的意图,不过在萨特《存在与虚无》中的哲学立场

---

① ◎ハイデッガーの「ダス・マン」:"海德格尔的'常人'"。参照本书第145页脚注。
② 萨特:《存在与虚无》,陈宣良等译,生活·读书·新知三联书店2007年版,第353页。
③ 萨特:《存在与虚无》,陈宣良等译,生活·读书·新知三联书店2007年版,第355页。
④ 萨特:《存在与虚无》,陈宣良等译,生活·读书·新知三联书店2007年版,第354页。

上，必须铭记的是我与他人的关系是"相克"（conflit）地被规定的。下面再来稍微考察萨特的论述。

作为他为存在的我被他者视为一个身体的存在。在此意义上的我"成为相对于他者的一个对象性存在，被剥夺了自由的超越"。不过，我重新注视他者。那样一来，对方已不是"主体—他者"，而是凝固地显现为一个身体的对象性存在。从"特权的第三者"的立场来看，也许我与对方作为各自的主体而对峙，在那种"他为—自为"存在中，只要他者作为主体而出现，我就作为一个对象（客体）性存在，只要我作为主观而重新注视，对方就已凝固成了一个对我而言的对象性存在。由于这种宿命的结构，我不可能作为主观（主体），与作为主体的他人相对峙。这样，我即使面对作为他为存在的他者也无法到达他的主体性。换一个视角来看，不可能在**自为**的他者和**他为**的他者这两种存在方式中综合他者。因为，这不是说不能综合他为的他者及其内在的自为意识。原本，他为存在的内部或背后并没有隐藏自为。"我使我的身体存在，即自为的我是我的身体。"而"他为的我也是我的身体"，在这种情况下，"身体是我"。虽说如此，自为的身体和他为的身体有着不同的维度。我注视的他人的他为存在（的身体），不是他的自为存在（的身体）。这与既然我是被注视的他为存在，我就不是我的自为存在是同样道理，云云。

人们的存在，就在这种"他为—自为"的存在方式中而在场。尽管如此，更准确地说，正因为如此，人要贯彻自己的"存在筹划（Entwurf）"，而表现出两种相反的态度。其一，通过我真正成为他为的自在存在而实现与对方的自为的自由合一的态度；其二，通过将对方化为他为的自在存在而自己最终超越他为的自在化的态度。在萨特看来，前者的典型是受虐狂（masochism），后者的典型是施虐狂（sadism）。但是，只要人们具有本原上的"他为自为"的存在结构，毋庸置疑，这两种态度就会陷入恶循环，哪一种都不得不失败。

萨特并非完全不承认"我们"这一存在方式。但是，他主张那不是存在论的关系，充其量只是第二性的从属的经验。作为共同处于第三者的注视的对象的存在的我们，即"客体—我们"的问题是作为他为存在的特殊情况而被承认的。不过，"主体—我们"的问题，"一个单独的意识仅是心理的主体性事件，怎样也'无法实现共同—存在'"，原本，不过是以那种相克的关系为基础而派生的东西。

毕竟，"意识个体的相互之间关系的本质，不是共同存在（Mitsein），而是相克"。人们的关系无法超越"施虐—受虐狂"（sadicomasochism）的藩篱。这是萨特的命题。

对于他为存在的"我"，我们的理解有别于萨特。确实，在萨特那里，身体总是意味着"身体—之外—之上的—身体"（corps-plus-que-corps）。但是，问题是该"之外之上"的内容。为了讨论的方便，我想首先拟设有别于"窥视锁孔"的例子。

"我在执行看守任务。一直没有异常。不久就打瞌睡。突然，我感到被注视。我'啊'地一声回过神来，我做出看守的样子（Verhalt）。"

让我们尝试用萨特作为例子的"注视"论来说明这一"我的变样"吧。然而，我们所考察的这一事态（并且实际上在那个"窥视者"意识到他者的注视之际所表现的变样也是如此）无法用萨特的理论加以确切地把握。

看守"啊"地一声回到我之际所显现的"自我"意识，与沉浸在电影中回到我之际所显现的前述的"自我意识"，是不同的范畴。相对于后者所出现的那种（关于）"知觉的布置的意识"，前者显现的是（虽说就状况的情形来说也有可归总到后者的场合）与此不同的"自己"。萨特在将这两个场合中的"自己"作为不同种类的东西加以区别这一点上是正确的。但是，我们与他在后者的把握方法上已格格不入。这一点的再确认从略，这里必须特别予以探讨的，是他关于前者的把握。

萨特认为"窥视者"或看守感受到人眼之际,他们的非反思的意识所显现的"自己",即他所谓的他为存在的自己,是一种自在存在。这归结于他的"自在"和"自为"的二元论。盖他为的自己不是反思的**自为**,因此,那是**自在**吧。不过,对萨特来说不是诉诸那种推论,而是基于被注视的我对他者来说变成一种自在的对象,被剥夺自由的超越而趋于凝固的事实,虽说如此,但也许容许反驳。那么,让我们试着考察"事实"。

所谓看守在感到被注视时非反思地意识的"自己",是怎样的自己?难道首先不是作为看守这种"角色存在"的我?他无疑确实通过某种方法意识到被人看到打瞌睡那种面貌的自己。否则,他不会发出"啊"的一声吧。然而,他并不是首先明确地意识到打瞌睡的面貌的自己,然后变化到像看守的态度。虽说也可能存在那样的场合,但是一般,他是在感到被注视之后才转变到像看守的态度的,关于打瞌睡的面貌的自己的明确意识毋宁说是事后的显现,这才是实态吧。在我们看来,第一性地意识到的,是作为看守的应有的我,是以具体的样态履行角色的**应有**的自己。

作为这种"角色存在"的自己,与作为以打瞌睡的面貌而被注视的"被视存在"的自己乃是不同的存在方式。这两种存在样态在所谓**反思**的"自为存在"区别于应有的我的他为的存在方式这一点上是共同的,这一点不用说是同时应予铭记的。(不过,萨特学徒也许会说,我们所谓的"角色存在"是自在存在的一种存在方式。不过,关于这一点在后面的讨论可以回答吧。同时,虽说"被视存在"也接近萨特所谓的"他为存在",实际上并非完全相同。关于这一点也当在后面的讨论加以明确。)关于"角色存在"与"被视存在"的相互关系且留待下一节讨论,接下来就这一点我想作暂定的臆言。——"被视存在"是现实的知觉的现象。与此相对的"角色存在",是自己**应有**的存在方式,在现实上与其说是不在,不如说是未在。角色存在所"表现"的该存在方式,作为被视存在的自己**应有**的存在方式,它不是"被视存在"这种否定性(虽说如此,但这只是暂且的区别性）中"存在"。而且，作为"角色存在"的存在方式，虽说受制于例如与作为看守的那种场合相适合的存在方式这种规定性，并非**完全**"自由"的"可能态"，但具体的存在方式并非一义性地被决定的。

若暂且根据上述问题点来阐述，人在对"被视存在"进行非正题的意识中**成为**"角色存在"。当然，这种"成为"，并非总是"反射的"。我们特别应予探讨的是，它**并非**反射的场合的结构，在涉及成为这种"逃脱自身"的"角色存在"的超越之前，且联系萨特的例子，来验证我们的论点。

当萨特的"窥视者"感受到他者的注视时，在他的意识中显现的，果真是贴在门上的自己的身姿吗？萨特的例子难以指出"角色存在"的具体存在方式的情况，假如该男子是看守而在职务上窥视囚犯的动静，将这两种情形相对照地考察的话，事情就很明了。萨特先生在第一性上所意识的，与其说是作为贴在门上的不好看的"被视存在"的身体的自己，莫如说，难道不是**必须**进行窥视这种否定性中所显现的"角色存在"？因此，他若是看守的话，就算感到被注视也不会"啊"地一声将眼睛从锁孔转移吧。虽然"必须窥视这种角色存在"这一说法在日常的用词法上的确不自然，但作为本质的事态，我想可以指出在萨特的窥视者的场合，仍然有着在将作为"被视存在"的自己加以非正题的意识中，"反射性"地向"角色存在"而"变身"这一结构。

我们当然不打算强辩说，几乎没有意识到"角色存在"，而完全只是意识到绝对没有作为"被视存在"的自己这种情况。但是，即便易于认为萨特的"他为存在论"似深中肯綮的事例，若再加思考，则可知它大部分失当。我们来一瞥他喜欢看到的"自负"或"羞耻"。

"自负"或"羞耻"不是"他者面前的自己（de soi devant autrui）的意识"吗？我们可作如下回答。只要与"被视存在"这一契机相关，就确实如此。但是，当中介了向"角色存在"的"逃脱自身"的"超越"的契机，"自负"或"羞耻"的本质绝不是"被他者注视的我的身体"的意识。举例来说，在大臣或将军抱持感到被注视的自负之念，而采取傲慢的态度的场合，他是意识到作为"角色存在"的自己，而不仅仅是意识到"被视的自己"。这一说法可能不足以构成对萨特的批判。萨特本来就没有区别被视存在和角色存在，虽说是"角色存在"，那也只是出于他者所认为的"或然"的自己的存在方式，是萨特所说的作为"他为存在"的自在，云云。这种反驳也有一定道理。可是，这时我们想指出的是，例如像大臣的妄自尊大的态度这种"角色存在"，不同于难以否认并产生误解的我的存在方式（对于存在误解的朋友来说，我实际上**处于**那种存在方式）这种萨特的"他为存在"，大臣是主体应有"计划"中"逃脱自身地参入""未在"的存在方式，萨特的理论忽视了这重要的一点。那正是因为萨特忽视"被视存在"和"角色存在"的二肢结构这一事实。关于这一点且留待后面进行主题性的讨论，现在让我们来考察羞耻的情形。裸体被注视的问题，在某些文化圈并不构成羞耻的机缘。在与必须注视裸体这种"角色存在"（这一说法，与前面的"窥视"的场合一样，虽然作为日常的表现是奇怪的，但作为事情而言应是可以成立的）的反题中，裸体才引发羞耻心。因此，以作为被视存在的身体的自己的自在性存在方式为论据，萨特的论述无论如何也难以认同。不过，从羞耻这一现象本身来说，与后悔意识等场合一样，羞耻意识缠绕着某些"无可挽回"的觉识。在这一点上，萨特所说的他为的自在的或然性固定化这一立论容易入世俗之耳。裸体或不道德行为一旦被现场发现，此后即使穿上衣服改变行状，"被看见"这一事实作为被视的存在的某种存在方式也是不可能取消的。但是，光是这一事实性不会产生羞耻意识。正如若同时思考一下悔恨等心情就容易理解，这与它没能从**不应有**的角色存在"逃脱自身"地"**变身**"这种事实性，换句话说，进行了**不应做**的角色存在，围绕这种角色遂行的事实性不能取消有关，而且它与**使得现在**的嘲笑、责怪**不断曝光**这种事情相关。这样看来，羞耻，在原基上，应该说是角色行为的失败，即从被视存在的自己到角色存在的自己的"逃脱自身的变身"的**失败**，在人眼前**扮演**了如此失败的关于自己的意识。

以上，我们指出了萨特定位于他的自在/自为二元论图式的作为一种自在存在而规定的"他为存在"不符实态，主张应该着眼于他为的自己所具有的"角色存在"和"被视存在"的二肢性结构来进行把握，为了详述我们自身的论点，接下来必须深入探究这两个契机与他者的结构关系。

[二]

虽然要保持与前一小节中"被—他者—注视—着"（être-vu-par-autrui）、"他人注视我"（on me regarde）这样的萨特的论述的接点，应停留于以他者为"人眼"这一非人称的维度。但对于我们来说，为了奠定非人称的他者的形成结构，我想首先定位于与具体的他者的关系，以及具象的角色扮演（role-playing, role-taking）的场面。

举例来说，假设外人在我的眼前和颜悦色地停下来径直伸出手的样子的场面。我准反思地意识到作为伸出右手与之握手的"角色存在"的自己，并且同时意识到伸出右手的作为"被视存在"的自己。这时，进行握手这种角色存在并非我自发的"计划"。被期待握手这种角色行为（这种存在方式）的我，或在被"打招呼"的相貌中的我，突然"在意识域中出现"，这是实情。作为这种"角色存在"的自己，效仿萨特之謦，对于他者而存在的我的存在方式，大致可能有这种情况。但是，实际上那并非正在被视的我，不是凝固为自在存在的身体的自己，而是被预期的"未在"的我。

作为"角色存在"的自己，我不是自发地计划的东西，只要处于他者的期待中，就归属于他者。（我认为）那是作为我应当的存在方式而被他者所预期时我的存在方式。在此意义上，在准反思中而意识地出现的作为"角色存在"的自己，如果从反思的角度来说，就是作为**归属**于他者（归属于我）的我的存在方式。然而，握手这种角色行为的**应有**的存在方式，这种"被—他者—招呼—着"的存在方式，在前反思中，确实是在意识域中所显现的，它未必从一开始就归属于作为当事他者的对方。这与感受到注视之际的看守的角色存在未必从一开始就**归属**于特定的他人或"人"是一样的道理。不过,角色存在,是在第一性反思的局面中作为他者"所期的归属"的东西来理解的,进而在反思中,这种向他者的"所期的归属"被意识为出现于**我**"眼前的归属"。虽说如此,相对于萨特所说的他为存在在本原上是出现于他者"眼前的归属",我们所谓的"角色的""被视的"自己,在原初上是**非人称的归属**或**前人称的归属**,是在反思意识中才向某人归属化的。在此意义上,所谓"角色存在"以及"被视存在"的**他为性**,并非现象的直接的规定性。(当这样记述时,萨特的学徒或许会非难说此乃将萨特特意确立的"扩张的'我思'[cogito]"清零,总之,我们必须防止对实态的错认。)

让我们进一步来讨论。首先是在准反射的场合,角色行为在**前反思**的"反射"地进行完的场合,即使那是以"注视"或"招呼"为机缘,也只是准反思地意识到我作为被视存在的自己向角色存在变身的轨迹(可谓"被视存在"被吸引、流入"角色存在"的样态)。确实,当反思这一事态时,我自己被卷入他者的"计划",能够意识到被束缚,同时,通过进一步反思能够知道"变身"的我的轨迹目前归属于他者。但是,归根结底,那不过是事后的反思。

即使是这种"反射"的角色行为的场合,也必须记得将与萨特的对质放于心上,他者的注视并不是使我石化(凝固),使作为被视存在的我向作为角色存在的我"变身"这一点。然而,尽管如此,这种反射的"变身"并非**自为的**"逃脱自身"的计划的**超越**。

我们现在已能够记述地分析角色行为在自觉地进行的场合的现象之结构。在当中可看到两个阶段的过程。作为"角色存在"的自己的存在方式,**他者**所期的归属(非归属于我),即作为非归属于我的东西,而且作为不同于"被视存在"的我的东西,即作为**不是我的东西**,要言之,在双面的否定性(当前的区别性)中被反思地意识。但是,就第一阶段而言,无论认识的角色存在,或者角色存在的认识,都并非在此之外的东西。即使这里更进一步重复反思,将作为该事态及其契机的他为的角色存在归属于自己,它也仍没有超越认识的范围。我是否揽入该反思地理解的"角色",这取决于我的决意的可能性。

自觉的角色行为在作为所谓"意志"行为而选取的场合,如下格式塔的变换将作为第二阶段而显现。在这里,作为"角色存在""被视存在"的自己、"当事他者",这些契机及其动态的关系结构在有机的总体性中而变样,出于叙述的权宜性,我想联系各个契机来加以指出。

作为"角色存在"被理解(ver-stehen)的自己的存在方式,作为意义的所知虽是明晰的,作为与件的现实的存在方式却未必判明,这种不确定(indetermined)的可能的存在必须选择性地整型化(在日常表现上也包含所谓"拒绝"的场合)。那么,当对该可能的存在方式加以选择性地整型化来进行表象(vorstellen)时,这已不是当初所理解的"他者所期的归属的角色存在",而是出现于**我**眼前的归属。在此意义上,选择性地整型(着实的计/划)的我的理念的应当的存在方式,乃是我的表象(Vor-stellung＝pro-jection)。而且,卷入了作为"被视存在"的自己,作为应现实地出现在眼前(her-zu-stellen)的东西,在那里确立(vor-her-stellen)。这里,开始作为**他**为的我的存在而归属于他者的角色存在的自己,现在已被我自为地整型化,我基于那才是应有的我而筹划(ent-werfen)我的存在方式,换一个视角说,被视的自己向着(auf-geben)①那逃离自身而抵达超越的应有存在方式的课题,虽说同是"角色存在",现在已作为他为的自为＝自为的他为而在场。

作为"被视存在"的自己,每每只是置于这种计划的自为化的角色存在之前的表象(vor-stellen),指示着快速变样的倾向。但是,一般来说"被视存在"从曾经的准背景＝准图形的存在方式变样为明晰的格式塔的存在方式,而且不光作为所知的身体,还作为"被操纵—操纵"的身体的自我的所动的能动＝能动的所动而出现。变样为这种存在方式的被视的自己,作为暴露于他者的注视的"被操纵—操纵"者,支撑着转变的计划。这种所动的能动＝能动的所动(即使在第一阶段是作为"被视

---

① ◎auf-geben:德语。"课"。名词形 Aufgabe,"课题"。

的自己"而归属于他者)现在已真正作为角色遂行的自为主体的自己。并且,这种作为他为的自为＝自为的他为的被视＝能视的自己,与下述在向那种整型化的角色存在而逃脱自身地使自己变身的超越的计划中(这里省略论及可谓角色行为的舞台或工具的现存世界的用在的诸契机)的"当事他者"有关。

"当事他者",既作为对那种角色存在的我的他为的存在方式而期待使之归属者而出现,也通过我对该角色存在选择性地整型化,应予出现的这种自为的我的存在方式已演变成并不归属于他的东西,在此意义上已不是角色存在的归属者。但是,在我的选择的整型的基本框架通过"当事他者"所期待赋予的角色而被规定的意义上,虽说我自为地重新限定了它,但作为角色存在的我的他为的存在方式依然现存着他"所期的归属"这一结构本身。而且,若鉴于我的计划的变样的机缘,他就是所谓"招呼"者,我的逃脱自身的角色行为是对其"应答"。

但是,我决意进行的逃脱自身的计划,若从与当事他者的他为的关系来看这种计划本身,尽管在机缘上是被动的应答,却是一种"回视"。然而,注视(regard)不同于萨特的错认之处,即使逃脱自身地使被注视的对方转变,也并非使之凝固的东西。注视,毋宁说是一种"招呼"。我在应答的角色行为中,不,在应答的选择的整型化之际,期待地表象当事他者的一定职位的存在方式。我在与这种期待地表象的对方的对**我**的角色的共轭性中,对他为的自为的我的角色存在整型化,就前面的握手的例子而言,对方径直伸出手的位置,象征与之相握的我的手的存在方式,计划向这种象征的自他的存在方式"逃脱自身"的"变身"。要言之,我的逃脱自身的计划以与当事他者的共轭的角色行为为志向。

但是,在我的理解当中,他者作为具有拒绝我对他所期待的**他**的角色行为的可能性者而出现。我无法确定地知道他如何对他的角色存在进行整型化?即使我的逃脱自身的计划是对他的"招呼"的"应答",但在我的自觉当中,他也总是具有背叛它的可能性。我"遇见"他者,他的**自由的主体性**这一点即使不过是**我的设想**,但总之对我(的意识)来说是作为计划的自由的主体，即对我来说，不能将**对方的计划**作为随意的存在，而是与我的注视对峙。

在自为地计划作为角色存在的自己的场面，我正是"遇到"这种"作为主体的他者"。"相遇"，确实是与作为主体的他者，作为自为的他为＝他为的自为的我的逃脱自身的对峙。在我的意识中（即使那不过是设想），那是主体与主体的相互主体的"呼应"。作为自为的他为＝他为的自为的自己，就这样，在以共轭的角色行为为目标的逃脱自身的计划中，与作为前存在论、前认识论地计划的自由的主体来理解的他者相遇。

他为／自为的我的计划，并非缘于他者的即时性，我的念想，乃是缘于他的应答的自由，缘于其超越我的计划而可能遭受的挫折。但是，挫折直接成为新计划的动机。正因为如此，使我先前的计划遭受挫折的他者的应答，在存在本身中构成新的"招呼"。这样，我的计划，每次都难免以与他者的共轭的角色存在为意向这一结构。并且，在这种共轭的角色行为中，"被视的—角色的"我，作为他为的自为＝自为的他为，而他为—自为地在场。

［三］

前一小节所说的"共轭的角色行为"，不只是狭义的协同的行为，它还涵摄诸如"期待的无为"或"敌对的格斗"——因此，它也将海德格尔所谓的"漠不关心的态度"或萨特所谓的"相克"作为特殊情况包含在内——不过，我想把这种广义的"共轭的角色"的主体间性的行为称作"共同活动"（Zusammenwirken）。角色行为，只要角色在本原上是共轭的，就必然是"共同活动"。

作为他为的自为＝自为的他为的角色存在在主体与主体的相遇中是主体间性的（交互主体＝共同主体）**共同活动**的存在，可以说人类存在是在这种存在方式中"共同此在"[①]（Mit-dasein）。

[①] ◎共同现存在：参照本书第36页脚注。

共同活动，并非基于自为的共同的计划，它既有自在的"共同活动"的情况，也有一方将另一方贬低为单纯的手段的存在的场合。不过，虽然说是将他者手段化，但如果与仅将他的肉体作为纯粹的物体来探讨的场合区别开来，他者之所以能有作为手段的功能，在于他能动地扮演我期待的角色，他者正是在这手段化的可能性的结构中，具有通过他的自为的计划超越我的意图的可能性。人们也有通过自为的计划将对于他者而言的手段的角色存在往我身延请的场合。为此，恐怕连可能形成施虐狂者（sadist）和受虐狂者（Masochist）的自为的共同活动这种场合，施虐狂（sadism）或受虐狂（masochism）也未必是萨特所规定的那种他的自在。这样，甚至在将他者作为单纯的手段来对待的自在的"共同活动"中，也可能存在共轭的相互主体性的结构。

那么，这里用不着追认，我们的立论还遗留着重大的先决问题。那就是"他者的主体性这一点岂非只不过是我的设想（hineindenken）？"这一疑问。在前一小节中，我们的讨论自然而然的封闭了以萨特之流的方式赋予"主体—他者"以权利的途径。自觉地重新把握萨特关于他人的主体性的以往的"存在证明"的各种方式无不以失败而告终这一点，并试着以全新的方式加以解决。并非吝啬对这一点给予评价，实际上，我们正是由于这一点才将萨特的所说置于念头来进行讨论。可是，萨特的"主体—他者"的"存在证明"的企图，即便能在近代哲学的地平内处于最高的水准，但归根结底是以"自为—自在""主体—客体"的二元性截断的构图为大前提的，我们不予采纳的原因便在于此。对我们来说必须变换问题机制本身。

为了响应这一课题，我们必须再进一步确认"共同活动"的存在结构。共同活动，与爱或格斗等直接的身体的交涉的维度，以劳动等间接的手段为中介的对象性活动的维度，会话或观念的扮演的维度等，有着维度的区别，与此相应，当事他者涉及具体的特定个人，也有不特定的人们，乃至非人称的他者，这里我们若能瞥见共同活动中的基本事实就足够。

共同活动为了作为共同活动而存在，不仅期待当事他者的角色行为，而且必须观念地扮演他者计划的角色存在。在观念地扮演他者自为地整型化的角色存在，自己也可谓逃脱自身地参入了其中的场合，活动顺利地进行。这时，关于自己一方的存在方式，为避免与前一小节重复，我想聚焦于对我而言的当事他者的"他为存在"。例如，在捣年糕时，在我扬起杵的当中，捏糕人将手伸入臼中去捏。我不光把将周围部位的糕饼移至中心部位的对方的手看作处于那里的手，还预想接下来的瞬间那只手缩回，在捏糕人将手缩回之后才迅速把杵捣下去。在捣下去的瞬间已由桶中冷水沾湿的对方的手，在举起杵的瞬间又迅速将手伸入臼中，这次将周围部位的哪部分的糕饼往中心部位挪移，接下来**被**期待应捣的地方是哪个部位，我对这类的情况在瞬间就有所了解。对方的手，不是单纯的被视存在，而是在接下来的瞬间以应有角色的相貌而被期待地知觉。而且，在那种被视的存在方式中，招呼我方的应答的角色行为的具体相貌。对方的手，在接下来的瞬间使人期待地预想其存在方式的同时，又在接下来的瞬间期待地告知并"招呼"我的角色存在的存在方式。我不是将对方的被视存在看作单纯的与件（als solches），而是之上的某物，即他作为角色存在以对我有所期待的未在的存在方式的相貌而被知觉。而且，我前反思地了解这种期待地预知的相貌与当事他者的可能的计划相关，因此，一边考虑方位错位的可能性，一边不断地留意不要砸到对方的手。不过，单就此意义而言，没有超出预期的不确实性的范围，不论是对方的现实的被视存在还是超现实的角色存在，都是我的对象的**所知**，而不是能知的主体性。尽管这样，这种"被视的—角色的"当事他者，在共同活动的实践中则反过来注视在场的我，我的他为的角色存在显现于意识域的正是他的"被视的—角色的"存在的现存。我的角色存在之所以能够是他为的自为＝自为的他为，正是作为这种"被招呼＝招呼"者的当事他者的现存。

我们并不企图在共同活动中通过他为存在的存在方式赋予"主体＝他者"的**存在**以权利，而是暂时想在为所谓类推说、移情说或他我知觉说所忽视的"心理维度"上的"他我意识"的存在结构的问题场面，实现自为化。为了架设"心理维度"和"存在论的"维度之间的桥梁,我想追补若干的论点。

当共同活动的角色行为无破绽地进展时,不论对于他者的期待还是关于自己的决意的整型,"惰性化"下去乃是通例,作为"被视的—角色的"存在的他者与作为"角色的—被视的"存在的自己的双极的他为的自为—自为的他为的结构关系态,在其胸襟中成为"连体双胞胎"的"协存体"。因此,正如上述管弦乐的例子,自他的身体的分节成为准背景的＝准图形的,出现身体的自我的放大。

在自为的共同活动中,通过共同地计划的角色遂行这种主体间性的实践的相互关系,当事者们成为"一心同体"。使之成为可能的共同活动的机制,连在并非真正"自为"的"共同活动"的场面,也得以形成疑似的"协存体"。若援用马克思的话来说,在工场手工业的作业场"由局部工人组成的总体工人,用他的许多握有工具的手的一部分拉针条,同时用另一些手和工具把针条拉直、切断、磨尖等等"①。"工场手工业时期所特有的机器始终是由许多局部工人结合成的总体工人本身。……局部工人作为总体工人的一个肢体,他的片面性甚至缺陷就成了他的优点。从事片面职能的习惯,使他转化为本能地准确地起作用的器官,而总机构的联系迫使他以机器部件的规则性发生作用。"②(K. Marx: *Das Kapital*, Bd. , 1. MEW. Bd. 23. , S. 365. et seq.)我们这里应铭记的是,在这种自在的共同活动体中,甚至连共同活动存在的物象化也是以主体间性的同调性为存在条件的,正因为如此,如马克思作为一般论述而指出的那样,"劳动者在有计划地同别人共同工作中,摆脱了他的个人局限,并发挥出他的类的能力"③(*Ibid*. , S. 349)。

协存体的存在的形成以分担的角色行为的顺利进行为条件,自在

---

① 《马克思恩格斯全集》第 44 卷,人民出版社 2001 年版,第 399 页。
② 《马克思恩格斯全集》第 44 卷,人民出版社 2001 年版,第 404—405 页。
③ 《马克思恩格斯全集》第 44 卷,人民出版社 2001 年版,第 382 页。此处引文中的"类",中文版译为"种属"。

自为的协存体,要求共同活动者之间在关于对象的情况(situation)的认识的共同一致以及关于他者的角色行为所期的预料的主体间性的一致。因此,所谓协存体的实际存在,关于状况认识以及共同活动者的计划的了解是与达到具有共同主观的同调性(conformity)的事态相联系的。

我们省略关于这种主体间性的同调性的形成过程的发生论的讨论,毋庸赘言,那是他者的立场的观念扮演(一般是以语言交往为契机的所谓相互理解)这样**一种共同活动**所具有的东西。那么,所谓观念地扮演他者的立场,通俗地说,所谓理解他者,或多或少是使自己的存在方式受到影响,使作为能知的所知＝所知的能知,能动的所动＝所动的能动的自己的存在方式具有一定的变容。其结果是,至少只要联系"经验的主体"的维度,通过日常实践中的共同活动的过程,别说"高维的意识态势",甚至知觉的分节的方法这种"低维的意识态势",也能达到"意识主体""精神的能知"的同构化。这一点在"日常的省察"的维度上可以说没有异议。

但问题是,无需再次确认,这一点带有的存在论、认识论的权利。以为我们在共轭的角色行为之际与作为主体的他者相遇,在自在自为的共同活动中作为"主体的我们"而在场。然而,别说自他的交互主体的同构性,即使从"主观—他者"的**存在**这一点来看,在"哲学上"也是未决问题。现在要处理这一未决问题,必须将论题转移到与身体的自我相区别的"精神的能知",以及作为所谓"先验主体"的认识论的主体的维度。

第三节　先验主体与共存性维度

为了世界像的交互主体的形成,以及同时使与此相照应的认识主体的交互主体具有认识论、存在论的基础,必须扬弃作为近代哲学之流的基本"前提的理解"之一的"意识的各私的人称性"的大命题本身。另外,"意识在本原上是内属于当事人的人称性意识"这个大命题,与那种

"物—心"的二元性分离相联系,伴随着"意识作用(精神的能知)的直接的与件只限于意识内容(知觉心象、记忆心象、观念的表象等)"这一理解——换句话说,"对我的意识而言外在存在充其量只能够通过意识内容而间接地认识"这一理解。因此,对于我们来说,有必要从第一节所探讨的"世界的三分肢图式"即"外物—身体—精神"的存在的截断的再探讨更进一步,将"外在存在—意识内容—意识作用"这种三项图式的根本性再探讨纳入范围。

但是,这里我想将探讨该"三项图式"本身的作业停留于必要的最小限度,而聚焦于认识论的主体的交互主体,以及世界像的交互主体的基础。

[一]

兼作问题点的确认,我想首先围绕"他我"**认识**的难题来进行分析,然后推进认识论的主体的问题机制的讨论。

我们坚信不疑日常意识中的"主体—他者"是**实在**的。但是,我们果真能够知道"他人的心"吗?"他人的心这种东西不能**直接地**知道。他人的意识以表情或语言这种身体的、外部的表现为线索,至多只能够间接地知道"。——这是"近代的常识"的回答吧。

这里马上会产生"哲学的"疑问。如果以身体的、外部的表现为线索只能间接地察觉,那么推测察觉了的内容,其实岂不是我随意的想象?当然,其机缘可不断通过对方的表情,对方的表情,我对推测进行修正。然而,那岂不终究是**我的**意识(**我认为是对方的意识的我的**意识),而不是对方的意识本身?因此某些哲学家自问:"当我推测与他人有所关涉时,也许对方实际上并没有意识到。被人们做出的与人一模一样的精巧机器人的'表情反应'欺骗,以为对方有意识岂不是我的错觉?"究竟如何在**原理**上保障这种所谓的"他我认识",以及"他我的存在"不是一种"错觉"?

对于这种"无聊"的设问,读者当中也许有人会说把对方的头脑"用手术刀解剖一下就解决了"。然而,解剖之后虽说能够看到脑髓,但并没解决问题。脑髓的存在和身体的表现的存在,在当前的脉络中在权利上是同格的。怎么能说若是存在脑髓就存在意识?谁都无法解剖观察自身脑髓和意识的关系。按照一般的看法,实际上别说死尸,就是处于昏睡状态的人物,即使有脑髓,也没有意识!"具有意识的存在"这一"认定"的心理机缘,毋宁说是外表的行动样态,而不是内部的生理结构。实际情况是,在**首先**进行"具有意识的存在"这一"认定"的基础上,才根据解剖的结果将意识与脑髓结合起来吧。然而,问题正在于该与件所谓的"具有意识的存在"这一**先行的认定**正确与否。——基于这种情况,在这种场面提出脑髓或神经组织乃是本末颠倒。

被称为近代哲学的"最大难题"之一的这种"他我认识的难点",确实是"无聊"的问题。但是,那种所谓的"难题"究竟是从哪里开始产生的?无需再次指出,它源于那种大前提,即"我能够意识的是终究只是我的意识,而无法直接地意识他人的意识"这一理解。只要从这种前提性理解出发,与其说关于他我的不可知论,倒如不说唯我论才变成了其最合适的理论。

那么,如若强辩"不能直接地意识他人的意识"即可完事?确实,在逻辑上也许能大致解决。实际上,马克斯·舍勒①等提出过"他我知觉说"。相对于"类推说"或"移情说",它归根结底没能超出"我所设想的他人是**我的意识**"这一范围,如果以此为"直接的知觉",就能够将他人的意识本身**作为对象**卷进去。可是,那种所谓的直观的知觉果真现实地存在吗?即使假定存在,只要万一它被看作属于**我的**人称性意识域的东西,那么即使强辩为"他我知觉",也并不能解决。

对于我们来说,必须超越这种讨论的地平本身。正如看准问题机制就很明确的那样,论者们从将"意识"或"自我"这种东西关在"皮肤内

---

① 马克斯·舍勒(Max Scheler, 1874—1928),德国哲学家。在现象学、价值伦理学、知识社会学及哲学人类学等领域卓有建树。著有《伦理学中的形式主义与质料的价值伦理学》《知识社会学问题》《哲学与世界观》等。

的身体"这一情况的**构图**出发——在那里,沿袭曾经所假设"灵魂"的实体,"意识"被看作这一实体的属性在那时的构图——因此只要不扬弃从存在上截断"外物—身体—精神"的三分肢构图,别说他我的"存在证明",甚至连"他我认识"的问题也得陷入悖理。

我们已在第一节中附带探讨了所谓的三分肢图式、身体的自我的膨缩,探讨了当中的能知的所知＝所知的能知的浑然一体相貌和自他的连体双胞胎式的接合相貌。我们通过定位于这一点,能够消解当前的疑似难点。虽说如此,第一节的讨论本身,尚未能直接处理我的意识和他人的意识这种"意识的人称性"的问题。为了处理这个问题,必须多少详述先前停留于确认论点的所在的"精神的能知"这个问题。

在第一节的[三]中,**既然承认能知和所知的反思的区别**,虽说我们也将身体的自我完全置于所知方面的能知,阐述了必须设定这一意义上的"精神的能知"的概念的想法,但并未在那里深入地说明理由。我们的立场是,能否因为不允许能知和所知的存在性截断,就否认两者在原理上的区别? 以这一应有的疑问为线索,能够比较合适地进行详述。——如前所述,"刺入指尖的**棘的感觉**"和"被棘刺的**指尖的感觉**",可认为是作为所与的事实是完全同一的与件。但是,两者在意义上是不同的,即虽然两者作为"直接的与件"是同一的,但作为"意义的所知"是有差异的。这与在反转图形是同样的道理,例如鲁宾的杯子①,将其作为"杯子"来知觉,还是作为"面对面的脸"来知觉,作为意义的所知是完全不同的东西。另外,这与相握的左右手的哪一只都能作为能知而

---

① ◎ルビンの盃:"鲁宾的杯子"。如下图,杯子和侧脸进行反转。另外,广松后来在《存在与意义》第 1 卷开头对这一事例重新作了深入的思考。(译注:《存在与意义》第 1 卷,彭曦、何鉴诗,南京大学出版社 2009 年版,原书第 2 页。)

被意识的反转也是相通的事态。详细的讨论请参见第Ⅰ部的"第一章",不仅对象的知觉,现象一般也不是作为单纯的"直接的与件"(als solches),而是每次都作为单纯感性的与件之上的某物、它之外的某物,在意义的所知性中显现。这时所谓"直接的与件"和"意义的所知",不是作为实体的不同的两个东西而存在,而终究是结构的二契机,在意义的所知性中被知觉的现象,在相对于进一步的意义的把捉而位于直接的与件这种功能的关系性中存在,当勉强截断"意义的所知"来探究其存在性格时就呈现所谓理念的存在性格。因此,我们设定作为这种理念的"意义的所知"的能知的相关者的"精神的能知"。将这一点置于念头,让我们着眼于所谓的"反思的自我意识"。

自我意识——以那身体为辐辏点的知觉的透视(perspective)的意识为首,作为能知的能动的身体的自我的意识,进而,角色的-被视的他为的自己的意识,角色的一被视的自为的自己的意识,以及以他为的自为＝自为的他为的协存体的相貌而被觉识的"我们"的自己的意识,等等——可以区别为若干维度,总之,以这些"自我意识"为"直接的与件",将其在意义的所知性中反思地自为化的意识态势得以实际地存在。我想将这时的能知称作反思的"精神的能知",毋庸赘言,这种"反思的能知"进一步在反思中,再次作为所知而得以呈现。这样,当将能知的东西作为相对于每次的被反思意识的相关者而设定时,在逻辑上不能阻止无穷倒退。但是,作为每次的意识事态,该反思意识,在每次的反思的自为化中,都是现象的在场(gegenwärtig)。

这种反思的能知的结局果真能够称作"人称的**我**"？这是需要探讨的基本问题之一。但是目前,且向一般看法妥协,我想就将其看作"我"。当定位于这个"我"时,身体的自我的膨缩,我与他者的相遇或共同活动,可谓演出这些戏剧(drama)的舞台的"意识域",这个意识域的主体就成为"我"。换句话说,意识域＝现象的空间所显现的一切事情就成为"我"的意识内容。那么,这个意识域,所谓的外物,自他的身体,以及只是作为所知的**我**的精神,都一齐登场。因此,作为"意识域"的主体的"我",和在那里登场的我,至少**大致上**必须进行区别。我们不是先验主体主义的积极采纳者,为了表现这种区别,我想将"意识域"的作为现象之一而登场的我称作"经验的自我",将相对于整个意识域而存在的"我"称作"先验的自我"①。

　　这样将"先验的自我"作为人称的"我"来设定时,在"我"的意识域中,经验的他我当然也登场。在此意义上"我"认识他我。虽说如此,但那种他我(经验的他我)不过是"我"的意识内容,"先验的他我"即使存在,对"我"来说直接现存的也只是"我"的意识域。

　　前面,围绕他我认识的难点好像是在经验的自我的维度所产生的讨论,据实而言,他我认识的难点是在先验的自我(他我)的维度而存在的东西。

　　我们现在已就这种自觉地重新把握的问题机制提示了论点,以试着消解上一节有待解决的问题。

[二]

　　我们在上一节中,碰到了说法,即自为的他为＝他为的自为的"相遇",可是那只不过是"我的设想"这样一个先决问题。这时所谓的"我",不单是经验的自我,也是属于作为"先验的自我"的"我"的维度,正如前一小项中重新把握的那样。

　　我们不仅否认将意识域＝现象的空间内所表现的一切事象看作不过是"我"的主体的意识内容这种先验唯心论的立场,而且通过指出它的实态是在哪里及如何看错,明确了"不过是我的设想"这种讨论是无效的。

　　为了使论旨鲜明,我想假设模拟的场面,以确保定位于此的论点。——我正在与朋友一起在乡间小路散步。在此过程的一瞬间,朋

---

　　①　◎先验的自我:"先验的"原词是 transzendental(德语),广松在其他地方也使用,现行的译语是"超验论的"。

友吃惊地站住。眼前落着一截绳子,他以为是蛇,即他将绳子知觉(错觉)为蛇。从这个例子来说,将绳子知觉为蛇的是朋友不是我,在此意义上"蛇"的知觉归属于朋友。不过,我自身如果不扮演将绳子知觉为蛇的朋友的立场,那就无法理解朋友的错觉。在此意义上"蛇"的知觉也属于我。但是,那是作为归属于朋友的东西的"蛇"的知觉,不是作为我的我的知觉。然而,朋友也注意到我注意到他的错觉。他看着我的脸而不好意思,这便是证据。于是,我注意到他的错觉这件事,这件事归属于他。这样一来,我与朋友不断地使所谓的"套匣型"的涵摄重叠起来,通过可谓包裹—被包裹的方法,将所知内容相互归属。这时,注意到朋友的错觉的我,和注意到朋友注意到这件事的我,这两个我是否相同,虽暂时未决,但总之如上的事态已在"我"的意识域内产生。

让我们再进一步分析上述事态。眼前的现象的与件,对我来说作为绳子,对朋友来说作为蛇而被知觉。在这一场面中,通过感性的与件的知觉的映现之于我与朋友的差异这一领域,与件作为**它**被知觉的"意义的所知"①也存在差异。不过,在理解我朋友的错觉的场面,即在观念地扮演我朋友的立场的场面,虽然知觉的映现依然存在差异,但仍可存在将与件作为单纯的它之上的某物来觉知的"意义的所知"在两人当中是完全同一的"蛇"这一看法。进而在反思的场面,当然,这一看法也可能有坍塌的场合,但目前意义的所知的同一性这一看法就支撑着理解朋友的意识事态的确信。(这一点,假设从眼前的与件是语言形象的场合——无论它是通过该朋友而发生的东西,还是通过第三者而发生的东西——来考察就很容易得到理解。另外,这时也不必想象我朋友错视的蛇的具体相貌。即使泛起栩栩如生[Vivid]的想象表象,那归根结底也不过是副表象,不能原封不动地归属于朋友。我从准反思上可

---

① ◎意味的所知:在《存在与意味》第1卷修改为"意义的所识"的用语。这是为了避免"所知"概念是"能知"概念的相反概念,二者均为"所与"的相对概念这种二义性。[译注:"(现象的)所与-(意义的)所识"关系是《存在与意味》第1卷中"认识世界的四肢结构"的前二肢,其理论源头可追溯到佛教唯识宗五位百法。]

以了解我与朋友的知觉的映现存在差异。在我理解朋友的"知觉"的场合,同一性的看法终究是意义的所知。)这里,进一步推进讨论,着眼于朋友对我所显现的样貌。朋友,不是与绳子等东西同位地显现,而是作为与件的"蛇"的觉知的归属者,作为单纯的对象的与件之外的某人而现存。他吃惊地站住这种事态,我将这一感性的与件摆在"他将眼前的与件作为蛇来觉知"这种意义的所知性中来觉识。即我将朋友的视线或动作等身体的表现,作为将这种被视的存在摆在单纯的它之上的某物,而他将与件摆在如此这般的意义的所知性中来觉识这种归属存在来进行觉知。

被称为关于经验的自我的维度中的他我认识或他人的意识事态的认识的事态,存在于上述结构中。这种结构,当联系对象的所知被对方的身体直接定位的事例时,可以更直接地识别。例如,在朋友捂着脸颊面部抽搐的场合,我并非将他的表情作为单是那种知觉的映现来看。我将该身体的表现作为单是那种感性的与件(我所能看见的相貌的知觉的映现)**之上**的某物来觉知。(在没能把握这种"之上"之所以是之上的意义的所知性之处,存在着行动主义心理学的隘路。)我**并非**以朋友的表情为机缘来开始类推。我将该相貌与件摆在牙痛这种意义的所知性中来觉知,并且同时不是将他摆在被视存在性中,而是作为牙痛的归属存在者来觉知。确实,也并不是没有将他的牙痛类推地转移到我自身的牙而加以表现的场合。但是,这对于朋友牙痛的认识而言乃是非本质的契机,类推的转移并非他者认识。在所谓他者认识的**原初的场面**,不如说我是从放大、延伸的我的身体的自我的某个部位(朋友牙齿的部位)上对其进行感知的(若能想起第一节中"身体的自我的膨缩"的论述,则毋庸置疑,这不是以单一的"皮肤的自我"为前提的移入[Einfühlung]),正是因此,我了解该牙痛与我自身的牙之疼痛的透视差异,了解映现的差异。我自在地觉察感性的与件的映现的视角差异,而且在意义的所知性中我觉识的"牙痛"这件事被看作原封不动地归属于朋友。——他者的立场的"观念的扮演"或"归属于他者"这件事在原初上是向那种放大、延伸的身体的自我的该部位的自我归属。因而，将与件置于某种意义的所知性中来觉知，**使这种意义的所知归属于他者**的该结构，即使上述例子中的"表情"这种身体的表现在被置换为"牙痛"这种声音的表现的场合，也依然存在。若变换视角换句话说，语言交往正是在上述结构中才得以形成。

这样，所谓察觉他者的意识事态，不是原封不动类推地表现出呈现于他者面前的直接的与件的映现相，而是自在地觉察直接的映现的视角上的差异，把与件作为**其本身**而被觉识的意义的所知看作面向他者的归属性的事态之谓。那么，相对于这种他为的归属性的所知的能知是什么样的"我"*？为了确定这一点的步骤，我们这里且回到前面的例子，来探讨"朋友注意到我察觉他的错觉"这种"套匣型"的事态。

　　*这种"能知＝我"在原初上虽应以自他未分的相貌进行探究，但以下省略追溯这种未分的相貌。因此，假设纯粹认识主体的论者或将指出，先于他为的自我形成的能知才是应予探讨的问题。但是，关于这一点留待下一小项进行阐述。

我们在以上的行论中，把我和朋友看作似乎各自自我完结的两个存在，在此意义上，"**我**注意到他的错觉""**他**注意到我注意到他的错觉"的事态，每次都像是一人将他者包裹，诉诸一种空间的涵摄的表象作了记述。从我们本来的立场来说，这种处理方式未必有效。但是，若从这里开始谈连体双胞胎式的共存性，难免有论点先行的嫌疑。在这之前，就将陷入不断遮蔽（cover）他者理解的实态的结果吧。因此，为了厘定所谓的"连体双胞胎式的共存性"的自为的形成和存在的逻辑机制，我们现在暂且沿袭最初的理路。

那么，在"朋友将绳子错视为蛇""他注意到我察觉他的错觉"这两样意识事态中，若加以反思的把握，能知的主体哪个都是我。虽说无需再次确认，因为对于**作为我的我**来说，绳子终究是绳子，对于朋友来说显然是蛇，作为蛇的错视这件事，我观念地扮演朋友的立场，而自己只是停留于自己之内存在(bei sich sein),即只是"作为他的我"而被觉识的事态。另外在"他注意到被察觉"的觉识的场合,所谓的他,在反思上同样是"作为他的我"或"作为我的他",不是单个的我。要言之,现在讨论的作为能知的我终究只是在这种具体的功能关系场面中与他共轭性地在场。在此意义上,这种我不是自存的实体的能知,而只是单个的我之上的我,是与他同一化(identification)的我。

话说,在朋友将绳子错视为蛇实际上是误会这种情况下,我能够将自己的误解反思地自为化。其机缘也是通过他的表现而被给与的。这样,虽说在构图上前述的结构是永续的,但所谓的能知的我及其所知的事态的内容却已变样。其结果是,虽然决不可能保持绝对的稳定,但被给与的环境(situation)中关于身体外的直接的与件的意义的所知,以及关于对方身体的表现这种与件的意义的所知性的觉知,却形成不会发生错认的自为化的态势。即,在日常意识中我推测能够与对方进行顺利的意志沟通、相互理解,进展到那种"作为他的我"或"作为我的他"的自我形成的状态。

　　——从超越的第三者的眼光来看,即使这里的"相互理解"这种推测实际上完全是误解的连续,对于我们**当前**的讨论,也没有妨碍。暂且请予铭记的是,基于误解的自为的确认的修正实际上是能够进行的,而且尽管伴随一定的限制条件,但总之能到达"已消除认识上的'误解'"的程度而进展到"相互理解",这种**推测**(Meinung-Vermeinung)上的事实。虽然在日常意识中把这种事态的形成看作"完全的相互理解的实现",但是与"一生不醒的梦对当事人来说不是梦"一样,该事态的形成在"经验的自我"的维度上已具有单纯的推测之外的意义*。——这种相互的自我形成,不光是与特定的对方,在与相当广泛的范围的他者之间都通过"作为某人的我"的扮演而展开,并且,作为他我的能知的同一化的推测所形成的情况,没必要在这种经验事实之外来谈。

*关于这一点，请参照藤本隆志的论稿"语言与人"（载《语言》杂志创刊号，大修馆书店）第32—34页，以及大森庄藏精心创作的《语言·知觉·世界》（岩波书店）第23页。但是，笔者与大森的最终见解的不同点，在以下的行文中当能逐渐明确。

我们想探讨的，原本就不是上述"经验事实"，而是在当中自在地形成的认识主体的存在实态。

通过观念地扮演当事他者的立场的共轭的协同而形成的能知的我，在他为的自为的共同此在中反思地自为化的我，已作为日常意识中由皮肤所包围的个别的单纯的"这个我"之外的某人而被理念化。这一般在语言交往的场面，作为经历与不特定的他者的同一化（identification）的能知，每每扮演地处理特定的某某的立场，在反思上作为超越其个别性的某人，有着非人称的表象。在可能性上是任何人，而在实体上不是任何人，作为这种反思的能知"时刻都在进行的抽象化"（马克思）的结果，只要不具有现实的人格性的觉识，那么就只能用非人称的、无人称的"人"（man, on）①这样的词以难以指示的相貌而自为化。这种相貌中的反思的能知，如果鉴于那种"作为他的我""作为我的他"这种存在方式的非人称化的位相，那么可以称为"作为人的我""作为我的人"。当然，只要该能知是反思的"我"，虽说我有着作为人的存在方式，也不是完全避免了身体的自我的视角的特殊性。但是，在日常的既成性中，我像"人"那样去观察，像"人"那样去思考。（如上一节所阐述的那样，作为"角色存在"的他为的自己所开示的，一般来说，首先在于面向作为"人"的某人的非人称的归属的相貌。）实际上作为日常的事实，注意到朋友的错觉的我，也不是个别的我（个别的作为他的我，或个别的作为我的他），而是可以说在"作为人的我＝他"的相貌在场乃是常态吧。甚至在我扮演他者的立场的场面，在日常的既成性中，也是

---

① ◎「ヒト」man, on：参照本书第63页脚注。

像"人"那样去感觉,像"人"那样去思考,像"人"那样去做事。

那么,所谓像"人"那样去感觉,像"人"那样去思考,不外是在直接的与件的意义的所知性的觉识中,形成交互主体的同构性之谓。另外,所谓像"人"那样去做事,是在自己的角色存在的选取和角色行为中,形成主体间性的同构性之谓。这种交互主体=共同主体的同构性的"人",是作为认识论上理念化的所谓"认识论的主体"而设定的,在存在论上是被看作贬值的"人的非本真的颓落的存在方式",我们必须注意不要误判这些实态。

作为交互主体的同构的"人"者,其自身不是男性也不是女性,不是老人也不是少年。然而,不管男女老少,每个人都可以是"人"。虽说如此,那并非将人这种对象的存在总括为**类**的概念。这里,"人"呈现特殊的存在性格。尽管男女老少不是特定的谁,但谁都可以是**当中**的某人,如果将其自存地实体化来思考,的确可以说是一种形而上学的存在。(这里,不必进入对所谓各人都寄居着纯粹灵魂,假设其作为同构的实体的理论的批判。)但是,在实态上,当然那种"人"并非自存的实在。一般而言,"意义的所知",当从直接的与件独立化并追问其自身的存在性格时,与纯粹数学上的"存在"等同样,呈现现实—理念的存在性格,"人"也不在那个范畴之外。但是,某个现实的能知能动的主体只是**作为**"人"而处于这种反思的设定中,在此意义上,现实的能知只有以"肉体化"的共相(universalia in rebus)①的相貌才具有"人"的存在性。在此意义上,"人"就不是单纯的空无(nichts),现实的能知就作为**其人**而有效②。(关于这个问题的详述请参照第Ⅰ部第一章第二节。)

若积极地加以重新规定的话,所谓"人",就是在交互主体的同构化的相貌中的能知,诸个人从他者的立场扮演"作为某人的我",通过将直接的与件作为其觉知的意义的所知的交互主体的一致的推测,自己变

---

① ◎universalia in rebus:拉丁语。"万物中的普遍"。托马斯关于所谓普遍争论的解决,此即其标志性用语的转用。

② ◎gelten:德语。"有效"。

样地形成的过程的媒介的产物。如果从这一"成果当中消失的过程"（黑格尔）来说，所谓能知的交互主体的同构性，是将直接的与件作为之外的某物、之上的某物①而加以自为他为地把捉的"意义的所知"的交互主体的一致的相关者，从这种功能的函数的关系来说，所谓能知的交互主体的同构性，其每次的现实的能知都与以现实的所与作为其觉识的"意义的所知"的同构性相照应。

因此，所谓认识主体的认识论的同构性（isomorphism），并非与认识能力结构的先验的同构性之类直接相照应，而是通过共同此在而后天（a posteriori）形成的共轭的存在方式的一位相。鉴于这一事实，即使允许将能知的主体的同构化的既成性称作"人"，模仿黑格尔将支撑它的共同此在称作"作为我们的我，作为我的我们"②，该非特定人称的能知，也绝不是超历史超社会的同构。交互主体地同构的"人"或"作为我们的我＝作为我的我们"，为该能知卷入的共同活动的历史的、社会的现实态及其广袤所决定。这是因为，就觉知的交互主体的一致和同构性而言成为所与的对象的与件，对于观照的知觉来说不是物在的现存（vorhanden），而是在工具的有意义性等上手性③的诸相中用在地在场（关于这一点，请参照第Ⅰ部第三章"历史世界的共同活动的存在结构"），因为在这意义的所知性与角色行为的历史的、社会的具体的存在方式相关之前，原本就为直接的与件所开示，为共同活动关系的历史的、社会的状况所中介*。

　　*关于马克思、恩格斯在这一论点上的看法，请参照《德

---

　　①　◎etwas Anderes, etwas Mehr：德语。"其他的某物""之外的某物"，"之上的某物"。（译注：参照边码第 47—49、50、52—54、62、64、66—78、93—95、115、124、125、131、147、151、157、158、168、174、192、267、276、281、282、290、307、320 页。）
　　②　◎我々としての我、我としての我々："作为我们的我，作为我的我们"。参照本书第 37 页脚注。
　　③　◎Zuhandenheit："上手性"。参照本书第 49、82 页脚注。

意志意识形态》第一篇的底稿(Urtext)①第8页。

这样,在既成性中的能知(＝认识主体)作为在受历史的、社会的制约之相貌的基础上实现交互主体的自我形成的某人,抱持对象意识以及他者认识的推测。这里想确切说明的不是认识主体的同构性其自身(这归根结底不过是作为理念)。目前构成要件的,是认识主观的现实态,此乃通过他为的自为＝自为的他为的共同活动(和念想的东西)而成型化的"过程的产物"。

这里,我们对于上一节暂且只是前阶而有待消解的麻烦"难题"可作如下阐述。——在上一节中,考虑到论者们关于他者意识的一切"不过是我的设想"的论断,而停留于阐述"即使不过是我的设想,但我的意识中,我与当事他者也是相互主体地遇到,是作为主体与他者共同活动的"。然而,现在若根据这一小节中的立言,所谓"设想的我"是以那种可谓"作为人的我"的相貌而变样地实现自我形成的过程的产物,"我的设想"这种"我的意识"的现实态,纵然停留在设想的界限内,实际上也是通过与"他者"的"相遇"和"共同活动"的参与而规定的。

确实,论者们也许会说我们在共同活动中就算遇到他者,那也不过是"机器人"而已。然而,即使他者实际上是没意识的存在(论者们所说的"机器人"),该"他者"也决不能任意地由我操纵,而是通过一定的方法与我产生实践的相互关系,只有通过这种"共同活动的应答"才能形成"我的意识"的现状。而且,这种"他者"不同于参与我的意识之形成方式的所谓物的对象。因为,我是通过围绕作为"归属存在"的他者的错误和修正的过程,在与关于意义的所知把捉的他者的一致实现(这一想法)中,自我形成"作为人的我"的交互主体的同构性。这样,他者的在场以及与他们共同活动的共同此在(这一想法)就成为认识主体的我

---

① ◎ウアテクスト:Urtext。德语。手稿页的对照要求。本书出版两年之后出版的广松版《德意志意识形态》(河出书房新社,1974 年)[译注:《文献学语境中的〈德意志意识形态〉》,彭曦译,南京大学出版社 2009 年版]也附有手稿页。

的现实态的形成条件,即对"我的意识"来说,"他我"的在场就成为构成的契机,这一点即使论者们也会承认吧。

若暂且能承认这一点,我们可以将认为一切只"不过是我的想法"的论者们的主张——严格地说,如前一小节已经明确的那样,应称作"我"的想法——整个导向其自我否定。

我们现在已对"经验的自我"="我"和"先验的自我"="我",这两个维度与"作为交互主体的同构化的'人'的我"的相关性,通过联系对三项图式的批判进行了探究,拒斥了论者们的肤浅观点,这是为认识论的主体的交互主体及世界像的交互主体的存在性奠基的步骤。

[三]

我们在前一小节厘清了"经验的自我",即只是作为一种现象出现在"我"的意识域的能知的我,在其现实态中是作为"人"的我,或"作为我们的我＝作为我的我们"这种相貌实现自我形成的,因此,在谈到所谓"我的设想"的场合,这种"我"如果从经验的自我的维度来谈,毋宁说是"人"(作为的我)或"我们"(作为的我)的设想,那决不仅仅是作为个我的我的设想。我们现在试着确保关于所谓的"先验的自我"的维度亦有旨趣相同的论点。

所谓"先验的自我",其实态是什么？我们在前面设定了现象的空间的总体如同其[①]意识域的主体。而且附带指出了这种主体究竟是否人称的自我是应探究的基本问题之一,并暂且向一般看法妥协,将其标记为"我"。这里蕴含两重问题。第一,意识域所属的主观这种设定的方法本身隐含的前提是与"外在存在—意识内容—意识作用"这种三项图式相联系的构想;第二,该先验的意识本身的人称性的问题。

对于我们来说,必须首先从第一个问题来进行再探讨,正确地规定

---

① 即"先验的自我"。在前文中,广松"将'意识域'的作为现象之一而登场的我称作'经验的自我',将相对于整个意识域而存在的'我'称作'先验的自我'"(原书第186页)。

问题的机制本身。

使所谓的意识域(它的内部被看作属于"意识内容"即知觉像或观念等)**内属**的主体究竟是怎样的存在?那种主体果真是实在的?若变换视角来确立问题,所谓的意识域果真**内属**于某种主体吗?关于这个问题,在今日既然已经废弃了寓居身体的实体的灵魂这种构想,便没必要过多讨论。确实,人们在今日也为了说明知觉和观念的区别以及外物和知觉的区别,而谈论作为"比喻的模型"之一环的"头脑中的观念"或"意识内容",思考真正的"内属"。因此所探讨的是"精神物理的主体"与知觉或观念的某种特殊关系,这归根结底是属于"我"的意识域(=现象的空间)之内部的一种关系,这偏离了当前的问题维度。不过,其中一部分也许能够属于与那种"梦的怀疑"相联系的问题机制。即梦的世界这种意识域,也包含当中登场的自己,与"属于"睡着的我(即存在于梦的外部的我)相类似,现象的日常世界的总和也包含当中登场的自己,岂不属于先验的"我"这种假设。虽然不能对这种一生不醒的"梦"进行实证的批判,但是由于它是预设了三项图式才成立的讨论,归根结底是不合理前提的谬误。这里我们不必进入对该前提的主题性批判,我们无暇为这种没意义的讨论所纠缠,而只想积极地推出论点。

尽管废弃了实体的灵魂的假设,但依然存在意识域"内属"于人称的主体的臆见,先验唯我论或先验单子论①不能被消除的现状,是以何种事情为起因?换句话说,该臆见意含着意识域是内属"作为外框的主体"的存在这种意识。然而,若比较意识域的内和外,在原理上是不可能的,谁也无法对其进行澄清。

之所以产生向人称的主体透的内属这种臆见,在我们看来,是因为对在意识域的**内部**所发现的某种结构的特殊性的不合理解释。所谓特殊的结构,是人们在进行反思的**自为化**考察时,意识域呈现以自己的身体为辐辏点的透视的布置,自己身体的某些位移(闭眼或戴有色眼镜),

---

① ◎単子論:"单子论"。参照本书第218页脚注。

产生不同于他者身体的位移,给整个意识域带来强烈(drastic)的变样,是为这类意识域的内在要因。对于意识域,各人的身体的自我,确实占有特殊的地位。(与这一点相联系的,例如我的牙痛和朋友的牙痛具有不同的视角。)但是,这终究是意识域**内在**的现象的事实,并不能意味着意识域**内属**于各人这种能知。所谓意识域这种东西,无须说什么身体的自我的膨胀,乃是现象的能知的所知＝所知的能知本身。即便假设存在意识域所内属的能知的主体——我们刚将这种假想的能知标记为作为先验主体的"我"——其人称性也是完全不明的。

这样,我们在拒斥意识域的内属这一命题中,剥夺了先验唯我论或先验单子论存在的基础。但是,拒斥意识域的**内属**这一命题本身,并不能排除意识域的人称性。实际上,意识域呈现反思地定位于自己的身体的特殊结构,就这一事实而言还有着对意识域的人称的性格进行立言的余地。

因此,这里且遗留应通过别的途径予以探究的问题。这里,我们转移到前面确立的第二个问题,即"先验的意识域"的人称性这一问题。

所谓"意识域",即现象的(phenomenal)空间(＝常识中的这种客观的世界空间),**只要它是在反思的自为化**中定位于我的身体,以我的身体的自我为辐辏而归属,那么我们沿袭最初的用词法,将其作为"我"而称之为我的意识域。这时,如上述附带的条件已消极地意含的那样,是未反思的自在的意识态势或某种他为的意识态势,所谓的"意识域"并不是作为"我"的我的意识域。

若先把结论说完的话,意识域＝现象的空间,**自在地**,是非人称的、前人称的。——当这样表述时,可以预料马上会遭到反驳。意识,即使是非正题的,其岂不每每是(关于)我的意识——用当前的用词法来说是"作为'我'的我"的意识吗? 这一点,从那种"'啊'地回到我"的体验来看岂不是很明确? 我们已在第一节[三]中,论述了自为的自我意识是潜在于意识域背后的纯粹能知的显现。

现象的意识**未必**总是**人称**地被意识,它毋宁说是非人称归属的,现象的这一事实谁都无法否定吧。意识的人称性是自为化的,一般来说,存在于反思的场面。而且,**自为的**自我意识,其每每是作为一种现象而显现的自己(那是身体的自我的维度,"精神的能知"的维度)的意识域而辐辏地归属的意识,不是康德的意义上的先验统觉=我思(transzendentale Apperzeption, Ich denke)的意识。(不过,当对该自为的自我意识进行哲学的考察时,认为那是先验的人称性意识作用的体现的理论亦可能出现,如后述的那样,我们将对其进行批判驳斥。)并且,意识的人称性也能他为地被意识。若从浅显的事例来说,例如,听演说听得入迷,在一瞬间注意到那是演说者的思想而不由得发出"啊"声的场合,虽是不成熟的表现,但如既述的那样可谓"'啊'地回到他者"的"他者归属意识"。在自为地意识到在合唱的场合,也有"'啊'地回到**我们**"的场合。当然,当进而进行重层反思时,能够对"我正在意识"这种问题加以意识。虽说这一点是预期的意识事态而并非全部"内属"我的意识之谓,但这还是如前文已厘清的那样。

关于作为角色的—被视的存在的自己的他为的归属性已无需絮说吧。这里,若引用萨特的话来说,可以说"我被—他者—注视—着"之际的"他者,只要他是注视我,就是面对我在场的存在①……他人对我来说首先是'我是其对象'的存在,就是说使我获得对象性的存在②……在对注视的体验中,由于我体验到自己是不被揭示的客观存在,我就直接地并且和我的存在一起体验到了他人的不可把握的主体性"③。不过,如我们在上一节所详述的那样,不能以自为和自在非两立地反转,来定位自为的他为=他为的自为的共轭的相遇的实态。因此,也确实可看出与梅洛-庞蒂所指出的左右手的反转相类似的能知的自为和所

---

① 参见萨特:《存在与虚无》,陈宣良等译,生活·读书·新知三联书店 2007 年版,第 338 页。

② 参见萨特:《存在与虚无》,陈宣良等译,生活·读书·新知三联书店 2007 年版,第 340 页。

③ 参见萨特:《存在与虚无》,陈宣良等译,生活·读书·新知三联书店 2007 年版,第 340 页。

知的他为的摄动①的反转,但是,我们提出与梅洛-庞蒂的不同,即能知和所知的浑然一体相与作为现有的明显例子而列举的"合掌"相类似地遇到共轭的我和你,可以作为能知的所知＝所知的能知的自为的他为＝他为的自为的如实相而在场。我们可看出那里存在的语言本义上的"作为我的我们＝作为我们的我"。

意识的非人称的—人称的归属的诸相——也使那种"连体双胞胎式的"共存体的自在自为态的存在成为可能——不是超出"意识域"的东西,因此我的人称的自我意识,即使甚至连连体双胞胎的兄弟也难免具有那种透视的特殊性,那也绝不是特权的。即便那种"作为'我'的我",也是在"意识域"＝现象的空间"内—存在"②,我,不仅对他者,甚至对现象一般也不是特权的＊。这样,人称的自我归属意识和他者归属意识,即使具有透视上的差异,但在存在论的权利上是同格的。

＊关于这一点,也许多少需要详述。作为身体的自我的我,确实是特殊的一种存在,在其极大限度的膨胀态中,如第一节[一]中所确说的那样,可呈现现象世界的总体和能知的所知＝所知的能知的一体性。但是,那终究是特殊性而不是特权性。

确实,比如我只要戴上墨镜,现象世界的总体就会出现显著的变化,可以说我的在场对于世界的本在来说是一个特殊的规定因子。但是现象世界的该存在方式,与例如基于日食的变貌并非我的任意规定一样,对于佩戴着墨镜的我,是难以左右的与件的一事实。然而,根据我是规定的一因子,就把我看作特权的存在,这与认为若切断听觉神经,钟表的声音就消

---

① 摄动,指一个天体绕另一个天体按二体问题的规律运动时,因受其他天体的吸引或其他因素的影响,在轨道上产生的偏差。
② ◎内—存在:in-sein(德语)的翻译。海德格尔《存在与时间》的用语。Sein-in,指相对于杯子中的水的存在的应有状态而言,可以说嵌入世界是人的存在(Dasein)的应有状态。

失,对钟表的声音而言,我的耳朵是特权的同样地悖理。与这种悖理相联系,还有那种"内属"的臆见,总之,钟表声音的存在,虽说以听觉器官的"生理因素"为规定因子,但是若将钟表的机械运动或空气的振动这种"物理因素",以及不能听成"咕咕嗒嗒"的"嘀嗒嘀嗒"这种听法纳入范围的话,因其是包含以与他者的语言交往的既成性为媒介的"文化因素"才存在,故也不能看作"自我的特权性"。

这样,现象,即使从钟表的声音这一例子来看,也只是总世界的功能关系的结节,是该总世界的功能的、函数的关系的所谓显函数的一种表现。

在现象的世界中,我作为与所谓现象及其他现象为伍的那种显函数的一种表现而存在被**自我认知**,因此,那"作为人的我""作为我们的我"这种自为化不过是其一种位相。

以上,我们通过这一小节的讨论,拒斥所谓意识域是"内属"先验的人称的主观臆见,进而指出内属的自我意识的人称的特权性这种想法没有联系实态,陈述了人称的诸意识的存在论的同权性。我们还同时提示了在与前面"经验的自我"的区别中设定的"先验的自我",即假称为"我"的人称的主体,实际上,并非使意识域内属的"外框"的存在,归根结底不过是与反思的自我意识对我的归属性相照应的自为的自我意识,即我们标记为"作为'我'的我"这种东西。

若基于这一见解,作为"先验主体"="我"的我,不是与前一小节中作为能知的我的自我形成态而设定的"作为人的我"这种"经验的主体"的现实态不同途径的存在,所以两者是归一的。即,在现象世界中有着自为的自我认知的相貌的作为能知的所知=所知的能知的我,在那种交互主体的同构化的相貌中其"作为人的我",更准确地说,是"作为我们的我=作为我的我们"这一点被自为化。

这里,我们能够拒斥那种似是而非的"难题",即"无论是他者认识,还是他为的自为的相遇,不都不过是我的设想吗?"这一疑念。——我们当然可能在日常的维度上发生错认或深信。但是，提出"**一切**不过是我的设想"的论者们的先验唯我论或先验单子论的维度的主张，构成其关键的"内属"的假设乃是谬误。这种误想，要言之，源自对"意识域"中的身体的自我的透视的特殊性的错认，这是我们已指出的地方。——我们不单是拒斥论者们的臆见，还通过上述对它在何处及如何错认何种事态的论述，来超越与单纯的"臆断"保证（Versicherung）相对峙这种局限，这里若结合前一小节所论来说，它的实态非但不是"不过是设想"，原本论者们所谓的"设想"这一"我的意识"本身，是能知的他者们的存在，是面对他们的"意义的所知"的交互主体的分有，而且，相对于他者的我的他为的共轭的归属构成其形成条件。确实，甚至对"我的设想"来说，他者的存在和他者的认识* 也构成其存在条件。

　　*假设他者的意识真的是不可知的，那么我就不可能将"我的意识"作为**我的**意识来知道吧。——这里想立言的，不是指向唯我论的如下论旨的批判，即我这一**概念**是与你、他、她等相并列的同格的存在的内部作为同位的区别才形成的。然而，唯我论所谓"我"，由于欠缺作为同位者的"你""他"等而无法谈**我**。那充其量是独"？"论，云云。——我们想指出的是如下问题。哲学家们从意识必定是能够"'啊'地回到**我**"的**我的**意识这一假设，主张尽管他者的意识是不可知的，但至少仅从**我的**意识来说无法怀疑其存在。即使撇开笛卡儿不说，读者也能想起康德那个著名命题①吧。Das: *Ich denke* muß alle meine Vorstellungen begleiten können。然而，如刚才讨论的那样，"啊"地回到我的自我归属意识，与在他为存在等处觉识的（"'啊'地回到他者"！）他者归属意识，尽管视角不同，却是

---

　　①　◎カントのかの有名な命題："康德那个著名命題"。以下德文句子，见于《纯粹理性批判》第二版"先验演绎论"的开头部分，译为"'我思'必须能够伴随着我的一切表象"（康德：《纯粹理性批判》，邓晓芒译，人民出版社2004年版，第89页）。

同格的，不能看作自我归属意识的特权性。因此，"**仅从我的意识来说无法怀疑其存在**"这种讨论不能成立。"**意识**"能够作为我的意识而自为地存在，在于与他者的意识的共轭的他为性之中。

我们现在已填补前一小节中的某些不足，这应该是明示所谓先验主体性之所以是交互主体的结构，支撑世界像的关于交互主体的认识论的、存在论的结构的论点的步骤。

在前一小节讨论关于认识主体＝能知的我的自我形成的时候，我们省略了阐述交互主体的自我形成的先行条件，能知的原初的存在方式的问题。因此，从假设认识主体的单一的自我完结性的论者们的眼光来看，我们的讨论或许遗漏了关键点。论者们主张即便承认"我的意识"通过与他者的交往而变样，但使与他者的交往成为可能的认识主体的原基的存在方式才是问题所在。并且，论者中有人谈到认识主体的先验的同构性，认为正是它使与他者的交往成为可能，其自身拥有不变不易的自我同一性。——我们当然并不想否认作为认识主体的各人事先进入主体间性的相互形成的过程，具有作为"精神物理的主体"的一定的同构性。可以承认"感官生理学的结构"对于认识主体的存在来说是一个基本条件。可是，不能说是直接以"心理—生理结构"的同构性为认识主体的同构性。因为，例如，对异邦人来说只能听到"鸟鸣"的声音体系而该语言国民则能酌情听出分节的相貌，祖尼人（印地安人）与白人的色彩知觉体系可以说完全不同，甚至在知觉的认识的维度，也并非与"生理结构的同构性"一义地对应。另一方面，像海伦·凯勒[①]那样的盲聋哑人也能作为"一份以上"的认识主体而实现自我形成。只要讨论现实的认识主体的问题，就不可能截然地区别在何种程度上是基于生来的同构性，在何种程度上是后天的主体间性的同构化的结果

---

① 海伦·凯勒（Helen Adams Keller，1880—1968），美国女教育家，2岁时因患猩红热而成为盲聋哑人，大学毕业后献身于残疾人事业。著有《我的一生》等。

吧。——但是，论者们却试图仅仅通过对认识主体的本质的同构性的分析的操作来确定认识主体。这种本质的规定性在认识主体通过与他者的交往而受到影响之前，而且在开始对象认识之前，就已经存在。但是，我们不得不说那种"确定作业"若是从"能力心理学"的观点来进行的话，在认识论的原理的场面几乎无用。

我们关于当前的这一讨论，可以说只要确认作为序章以来的持论的如下情况就足够。即，认识主体＝能知的意识，不单是"关于某物的意识"（Bewußtsein von etwas），而是将该某物（直接的所与）作为其之上的某物（意义的所知）[etwas Mehr, etwas Anderes]来意识，而且，这"作为某物来觉识的某物"是他为—自为地相对于"某人"（归属的能知）而归属的，这一某人必定能够被谁所意识。这时，能知的意识并非作为自存的代理人（agent），上述能知的所知＝所知的能知的四项性的功能关系态不外是我们所谓"意识"。——这里省略对上述命题的详述解说，只想附言一句，向"某人"的"归属"，在发生论的原初期，乃是基于放大、延伸的身体的自我及其每次向"部位"的自我归属（这一点，从第三者来看也可包含"向他者的归属"的场合）。

无须请予想起，我们在前一小节中，讨论了作为元素形态（Elementar-Form）①的"上升"的具身化的一个位相，对认识主体的交互主体的自我形成进行了论述，条分缕析地阐述了与"意义的所知"的交互主观的一致＝同构化相联系的认识主体的历史的、社会的同构化的形成。

那么，认识主体的同构化，说是"作为人的我"的形成——这是以上与"意义的所知"的交互主体的同构性的存在这种理念的事态相辅的概念——可是真正意义上的同构的认识主体并不是实在的。因此，作为事实问题，不能忘却认识主体的个人的特性。实际上，"作为人的我"的

---

① ◎Elementar-Form：马克思在《资本论》开头部分使用的术语是 Elementar-Form。广松使用的译语为"元素形态"（原基形态）。

自我形成即便进行，色盲的人依然难免色盲。作为实践主体的个性契机在这里接触不到。即使站在作为一般论的"人"的立场，彻底成为"人"也是不可能的，归根结底只是停留于"作为人的我"。——然而，不能由这一点直接得出"所谓认识完全属于我的主体的事情"的结论，这点不必重述吧。所谓认识绝不是通过"无我之镜"放映出对象。不论对象是"事物"还是"他人的心"，所谓认识原本就是在四肢的关系结构中存在，在那里"我"的契机作为构成因子而介入，不能把一切认识贬低为主体的幻影。——但是尽管这样，"作为人的我"，在作为"人"的权能中，拥有作为认识论的主体的权利。

虽然认识主体为个人特性的事实的偶然性所缠绕，但只要承认他为-自为的交互主体的同构性这一点是一种事实，那么在历史的、社会的现实中形成的界限内，且只有在其界限内才能主张认识的交互主体。

我们在前面阐述了"先验主体"＝作为"我"的我和在反思的考察的终局中以"作为人的我"这种相貌而自为化的认识主体的既成态结局是归一的，现在我想将与认识主体的交互主体的同构性相对应的该"人"——只要想起那是与认识的交互主体的＝普遍有效性以及作为其交互概念(Wechselbegriff)的客观有效性的先验根据相照应的东西——作为认识论的主体(ein erkenntnistheoretisches Subjekt)来处理。

诸认识主体，只要他是从"人"的立场上来认识——因为那不是海德格尔意义上的常人(das Man)，而是确实被理解为交互主体的客观有效性的能知——就取得僭称为可谓认识论的主观的"具身化的一范例"的存在方式，从将认识论的主观物象化地"实体化"的错误来说，形成"认识论的主观在个别认识主观中具身化，对象的与件被作为某种意义的所知而构造(konstruierend)地认识"的构图。这里，只要确实是认识论的主观的认识，那么即使是向具有个人特征的认识主观的"具身化"，也可认为该认识具有普遍有效性和客观有效性。

我们自身的立场，虽然是自觉地重新把握认识论的主体主义之流的物象化的错视及其"秘密"，而不是积极地采取上述构想，但是，这一构图可方便地**假托**"世界像的交互主体的存在结构"进行说明。

虽然认识论所谓的"先验主体性"直接了当地说就是"认识论的主体性",但这种认识论的主体性,在我们看来,不是先验的同构性,而是与后天形成的"意义的所知性"的交互主体的同构性相照应的东西——因此,所谓的意义的所知性,从认识论的结构主义的构图来说,是构成地规定现象的对象的本在的"先验形式"*——认识主体之所以是赋予作为认识论的主体的权能的东西,正是因为这种"先验的结构形式"的同构性的交互主体的**形成**,是这种意义上的"所谓先验主体性即交互主体性"。从"所知"方面来说,世界像,即源自作为认识论的主观的认识主观的对象的"构成"的产物,只要该"结构形式"="意义的所知性"是交互主体的形成态,并且只有在那里才是交互主体的构成的产物,以交互主体的同构的相貌而存在。但是,该"结构形式"的交互主体的共同活动的形成以及对象的与件的实践的开示,受历史的、社会的制约,由于这种被制约性,世界像是历史地、社会地相对的。这里,暂且提示我们的基本的存在论的理解结构,防止可能针对这一点的存在论上、认识论上的"唯我论的疑惑",提示认识主体以及世界观的交互主体的应有权利的根本构成(Grundverfassung)①,我想暂且搁笔。

　　*将我们所谓的"意义的所知"与认识论的结构主义中的"先验形式"相类比的立论,在以上范围内恐怕读者难以理解,若参看康德探究先验结构主义的论稿(《思想》,1971年第9期)特别是其中的第三节3"先验性诸形式的交互主体性"②的话,我将非常荣幸(收录于《事的世界观的前哨》)[《广松涉著作集》第7卷]。在本书的范围内,请参照第Ⅰ部第一章第三节[三]及第二章第三节。

---

① ◎Grundverfassung:德语。"根本机构""根本体制"。
② 广松涉:《事的世界观的前哨》,赵仲明、李斌译,南京大学出版社2009年版,第38—42页。

第二章　判断的认识论的基本结构

判断是"思考的分子单位",对逻辑学来说是基础与件之一。只要不能确定判断的本质结构,作为学术的逻辑学就还是漂浮在空中。

但是,遗憾的是,关于判断的本质结构的像样的定论尚不存在。在教科书之类的书中,没有涉及判断的本质这种根本问题,而是从判断的"质""量""样态"这种议论开始,不少书至多止于表示判断的种类这种程度就完事。但是,关于判断的本质,实际上岂止诸说纷纭、没有定论,而且完全迷失于死胡同,此乃实情。而且,判断论陷入的这种蔽塞状况,在笔者看来,不仅仅是逻辑学维度上的一时的失误,而是没能具有打开真正地超越近代世界观、近代哲学的根本"结构"本身的性格的东西。因此之故,若"劝说"将现成的(ready-made)判断论拿来敷衍之类,根本无法磋商。

因此笔者采取次善之策,我想介绍围绕判断的本质,逻辑学家、哲学家们深入怎样的考察*,以及在哪里陷入何种困难——未必拘泥于学说史的展开的顺序,尝试稍微有些生硬地类型化——然后通过重新设定问题的方法推进讨论。

　　＊当然,关于判断的考察,古代或中世纪亦不乏其例。关于判断的"形式"的方面,已在亚里士多德的命题论等当中,可以说几乎没有遗漏地进行过考察。但是,将判断从认识论上

来进行考察,不管怎么说也是从近代哲学开始的。扩大到古代或中世纪的范围超出了笔者能力,借口这一事实,另外鉴于本稿的问题意识,以下仅将近代认识论的地平中的判断论的考察纳入视野。

第一节　判断论的心理学诸相

判断,目前对我们来说是作为一种心理现象而存在。在本节中,我想一瞥与判断相关的心理学的诸相——也包含先验心理学的讨论——来确认广义的心理学主义判断论的界限。

1. 表象结合说及其隘路

说到判断,"主语表达的东西和谓语表达的东西的结合"乃是常识的理解吧。主语或谓语"表达的东西",即使与客体的实在具有间接的关系——并且即使这里存在判断的真理性＝客观有效性的根据——也暂且是我们的内属观念,是"意识内容",这一点也同样成为"常识"。基于这一常识的见解,判断作用即判断中的精神作用,也就具有将主语表象和谓语表象结合起来的功能,作为其结果而产生的判断成体是一种结合表象。

近代哲学中的判断论,绝不是照那样追认这种"常识"的想法。在某种意义上,近代哲学的判断论也许甚至可以说是对这种想法的内在批判。

但是,对于我们来说,我想首先从处于这种常识想法的直接延伸线上的判断论来进行一瞥。

判断中的"表象结合"——如甚至持所谓判断就是"观念的结合或

分离"①这一说法的洛克已指出的那样(1)——不单是联想的结合。在那里,主语表象与谓语表象的相对区别,包含分离、结合的分离或分离的结合。

那么,判断的结合的特质在哪里?这个问题,首先显现为判断的本质是结合的还是分离的这个问题。

康德指出,有两种判断,(1)例如"一切物体皆为延扩的"这种只是将主语中已包含的东西以谓语形式明确地设定的判断,和(2)"若干物体皆有重量"这种附加主语中没有包含新的规定的判断,将前者即不过是"将主语概念分解为部分概念"的判断称为"分析判断""说明性的判断",将后者称为称为"综合判断""扩展性的判断"②(2)。在此意义上,可以说分离和结合被认为是同格的,但是,对康德来说,某种根源的综合的统一被认为是基础性的③(3)。与此相对,黑格尔认为判断在本原上是"原始划分"(Urteilen)④(4),特伦德伦堡⑤基于对康德的误解,主张"思维是概念结合的手段"(5),冯特采用"判断是对总意义(Gesamtvorstellung)进行要素的分析"这种分析说(6),济格瓦特⑥则采用分析是判断的前提,"判断是对不同要素进行综合"这种综合说(7)。——这种情况,在判断的结合(分离)的**特质**之前,从本原上看是围绕原本判断中的主语与谓语的关系是结合的还是分离的这一点来争论的。

这时的问题,并非结合或分离这一点本身。分析以要素结合体为前提,综合以分离的要素为前提。因此,产生两种主张的分歧:先于分

---

① 参见洛克:《人类理解论》下册,关文运译,商务印书馆1959年版,第650页。中文原译为"两个观念间的契合或相违"。
② 康德:《纯粹理性批判》,邓晓芒译,人民出版社2004年版,第8页。
③ 参阅《康德书信选》,李秋零译,经济日报出版社2001年版,第45页。
④ 参阅黑格尔:《逻辑学》上卷,杨一之译,商务印书馆1966年版,第43页。
⑤ 弗里德里希·阿道夫·特伦德伦堡(Friedrich Adolf Trendelenburg, 1802—1872),德国哲学家和语言学家。黑格尔的反对者,亚里士多德著作的注释者。
⑥ 克里斯托夫·济格瓦特(Christoph Sigwart, 1830—1904),德国逻辑学家,新康德主义者。

析的结合就是判断;结合体是前提的与件,对它的分析就是判断。总的说来,认为主语和谓语的结合关系原本就是对象的实相的立场,主张存在作为对其分析的意识而带来的作业的判断,认为不能说主语和谓语的结合所表现的事态在本原上是对象的实相的立场,主张该结合关系是形成"综合的统一"的东西,这无非就是判断的作用。

这样,判断的结合(分离)的特质这个问题,实际上隐含着关于判断(意识内容)与对象(客体的存在)的关系的认识论问题的背景,是超出单纯的内省心理学维度的问题。

但是,该认识论的理解,在我们现在所探讨问题的维度上,还悬而不决。因此,我想暂且撇开是综合还是分析这一问题点,总之,这里着眼于通过主语和谓语的结合而表现的意识内容。

宇伯威格①因此也有"判断是表象的主观结合的客观有效性的意识"[8]的定义,在判断的结合中,该结合不是单纯主观的东西,而是具有客观有效性的意识,伴随着具有普遍有效性的意识。并且,不少逻辑学家也认为"系词"(copula)("A 是 B"这句话中的"是")与"客观有效性"的意识相照应,判断由主词(主语)和宾词(谓语)之外加上系词这三要素构成这一说法,在心理主义方面也颇有力。但是,何谓客观有效性的意识?那不是通过判断(结合表象)与客体(实在)的直接比较而产生的意识。因此,虽然冯特也采用"决断/判断的感情"(Gefühl der Entscheidung oder Entschliessung)的说法[9],但仅有这点似乎不够。

济格瓦特从表象结合说的立场对这一点展开了最整合的理论,并对"表象结合"的特质作了最鲜明的规定。他指出"仅对不同表象的一种设定(In-Eins-setzung)还无法把握判断的本质",他说"完成的判断中存在着一种设定的客观有效性的意识"[10]。但是,这种客观有效性,其"主观的结合并非基于与存在的关系直接相照应的东西"。那是基于

---

① 弗里德里希·宇伯威格(Friedrich Überweg, 1826—1871),德国哲学家。著有《哲学史纲要》《逻辑体系与逻辑学说史》等。

"一种设定的必然性"的东西。济格瓦特将这种必然性与"关于同一对象的同一判断是通过各人进行"这一假设相联系,认为"不能将相同表象设定为相同表象,将不同表象设定为相同表象是不可能的",提出"必然是一致的东西的一种设定"这种**一致性原则**（Prinzip der Übereinstimmung）,主张那是"绝对的明证的"[11]。

这样,判断中的表象结合的特质,在表象结合说之代表人物济格瓦特那里,是伴随着**客观有效性的意识的**,并且作为主语表象和谓语表象的**一致的必然性**而被规定。

可是,"一种设定的必然性"这种意识事实——即使承认它是存在的——果真是他所说的"通过各个他者而一致承认的"？对某人来说是心理的必然的东西,对他人来说也是心理的必然？即使可以看出交互主体的一致,"一种设定的必然性"是直接与"客观有效性"等值的吗？

即使表象结合具有主观的必然性,伴随客观有效性的意识——只要从区别表象和对象,相对判断主体而言的直接的与件乃是表象（意识内容）这一理解出发——表象结合的存在方式**其自身**,即使是表象与表象的一致,且即使那是心理的必然,也不能说是表象与对象（客体）的一致,也不具有与客体本身的一致这一意义上的**客观有效性**的权利。这里留存着表象结合说面临的隘路。

确实,通过带入某种存在论的、认识论的大前提,纵然是结合说也不能主张判断的"客观有效性"。（后文将追溯到这一大前提来论证这种学说无效,这里暂且承认留有余地也无妨。）但是,判断果真是"表象结合"吗？判断的本质不应该他求？即便判断包含作为其心理的一个**一契机**的表象结合,但判断本身不是"**伴随客观有效性的意识的表象结合**"这种之上的某物吗？

这里,同样基于心理学主义的理解,但关于判断的作用以及与件采用与结合说不同的思维方法的判断论开始登场。

2. 态度决定论及其遗留问题

判断的本质,岂非不是结合,而是肯定/否定的态度决定？因此,判断作用，与其说只限于从结合表象的能力来考虑的知性，毋宁说那是意志的作用？而且，意志所关涉的不是作为意识内容的观念——即使其介入了观念——而是对象。这样，就产生所谓判断是与对象相关涉的态度决定这种理论。

被称为近代哲学的创始者的笛卡尔，很早就主张判断不是知性的作用而是属于意志的肯定/否定的同意[12]。斯宾诺莎①通过将知性和意志看作同一性格的东西，结果赞成笛卡尔的观点[13]，英国经验论者休谟②也将表象与判断的区别求诸信念（belief）这种情感的东西[14]。——这样，采取这种理论的哲学家，自近代早期以来，无论什么流派都大有人在。但是，断然提出这种"态度决定论"的不管怎么说也要数布伦塔诺③。因此，这里我想联系他来作些考察。

布伦塔诺着力恢复中世纪经院哲学的"对象的意向的内属"的理论，同时，与其说是将一般判断毋宁说是将被看作不合规则的判断的"存在判断"作为判断的原型来重新把握，从表象来对判断进行类的区别[15]。他认为心的现象和物的现象的区别是，与前者具有相对于内在

---

① 斯宾诺莎（Baruch de Spinoza，1632—1677）荷兰哲学家，17世纪理性主义的主要代表人物。他的哲学代表了对笛卡尔哲学的发展和否定，其学说中很多都是对笛卡尔哲学难题的解决。他在笛卡尔形上学中发现了三个不足之处：上帝的超然存在、心灵和身体二元论、归属于上帝和人类的自由意志。主要著作有《伦理学》《神学政治论》和未完成的《政治论》。

② 休谟（David Hume，1711—1776），英国哲学家、历史学家。其哲学特征为彻底的怀疑主义，以及自然主义。著有《人性论》《道德原理研究》《英国史》等。

③ 弗朗兹·布伦塔诺（Franz Clemens Brentano，1838—1917）德国哲学家、心理学家，意动心理学派创始人。其追随者包括迈农、胡塞尔等著名学者。著有《从经验的观点看心理学》，反对内容心理学。布伦塔诺提出"意向性"概念，认为任何心理动作都指向对象，没有无对象的动作，也无没有动作的对象，对象（内容）和动作不可分开，都要研究，但心理学主要研究意动。质言之，我们看见或思考事物，所看、所思的事物（意象、观念）是意识的内容，看和思的对象，并非心理学的对象；看和思等意识的动作才是心理学研究的对象。其学生斯图姆夫将直接经验分为四类，每类属于不同学科的对象。其中颜色、声音等感觉和映象是心理内容，属于现象学；知觉、理解、欲望和意志等心理功能属于心理学。E.马赫也非常推崇意动心理学，指出科学应该对感觉观察予以指导，应该强调作为一个整体的行为，而不是作为一种分解成元素内容的行为。

的客观的意向关系相对,后者则缺乏这一点,同时,对于心的现象本身,也根据意向性的存在方式,区分为表象、判断和情感这三类。与表象作用没有相反性相对,判断作用具有肯定/否定,情感作用具有爱/恨这种相反性,在这一点上,"判断与情感作用之间有着类似性,这种类似性在表象之间却有所欠缺"(16)。即与一般看法相反,在他看来,在表象作用与判断作用之间存在断裂,判断作用毋宁说与情感作用相接近。

试着探讨作为判断的"原型"的"存在判断",这一点本身已是康德指出过的(17),存在判断中的"存在"这个概念并非作为谓语而谓述主语。"存在 A"这种存在判断,不是主语 A 与谓语"存在"的结合,也不是承认(肯定)"A 的存在",而明显是肯定(承认)对象 A。这时,对象 A 的赋予,确实是通过表象。但是,表象与判断的差异在于意识作用的差异,而不是对象的差异。表象作用的对象与判断作用的对象是同一物。这样,存在判断是基于表象,不外是承认(肯定)或拒斥(否定)表象的对象。

存在判断之外的情况是怎么样的?根据布伦塔诺的思考,他认为例如"花是红色的"这一谓语判断,被还原为"存在红花"这一存在判断这种情况,定言判断自不待言,假言判断或选言判断,也全都可还原为存在判断(18)。在谓语判断中,当然可承认两个表象。但是,表象的结合并非问题所在,实际上是进行两个判断的综合,是进行设定主语的存在判断与谓语判断的二重判断。布伦塔诺主张,这时,作为第二判断的谓语判断,并不直接是存在判断。因此,不可能是单纯肯定(否定)对象的作用。那是"对……的肯定(承认)""从……的否定(拒斥)",在根本性格上仍是一种存在判断,即,是主语对象中的谓语对象性的存在(非存在)的承认(拒斥)。

而且,布伦塔诺将真理(虚假)性的问题也置于与肯定/否定的作用的直接关系中立论"在判断中,对象通过二重的方法而进入意识之中。即一方面被表象,另一方面作为真而被承认或拒斥"(19)。布伦塔诺虽然拒斥表象结合说,但承认"表象作用是……全部的心理活动的基础"[20]，将表象作用设置为判断的前提，他是将以表象为基础的对象（存在）的肯定/否定，和作为真理（虚假）的承认/拒斥，一体化地进行思考的。

这里产生了问题。即使暂且撇开判断能否全部还原为存在判断，判断是否必定以表象作用为基础这种疑惑，① 谓语判断中"对……的肯定（承认）""从……的否定（拒斥）"的对象是什么？它不是直接的主语对象，而应该是主语所表达的对象与谓语所表达的东西的结合态。这种结合体，即加以肯定（承认）或加以否定（拒斥）的东西，谓语判断中决定判断的态度的与件是什么？这种与件本身不是表象作用的**对象**吗，或者该结合态暂且是**表象**吗？② 作为真或伪而被承认/拒斥的东西，是直接的对象的存在（非存在）吗？即真理/虚假本身是作为一个对象的与件而是肯定/否定的对象吗，还是有待肯定/否定才形成真理性/虚假性呢？在布伦塔诺那里，关于①是不明了的，关于②——当说是作为真的承认时，他并非将"真理"自身作为真正的对象的与件来思考——也仍是含糊的。

回应如何处理这遗留的问题，在逻辑上有四种可能，作为实际问题，在两极的方向上形成判断论的分歧。

3. 二重作用说及其归宿

判断的态度决定的直接的与件，是主语表象与谓语表象的联结态——在此意义上，允许存在一种结合表象的思考。当然，这里表象**结合说**本身已在问题外，表象结合至多是判断的态度决定的与件，判断的本质的契机终究可以说是关于这一与件（真伪）的**态度决定**。

判断论的这一方向，成为响应布伦塔诺所遗留问题的一个方向，从学说史上的原委来说，与布伦塔诺无关系，洛采已开拓了道路。洛采在指出判断起联结主语和谓语的作用的同时，作了"赋予肯定的有效的谓语，否决否定的有效的谓语"的副判断（Nebenurteil）的说明[21]。他把肯定/否定之外的"疑问"①这种第三种态度看作第三种判断,强调判断的本质在于有效/非有效,真理/虚假的决定。

以继承这一着眼点的形式,伯格曼②将判断进行二重化:"知性判断"和"理性判断",即主语—谓语的表象结合,和对这一表象结合的相对批判的态度决定。在他看来,"判断是综合、分析与批判的三契机的结合","在判断中某物被批判"。而且他主张"在判断中表象地追加的东西,不光是通过理论的态度或知性的功能的东西……在那里有着实践的精神即欲求能力的关系。……逻辑的价值,即有效性/非有效性的概念,是对理性的精神的真理的努力,并且,如果看作实践的精神的参与就无法理解"(22)。这样,判断及其真理性的问题,在伯格曼那里被重新理解为价值的问题。

文德尔班,推进了这一方向,区分了事实判断和价值判断,提倡"判断的判断"(Urteil Über ein Urteil)(23)。他认为判断有二重作用,关于否定判断的分析,从中世纪开始就已存在。即,认为否定判断与肯定判断不是同格的,而是对主语和谓语的肯定的结合加以否定的东西,从这一立场确立了像济格瓦特的那种积极的判断(das positive Urteil)(24)的概念。但是,文德尔班的讨论,与这是异质的。他将肯定和否定置于同格的地位(25),主张主语和谓语的结合,例如在"雪是白色的"这一判断中,雪是白色的这种情况**是真**这一判断伴随着本质的契机。

在他看来,所谓判断中本质的东西,不是主语和谓语的肯定的、否定的结合关系,而是"表象关系的真理评价"。但是,这时所谓的真或伪,主语和谓语的关系,并不取决于是否与"对象"的实相相照应,而是取决于是否遵循"规则"建立的关系。虽说如此,却也并非济格瓦特的"一种设定的必然性"这种心理的必然之谓。文德尔班试着以他的方式**重新**解释康德的"意识一般"以解决问题。康德的"意识一般"(Bewußtsein

---

① 最好的例子可能是"造物主"的"存在",既无法证实,也无法证伪。
② 尤利乌斯·伯格曼(Julius Bergmann, 1839—1904),德国哲学家。

Überhaupt），是通过在当中进行的判断，对象（不是物自身而是作为现象的对象）才作为被构成的那种先验的意识而确立的，在此意义上，具有以判断的客观有效性为基础的功能，文德尔班不能那样原原本本地沿袭康德。同时，像马堡学派的柯亨①那样，通过"生产即所产"[26]这种方法，不能确立判断（纯粹思维）本身产出学问的对象这种讨论。若通过先验主体的判断而产生对象的讨论能够确立，判断与对象的一致也就自动地得到保证。但是，果真存在那种先验主体吗？假设即使存在，它与经验的个人的主体是怎样的关系？仍遗留这一问题，至少那种先验主体的判断作用，不能直接赋予经验的诸个人所作判断的客观有效性以权利。因此对文德尔班来说，通过确立"规范意识"这种不同形式的超个人的意识，经验的个人的意识内在地发现的"命令""禁止"的意识，通过主张"应当的必然性"是规范意识的内在化[27]，赋予判断中的"规则意识"以权利。

这样，文德尔班试图在与意识一般、超越的应当的关系中，将布伦塔诺的判断论中遗留的真伪问题作为价值判断的问题来加以解决。但是，即使撇开他那里事实判断和价值判断、事实和价值的关系这一维度所遗留的含糊之处，现实的判断主体与超越的规范意识的关系——因此是赋予判断的真理性以权利的东西——这个关键的论点，结果也与康德或柯亨等的情形同样，不得不说是以臆断而告终。

李凯尔特的先验心理学式方法[28]，在文德尔班的构想的延伸线上，作为要解决这一难点的一种努力而占据一定地位。他排除文德尔班那里将判断和价值判断视为二重化的不彻底性，以"判断本身在本原上是价值判断"这种对"提问"的"回答"的方式进行说明。"A 是 B"这个"判断"呈现以下结构，即 A 是 B 吗？对于这一"提问"（表象结合），而做出"是，A 是 B"（否，A 不是 B）的肯定或否定的态度决定这一结

---

① 赫曼·柯亨（Hermann Cohen，1842—1918），德国哲学家，新康德主义马堡学派的创始人。著有《康德的经验论》《康德对伦理学的论证》《康德对美学的论证》《纯粹认识的逻辑》《纯粹意志的伦理学》《纯粹感觉的美学》等。

构——不是心理的"提问"在先,若进行逻辑的分析的话是对"提问"的"回答"的结构——对李凯尔特来说,首先是这样来把握判断的结构的[29]。

那么,"在判断之际,对超时间的有效的东西的承认这一点是预想到的",必然存在"为了思维成真,其自身不是那种单纯的思维的某物——认识是向其依存,以其为应有准则的某物"。李凯尔特仿康德,将这种某物称作"对象"[30],但是,这种"对象"是异于表象的对象(实在)的别种的某物。"在我们判断之际,不能随意地肯定或否定,感到为某种威力所规定",这种判断的必然性,不是"必须那么做"这种必然性(Müssen),而是"必须那样"这种应当(Sollen)的必然性。李凯尔特主张,肯定/否定是作为这种超越的应当的"对价值的态度","判断的对象"是一种超越的"价值"。

而且,李凯尔特将这种"对象"的认识与"意识一般"联系起来。在他那里,当然,"意识一般"已并非构成"对象"的主体,"意识一般就意味着当将个人的理论上的自我全都理解为客体时依然残留的那种主体"。他"不否定判断主体一般的概念不过是一种抽象",但是,符合"认识的逻辑前提的分析和论证",作为"限界概念"的判断主体一般是不可缺少的,而且,阐述了"判断主体一般的概念和超越的应当的概念是不可分割的",肯定/否定中的"判断必然性的认可已不能看作个人的心理过程"[31]。

这样,李凯尔特通过将判断必然性一方面与"判断的对象",另一方与"判断主体一般"联系起来,赋予判断以认识论的权利。

李凯尔特的这一尝试,特别是关于"意识一般"的设定是否取得在文德尔班之上的成功,还存在很大的疑问。在文德尔班那里,在"价值"的问题还处于颇为心理主义式的构想的维度来思考这一意义上,认识论的主体主义成为应有的要求。然而,在以"判断的对象"甚至以判断主体一般为超越的价值的李凯尔特的立场上,判断以"判断的对象"和"对象的判断"这种二肢性结构——或判断的直接的与件(提问)、超越的对象（价值）和判断作用（肯定/否定）的三肢结构——来处理就应该足够，各个判断主体和判断主体一般的主体的二重化应该没必要。实际上，由于拉斯克的影响，李凯尔特自身不久就采取可谓完全相反的先验逻辑学的方向[32]。

我们现在这里没必要追着认识李凯尔特的先验的心理主义的破绽。我们探讨了回应布伦塔诺的判断论遗留的悬案的两种途径之一，即通过一览将判断的直接的对象与表象联系起来的做法，明确了它在李凯尔特那里已达到向相反的一极——即将"对……的承认""从……的拒斥"的与件，看作别说表象结合体，甚至与"表象的对象"（实在）也明显异质的凭借其自身而存在的别种的（具有不同于实在的存在性格）某物的判断论——转化的拐点。当该"判断的对象的与件"断绝了与意识一般的相关性而明显地独立化时，我们就踏上了另一条途径。

第二节　判断论的意义论诸相

上一节中，我们通观了判断论心理学的诸相，首先在确认表象结合说及其隘路、态度决定论及其悬案的基础上，一瞥了作为回应这一悬案的途径之一的二重作用说及其自我否定的归宿。在本节中，我想不但要打开表象结合说的隘路，回应态度决定论的悬案，而且要概观意在开拓判断论的新地平的"判断意义论"的理论的诸相，追认其问题的设定。

1. 自身存在说及其难点

判断的直接的与件，即按布伦塔诺的用词法来说，是以"对……的承认""从……的拒斥"为对象，不是客观的**实在**本身，却是客观地存在的某物，尽管先于肯定/否定的判断作用，却是作为具有其自身的真理（虚假）性的某物，于是乎形成这种自身的存在者的理论得以形成。

判断论的这一方向，在布伦塔诺之前，已由布尔查诺的"命题本身

(Satz an sich)"①——"真理本身""虚假本身"——的理论开拓了道路。布尔查诺主张命题自身即命题(文章)所表达的意义,例如"花是红色的",其自身是存在的(33)。这"花是红色的",就其自身来说是红色的而不是白色的,同时,也不会与花一起枯萎。它是独立于对象自身而存在的东西,是独立于判断作用的与件。不过,布尔查诺的理论还具有颇多心理学主义的特征,在此意义上还存在很难说一定是将"命题自体"从"表象结合"严格区别开来的地方。但是,布尔查诺认为,例如"圆形的四角"或"无"那样的对象虽然不是实在,但表象包括那种"无对象的表象"的存在,他承认"表象自身"的存在,同时,也包括那种"四方形是圆的"的东西,承认"命题自身"的存在,将真命题、伪命题设定为与判断作用无关的独立存在的东西,从判断论的历史的展开来说是应该大书特书的业绩(34)。

立足于布尔查诺的这一着眼点,越过了回应态度决定论的悬案这一范围,开拓了以自身的存在的命题为对象的逻辑学道路。但是,为了对象逻辑学作为学问的形成,判断论的本质论维度成为先决要求。

为了满足这一先决条件,一方面,特瓦尔多夫斯基②等认为"对象""内容""作用"的明确区别和相互关系性的确定是必要的(35)——在此过程中,布尔查诺所说的"无对象的表象"被否定,不仅提出一切表象都具有对象的理论,而且实际上产生了"对象"的概念以及关于"对象"和"内容"的关系的理解方法的变化——另一方面,关于"命题自身"的存在性格及其类别(质)的重新把握的作业是必要的。这里,我想省略深入前者,只要着眼于后者的侧面就足够,这一立场特别值得留意的是,迈农的"对象论"(Gegenstandstheorie)(36)及以此为基础的判断论。

---

① "自体"(sich),可译为"自己""本身"或"自身"。本书一般译为"自体",主要出于两重考虑:一是与康德的"物自体"(Ding an sich)中的"自体"(sich)相照应;二是根据日文原本。

② 特瓦尔多夫斯基(Kazimierz Twardowski, 1866—1938),波兰哲学家、逻辑学家。

迈农将"对象"区分为"客体"（Objekt）和"客观的东西"（Objektiv）[37]。前者暂且与特瓦尔多夫斯基的表象的**对象**相近，后者与布尔查诺的"命题自身"相近，但是，已被看作不可能是表象的意识内容。"客观的东西"，有"存在 A"这种"存在的客观"（Seinsobjektiv），"A 是 B"这种"本在的客观"（Soseinsobjektiv），"若 A 则 B"这种"共在的客观"（Mitseinsobjektiv）凡三种，并且，其中"存在 A""A 是 B"等被分类为"积极的"（positiv），"不存在 A""A 不是 B"等被分类为"消极的"（negativ）。

在迈农看来，判断就是"被判断的东西"（das Geurteilte），即通过判断作用把捉这种"客观的东西"也就是将之内在化。这时，"关于被判断的东西"（das Beurteilte），即作为主语的对象的"客体"，即使是表象的对象，也不是判断的对象，判断的对象终究是"A 是 B"，这一点必须铭记。"A(不)是 B"，这种"客观的东西"即判断的对象。这一判断对象，虽然其自身即使具有可能性、事实性和必然性等样态的规定，但也只是作为第二性的规定，其自身带有真理性/虚假性这种规定。而且，如上所述，"A 是 B""A 不是 B"这种积极的/消极的区别，是"客观的东西"，即具有"判断的对象"本身的规定，是事先起肯定或否定的判断作用的与件。肯定/否定，是在积极的/消极的"客观的东西"的把捉（意向的意识关系）中第二性地产生的[38]。

在迈农的这一理论中，布伦塔诺将之与表象作用作类的区别的判断作用，即肯定/否定的作用，迈农则将之与表象作用看作在根源上是同类的来加以"把捉"，虽然这一点与布伦塔诺的判断论是完全异质的，但总而言之，布伦塔诺生发了打开表象结合说的隘路的提案，而且同时巧妙地拒斥了二重作用说的问题圈，这一点大体上能够认定。

但是，话说"客观的东西"的把捉，必定是肯定或否定吗？例如一面忍受牙痛，一面意向地意识"牙不痛"这一"消极的""客观的东西"的场合，这种想法直接意味着"牙不痛"这一否定判断——"牙不痛"这一"真理"（？）的把捉——吗？对于这类问题，迈农准备了他的回答。他将"想象上的判断""无信念的判断""外表上的判断"等,作为他称作"思想"的东西而设定了"假定"(Annahme)这一独特概念。在迈农的思考中,像前面的"牙不痛",归根结底是"想象上的判断",或者是"假定",不是真的判断。——迈农所说的"思想"特别的"假定"的理论,如后面所考察的,虽然对判断论的展开来说具有极为重要的意义,但是,如何区别单纯的"假定"和把捉"真""伪"的"判断"？这里还遗留着问题。

在迈农那里达到顶点的自身存在说,在这种遗留问题之前,在更根本的场面,面临与经验心理学主义的判断论同一结构的隘路。即使这里不应追问"客观的东西"与"客观实在自身"的关系如何这一问题,也该允许追问关于"客观的东西"与判断主体或判断作用的关系吧。自身存在说称为"命题自身""客观的东西"之类的判断对象,果真与判断作用如何无关,其自身含有真或伪这种性质而自存,它是被摹写或通过原封不动地内在化的方法而加以把捉来进行立论,真/伪相对于判断作用而独立自存？并且,它是被摹写或被内在化？招致这种大疑惑的命题使得自身存在说本身停留于臆断的前提,不具有权利。填补这一缺陷成为判断论当前的课题。

2. 意义成体说及其鸿沟

如果能立足于保证能知(判断作用)和所知(判断与件)的相对独立性,而且确立两者是直接相联系这一命题,就不会倾斜唯心论的结构主义,而且应该能够开拓消解自身存在说的难点的道路。这一方向可以说已由迈农指明了,但是尽管这样,他的理论很难说成功地朝里推进了。为了朝这一方向构筑判断论,有必要严密地重新把握意识本身的存在方式,同时,关于判断形象的意义论的结构,有必要超越"客体"以"客观的东西"为"基础"(fundieren)的范围,明确规定意义的存在性格和内在结构。

正式致力于这两方面工作的是胡塞尔。不过,关于判断形象的意义论的结构这一契机,是 J. S. 穆勒①(39)和弗雷格的先驱性业绩的问题,且让与后面的讨论,这里我想联系胡塞尔的理论来考察必要的论点。

胡塞尔的判断论,立足于他特有的对"纯粹意识"的结构的把握。众所周知,胡塞尔通过"现象学还原"排除(ausschalten)一切超越的设定,抽取出作为"现象学的残余"的"纯粹意识",这种"纯粹意识"作为"关于某种东西的意识",由对象的要素(Noema,意识对象)和作用的因素(Noesis,意识作用)构成。Noema,虽说是对象的要素,但由于是排除一切超越的实在之设定的残余,故只是观念的(ideell)存在,而不是物的实在。Noesis,即意识作用,虽具有"质性"和"质料",但在认识中需要作为直观的代理者的充实内容(Fülle),这三者结合才能形成完全的"客体化作用"(objektivierender Akt)(40)。

在胡塞尔的思考中,单有意义意向还不是对象的认识,还有待意义充实才形成认识,而且这种充实必须通过直观。但是,直观并不只是感性直观。即便钢笔或墨水可以感性地直观,"钢笔**及**墨水"却无法感性地直观。另外,"墨水是黑色的"的"**是**黑的",也不能在感性上直观。这里,胡塞尔提出高阶的直观,"范畴的直观"等所谓"本质直观",通过以感性直观为基础而建立(fundiert)这种"高阶的直观"来说明意义充实。

在胡塞尔看来,作为判断的判断是意义统一,是作为这种"被判断的东西"(das Geurteilte als solches)的判断——与迈农的"客观的东西"相对应的东西——是作为意向的判断意识的意识对象,作为意识作用的相关者而被规定。但是,如上所述,单是这种意向的把捉还不是判断。为了使之成为判断,需要意义充实的判断作用。判断作用是"客体化作用"、判断的设定作用,在胡塞尔看来,无非就是关于"存在"的意识,是存在的信念。所谓判断,就是信念的原初设定作用,"存在"的"确

---

① 约翰·斯图尔特·穆勒(John Stuart Mill, 1806—1873),也译"密尔",英国哲学家、经济学家。他重视经验,确立了科学归纳法,主张社会主义的功利主义。著有《功利主义》《论自由》《逻辑学体系》《政治经济学原理》等。

实性"的意识,即"原初信念",而不是迈农那里的"假定"(plus/Alfa)。反而,通过这种原初信念的变样,形成不同的判断样态。

在胡塞尔的判断论中,原初信念的设定才是本质的,肯定/否定是次要的。进行否定是给某种设定"划直线",进行肯定不过是"划着重线"。另外,相对于主语的谓语的"谓述",也是与作为判断性质的信念无关的判断质料的"分化"(Differenzierung),是意识对象之内核的"展开"(Explikation),不影响判断的"存在"性格。作为意识对象之内核的"意义"就这样展开,取得一定的综合形式的命题,是以"A 是 B"这种图式所表现的"命题论的命题"(apophantischer Satz),通过它表现的"展开的一定规定中的对象",这被称为特别的"事态"(Sachverhalt)而区别于对象性一般。相对于表象只是对象的信念,可以换个说法说判断是"事态"的信念[41]。

真伪问题是怎样处理的?在布尔查诺那里,与胡塞尔的"事态"相照应的命题自身是作为"真理自身""虚假自身"而存在的;在迈农那里,"客观的东西"虽是第二性的,但与判断作用无关,而带有真伪的性质。并且,从这一点产生了自身存在说的难点。

胡塞尔则回归"真理是知性与事实的一致"这种传统的真理观。但是,他当然不是从一致导出信念,而是将那种直观的充实中的信念,作为确信的对象而存在的"事态"看作"真",将相反的确信中的"事态"看作"伪"。当"A 是 B"这一"事态"在高阶直观中明晰时——明晰地充实的思维对象的存在性格是"理性的附着动机的证示的存在""事实的存在"——胡塞尔主张,在这种"真实存在"的存在性格中存在的"事态"便是"明证"(Evidenz),明证的判断是事象的"自己所有",是"与事象的完全一致"[42]。

只要以纯粹意识的理论为前提,胡塞尔的判断论,就可视为通过能知和所知的直接融合而在图式上避免自身存在说的难点。但是"本质直观"这种高阶的直观究竟是否实际存在?如果它不存在的话,意义充实及基于这一点的明证这种讨论也就将崩溃吧。即使撇开这一点,"纯粹意识"归根结底不过是"个人的意识",他所谓的"知性与事物的一致",归根结底难道不只是这种个人的意识中的推测(Meinung)吗？实际上,围绕"明证"的胡塞尔的讨论,即便试图超出这种主体性的框架,他自己也不禁抱有"没破除纯粹意识的界限吧"的疑惑。

尽管如此,胡塞尔的理论,如他自己作为课题而设定的那样,必须通过交互主体的还原(intersubjektive Reduktion)而得到保证。认为"只有通过交互主体的还原现象学还原才是完全的"的胡塞尔,想在交互主体的纯粹意识这种交互主体性中来保证"学理的严密性"及"真理性"的构想。然而,在他那里,交互主体的还原停留于作为课题,甚至连如何可能也没明确。为此,纯粹意识没有超出个人意识的界限,因此,判断的原初信念就不能主张个人信念之上的权利。只要停留于纯粹意识的立场,即使能达到信念的程度,也不可能要求"事象的自己所有""与事象的完全一致"。

这样,胡塞尔的判断论即使有着判断意识的出色的论述分析,也不能赋予判断的真理性以权利,而且关于"自然的态度"中的判断事实上也终究仍旧处于括号中。对胡塞尔来说,即使将"自然的态度"置于学理范围外,在我们的判断论中,对"纯粹意识"的现象学的论述分析,是为了阐明日常的判断事实,若没有与它的接点作为判断论来说是无效的。胡塞尔自身并不将"自然的态度"叱责为谬误,而只是将其加上"括号",并不拒绝重新建立纯粹意识与日常意识的关系之必要吧。(他围绕"明证"的自我矛盾的言行,如果放在这一脉络中来重新把握就未必难以理解。)对于我们来说,为了能够重新评价胡塞尔遗留的积极契机,总之,必须再次回到"自然的态度"中的判断事实。

3. 二重对象说及其遗产

说是联系"自然的态度"中的判断事实,可是我们已看到它的几个隘路。目前遗留的可能的途径,是上一节末尾作为二重作用说的归宿而指出的先验逻辑主义的进路。如前面所述,李凯尔特是从"应当"到

"价值",进而将"价值"作为"超越的意义"来重新把握判断的对象的,通过这一点体现了从先验心理学的途径到先验逻辑学的途径的逆转,促进这种转换的是拉斯克、鲍赫①。

拉斯克联系"判断态度"和"判断意义"的相关场面,首先确保如下论点。肯定/否定的判断规定,是"命中"(Treffen)和"未中"(Verfehlen)这种价值对立,即存在"适中"和"错误"的对立。对应这种判断作用的判断意义,也像例如"雪是白色的""雪是黑色的"那样,具有"正当"(Richtigkeit)和"不当"(Falschheit)的价值对立性。作为判断的"直接的客体"的"判断意义"——作为事情来说与布尔查诺的"命题自身"或迈农的"客观的东西"是同理的——用胡塞尔的方式来说,不过是相对于判断作用的意识对象的相关者,在此意义上即使"雪是白色的"是"正当"的"适中"的判断,这种意识作用/意识对象的关系也只是信念的设定的话谈不上真也谈不上伪。真伪的标准有别于这种意识对象的"判断意义"="直接的客体",而且独立于该判断作用,并且必须先于判断的决定而存在(43)。

拉斯克将成为真伪规定的标准的这种某物称作"判断的第一性客体""判断规定的客体",它并非所谓实在的对象之谓。从语言的表现来说,虽然这也不得不有采取"雪是白色的""雪是黑色的"的形式,但这种"判断规定的客体"已并非意识对象的意义,而是相对于判断作用而自存的,且其自身具有"真理""虚假"(44)的价值对立性。

在拉斯克的判断论中,判断的客体目前就这样被二重化。以真理为真理(以及以虚假为虚假)的判断的判断意义是"正当",以真理为虚假(或者以虚假为真理)的判断的判断意义是"不当"。这样,拉斯克通过将真伪的价值对立置于意识对象之外,排除自体存在说的难点,而且同时通过将"判断规定的客观"作为价值的存在,试图避免胡塞尔式的

---

① 布鲁诺·鲍赫(Bruno Bauch,1877—1942),德国哲学家,新康德主义者。著有《真理·价值·现实》等。

"与事象的直接的/明证的一致"说的难点。

但是,"判断的第一性客体"即"判断规定的客体",其自身还不是最终的对象。其真伪的标准存在于更为根本的场面。这样的讨论不会无限后退吧？拉斯克确立了超越价值对立的判断领域的作为"超对立的"（übergegensätzlich）的价值领域的"对象",截断基于这种超对立的对象的无穷倒退。那么,这种对象是什么呢？这里,我们没时间详细介绍他所说的二要素说、范畴论、超语法的主词宾词论等(45),在拉斯克看来,"对象"是由质料和形式的二要素所组织（Gefüge）的,而且这些二要素的"直截合一"（das schlichte Ineinander oder Zusammengehören）就是对象。

在拉斯克的理论中,不光是所说的"对象",万象全都由质料和形式组成。在这一点上,"判断的客体"亦然。但是,在判断的客体中,"对象"的那种直截合一崩溃了,产生了形式与质料的协调/不协调,相属/不相属。价值与反价值的对立的产生,正是源于这种形式与质料的协调/不协调。

真理和虚假,以及"正当""不当"的问题,从根源上说不外是源于"对象"的"直截合一"的**崩溃**而产生的形式与内容的协调/不协调。那么,是什么使得"合一"崩溃,使得从这种超对立的原像（Original, Urbild）产生出"对立性"和"技巧性"的东西？在拉斯克看来,它无非就是主体性(46)。（这样,在作为康德学派之后裔的拉斯克那里,认识主体反转为认识的构成者,打破[zerstückeln]了对象的原始的统一,是使得不协调、不相属、反真理、不当等产生的东西,在这种打破的技巧[Kunststück]中使得对象在不完全的形式中贬低为能够"摹写的"东西。）

向拉斯克追问如何实现对象的技巧的打破等几乎毫无意义,因为他不是对判断这一事实的现实的分析,而是溯及判断的认识论的前提。但是,若是判断事实的认识论的逻辑前提,拉斯克的讨论岂不过于讲究技巧,且过于错综复杂？至少,"判断的第一性客体"和"对象"的二重化——若加入"判断的直接的客体"就成为三重化——应是不必要的。虽然对拉斯克来说,因为承认"虚假自身"的存在,作为它的应有标准,"对象"是必要的,但是如果"第一性客体"是"真理自身",那么"判断的直接的客体"及其作为真伪的应有标准的"真理自身"这种第一性客体,仅这二重化就够了。实际上,朝这一方向进行简略化的是鲍赫的判断论。

鲍赫着眼于洛采以来的"有效"(Geltung)概念,明确区别了判断的事实的有效性(Gültigkeit)和客观的有效性(Geltung)。前者与作为实在的过程的判断有关,后者存于与对象的事象的客观的关系,前者依存于后者并表现后者。当然,我们各个人的判断存在错误。但是,在鲍赫看来"在客观的关系的纯粹有效要求中没有虚假存在的余地",即虚假自体并非客观的存在,虚假总是主观的东西,只有真理才作为客观的有效而存在。在这一点上,鲍赫对拉斯克简略化,他仍然通过"存在于主观的意识内的真理是正当的"这种方法将"真理"和"正当"联系起来。鲍赫说"我们具有真理中的客观有效的实在形式,具有正当中的实在性的主观有效性的形式。正当是实在界实现的真理,真理是理念"[47],即非实在的客观有效,云云。

无论作为客观有效的真理还是主观有效(非有效)的真理(虚假),若用语句的形式来表现的话,虽然都形成"A 是 B"的形式,但相对于后者通过各个人的判断活动而形成,前者是通过先验主体而使形式和质料合一的东西。在此意义上,鲍赫的先验主体——不过作为概念的"全体的体系(化)"的理念,虽说完全不同于所谓主体的存在方式,但并非拉斯克的那种打破者——是作为对象全体的构成原理的作用之制约而设定的。

但是,在鲍赫那里,将原本作为自存地存在的东西而确立的洛采的"有效"与先验主体联系起来,不得不说还遗留着未决问题。拉斯克的情况也是如此,判断的第一性客体是如何通过先验主体的打破或构成形成的,同时这种先验主体与各个人的主体处于怎样的关系——关于从先验逻辑学的立场来说原本是范围外的这个问题，对我们来说有必要重新追问。

但是尽管这样，我们可以承认，通过拉斯克或鲍赫的判断对象的二重化，打开了构筑围绕判断论，特别是判断的真伪性/有效性的难题的有力据点。这种判断对象的二重化要求判断主体的二重化，这也是自然的。我们可以将这些二重的二重化作为伟大的遗产加以继承吧。

为此，不仅要超越先验的心理主义对峙先验的逻辑主义的地平，而且有必要摆脱传统的判断论视为默认前提的近代认识论的大前提那一地平本身。

第三节 判断论的结构论位相

通过前两节，我们通观了近代的判断论的疑难①和遗产及其悬案。这种通观，并非试图毫无遗漏地概说判断论史，而对原本就是与我们所限的目的相适应的东西，甚至连若干值得探讨的重要理论或可予沿袭的论点，考虑到与后面的讨论的重复，也硬是弃置于范围之外。即使在阐述的范围内，也是急于指出难点，并且硬是将诸多应学的东西等闲视之，基本省略了确认遗留的可能的突破口和确定可予继承的基础这种作业。但是，现在必须尽可能斟酌这些论点，以我们的方法重新确立问题论的构成（Problematik）。

1. 判断过程的意义的成体

我们在第一节中一瞥心理主义的判断论之际，没有论及表象结合这种心的过程是实际发生的这种想法。但是，在判断中，我们的内在观

---

① ◎アポレティーク：Aporetik。德语。"疑难论"。源自希腊语 aporia（难点）〔译注：指一个问题有两种相互矛盾的结论〕。"难点的机制"。

念,即作为意识内容的"表象"之间的结合(分离)等这些过程是实际发生的吧?我们必须通过追问这一点,探究被心理主义的判断论称作"表象结合"的东西,和被逻辑主义的判断论称作"命题自身""客观的东西""判断的第一性客体"等的东西的内在联系,并分析这种东西的内在结构。

进行判断之会进行表象结合,这一点也许可以认为是自明的。例如在判断"这个球是白色的,那个球是黑色的"的情形中,认为球形的表象和白(黑)的表象相结合。然而,例如在判断"真善美是一个"或"十的八次方是一亿"的情形中又是怎样?虽然也许会泛起文字或符号的表象,但心象与心象的结合等情况,无论如何在反思上是看不出来的吧。这样看来,表象与表象的结合,至少,对判断来说不是必要条件。在我们看来,意识内容之间的**判断**的结合等情况原本并不发生,不过这里不进入那种原理的问题,我想探讨人们在说到"表象结合"时念头中出现的东西——思之为"错误的表象结合"的东西——这一与件,以明确其实态。

如济格瓦特所指出的那样,判断的原基形态是"命名判断"(Benennungsurteil)。"这是钢笔""那是图书""他是太郎",等等。在命名判断中,"物"与"名词"相"结合"。这种"结合"是何种性格的东西?从生理/心理的维度来说,那应该说是与条件反射相照应的东西吧。这时,必须注意"名词"不是单方面的条件刺激,而是形成"名词"→"物"、"物"→"名词"这种双方的条件作用,但是总而言之,作为生理/心理事实,目前——始终是目前——带有条件反应。并且,命名判断的真伪或正确与否,由人们是否那样称呼该与件所决定。

但是,不管是"物"还是"名词",甚至在固有名词的情况中每次都存在差异。即便说到"太郎",也根据其不同时间的姿势或精神状态而有着完全不同的相貌,不断地成长(变化)。同时,"太郎"的称呼,也因人而异,即使同一人的称呼,也每次都存在很大差异。这样看来,命名中的名词与物的结合的情况,甚至连固有名词的情况中,也具有每次偶然的结合这种之上的意义。即，成为尽管应时的外表有很大不同，却被看作同一物（人）的意义上的"物"，与尽管其每次的发音都不同却被看作同一的意义上的"名词"的结合。在这种情况下，是"实体的同一"的东西与"语言的同一"的名词相结合。在命名语是普通名词或"概念词"的场合，例如，在"这是水果""这是红色"这种命名判断的场合，"种类的同一的东西"或"本质的同一的东西"就与"语言的同一的名词"相结合。这样，虽然在生理/心理学上不过是条件反射，但从逻辑的意义来说，即使命名判断也作为单纯的条件反射的结合这种之上的东西而存在。

命名中与"物"相等置的，不用说，不是"作为名词的名词"。例如，在说到"这是犬"的场合，设定了"这"所指示的"物"，与"犬"这一名词在语言上表现的东西（意义）的同一性。即设定了通过"这"一词指示的对象**作为作为它而存在时的东西**与"犬"这一名词**表示的东西**的同一性。换句话说，形成"这个东西"与"犬"被理解为同一的**那个**的结构。事情的要点在于，"这个东西"与以犬这一符号而在语言上表现的**那个**的同一性，也就是将前者**作为**后者来意识。

若着眼于主语与谓语的关系来说，命名判断中的主语主要具有指示对象的功能。在主语以指示代词来表示的场合自不待言，例如，在说到"这只犬是白色的""那只犬是黑色的"的场合，主语"犬"这一词，并不是要判断"那**是犬**"，而只是一般扮演限定地**指示**谓语所判断对象的功能。那么，谓述判断，例如"犬是哺乳动物"这种场合是怎样呢？这里可看作进行了二重的命名判断——某与件，那是犬，并且，这"犬"是哺乳动物这种二重的判断。关于这当中的事情，罗素[48]等从别的角度作了详细的阐述，从我们的步调来说，主语"犬"是第一性的谓述语，并且指示谓述中第二谓述（哺乳动物）的对象。就此而言，总之在语法形式上、在逻辑上，真正的主语（它每每不在字面上出现）总是通过谓语**指示谓述的对象**，即便是同一名词，基于**逻辑上的**主语的场合和基于**逻辑上的**谓语的场合，其意义功能也是不同的。

名词基于主语的场合所表达的意义和基于谓语的场合所表达的意

义的差异,自弗雷格区别含义(Sinn)和指称(Bedeutung)以来[49],虽然罗素、胡塞尔、斯特劳森等诸多论者都有论述,但我们认为有必要抓住主语所指示的意义的二义性(二肢二重性),进而区别这种二义与谓语所陈述的意义。

主语所指示的东西(指示的意义),在第一性上,是这只犬、那只犬这种个别的对象。可是,说是个别的对象,但未必限于亚里士多德所说的"第一实体",也未必限于实在物。像有着这种**颜色**、会说那样的话的**人鱼**,可能既是属性,又是架空的对象,总之,该对象的与件只要是通过主语而被个别地指示,我们就将其称为概念的"第一性的外延"的被示的意义。

谓语(逻辑上的谓语,在语法形式上也可以是主语)所谓述的东西(陈述的意义),如联系命名的如上所述,在逻辑上首先被看作通过"实体的同一性"或"本质的同一性"而形成的规定性的一个总和。使得形成这种同一性的规定性,只要那是作为"陈述的意义",就不能使之实体化(hypostasieren)。我们将主语对象通过谓语概念而作为**其**来判断的这种规定性的一总和——与使之实体化的后述的存在方式相区别——称为概念的"内涵"的陈述的意义。

那么,为这种判断所中介地设定的主语对象性,例如"犬",即基于它每次的状态或这个那个的个体差而被设定为"实体的"或"本质的"同一的东西的"犬",已是区别于它每次的状态或这个那个的个体的某种东西(etwas Identisches)①。尽管第一性的外延的状态或个体是变化的,但它依然是"犬"。不仅如此,第一性的外延不过是中介地被设定的这种本质的自我同一的东西("犬")的一范例,可以说它不过是具身化之场——黑板上画的三角形是"几何三角形"的一范例,同是"具身化之场"。由于这样的原委,陈述的意义被实体化,第一性的外延与其说作为本身毋宁说是偶有的。这样,主语对象,只要其个别的规定性可看作

---

① etwas Identisches:德语。"同一的某物"。

偶有的,是作为陈述的意义的实体化的东西,我们就可以将由主语所指称的这个东西称为概念的"第二性的外延"的被指的意义。

这样,我们对名词的"意义"作了以上(1)作为第一性的外延的被示的意义,(2)作为"内涵"的陈述的意义,(3)作为第二性的外延的被指的意义这三种区分。(但是,这三者并不作为三种**东西**而各自自存,而只是作为判断的功能的、函数关系的结构性契机,且只是在此意义上才是存在的东西。然而,在传统的判断论中,由于将这些契机实体地独立化,错误地把捉这些相互关系而产生了各种悖理。以下的讨论构成同时指出这当中的事情的一部分。)

那么,"A 是 B"这种陈述的判断,在主语 A 的被示的对象中——不管那是实在物,还是虚构物——将 A 的陈述的意义加以具身化,通过进而将这种"是 A 的东西"作为"B"来二重地命名,将其设定为作为 B 的陈述的意义的某物。

这里形成的"A 是 B"这种意义成体,在传统的判断论中通过两极的方法被错认。A 和 B 的关系,不论被看作两概念的"内涵"之间的包含关系,还是被看作"外延"之间的包含关系,抑或被看作 A 的外延的对象和 B 的内涵的规定性的归属关系,当外延或内涵被作为判断主体的人们直接赋予为"表象"这一念想为前提时,"A 是 B"这一意义成体,也就成为一种"表象结合"。这样,实际上从错误的认识论的前提,产生将判断的直接内容或与件看作结合表象的一群理论。但是,不管是陈述的意义(内涵)还是被指的意义(第二性的外延),当将其自身抽取出来而追问其存在性格时,它不是物理的实在也不是心理的实在,而是呈现与纯粹数学的对象或价值对象性等同样的"理念"(ideal)的存在性格,显然不是心理的实在的(real)的"意识内容""表象"。这里——虽然有待以下各节所论述的某些事情的介入——判断意义成体不是物的存在也不是心的表象,更不是形而上学的存在,而是作为属于第三存在领域的某种东西被独立化,被假设为明显独立于判断主体的判断作用的"客观的东西""事态""判断的第一性的客体"等。

但是,判断意义成体具有名词/命名这种现实的生理/心理过程,是以条件反射过程为基础的东西,没有这种过程是无法形成的。换句话说,是抛开语言过程就无法独立的东西。然而,传统的逻辑学或认识论——即使从命题的表现这一维度斟酌判断与语言的关联性——忽略了语言乃判断意义成体的存在的构成的/本质的契机这一点。"思维过程、判断过程,在**原理上**是前语言的东西,首先进行判断,然后带来语言表达"这一教条,判断本身"是没有语言也能进行的"这一教条,成为近代认识论的前提性理解。确实,在"盖格尔的哥白尼式转向"①之后,虽然达到将语言看作思考的前提的哲学家并非完全没有,但就笔者所知道的,这些哲学家并没有主题性地展开判断论。我们暂时撇开简单辨认或再认的维度与判断的关系,现在已必须自为地拒斥传统的教条,设定语言及其意义功能是判断的构成的、本质的一个契机。盖在传统的判断论中,作为陈述的判断的直接与件以两极的形态被错认的东西(即心理的"表象结合态"以及命题自身之类"独立的事态"),它们的真实态不过就是存在于二重命名中的二肢性结构的意义成体,解开判断论的"难点"(aporia)②的关键也在于此。

但是,判断不单是意义成体的出现,更何况结构的意义成体不是作为判断的判断。现在必须将判断的主体契机也纳入考察范围,推进探究的进程。

---

① ◎ガイガーのコペルニクス的転回:"盖格尔的哥白尼式的转向"。19世纪印欧语言学家 Lazarus Geiger 的见解。继承 William Gladstone 的荷马研究的东西。古代语言的基本色(焦点色)词汇很少,随着后代历经人类共同的发展阶段,增加了二次色(中間色)词汇。与现在从被称作萨皮尔—沃夫假说(不管一个人是否愿意,语言和它相应的文化经常是一体的)的立场,主张"由于语言的差异,世界的分节化有着不同"相关。在那里,基本色是语言贯通的一方,二次色则是色彩词作为范畴而获得的。〔译注:例如,在日本人眼里,"青赤白黑"这四种基本色的历史最为悠久,它们拥有的联想及象征意义远多于相当于二次色的历史相对较短的"黄绿紫"和历史最短的"灰茶桃橙"。庞陈婧彧:《儿童色彩语码习得问题相对论与进化论研究》,《东南大学学报(哲学社会科学版)》2009年S1期。〕

② ◎アポリア:希腊语。参照本书第349页脚注。

2. 判断意识的交互主体

在前一小节中,为权宜计,把构成判断成体的形成条件的判断活动作为类似单纯命名的东西来处理,但判断自不待言是单纯命名的结合之上的东西。传统的判断论中,"客观有效性的意识""对于真伪价值的肯定/否定的态度决定"等形式所讨论的东西就在于此。这里作为讨论的线索,我想从被传统的判断论称作"客观有效性的意识"等的意识事态开始。

关于被称为"判断的本质的一个契机"的客观有效性的意识,也许常识的想法是作如下"说明"。例如,在判断"这个箱子中有一千个红球"的场合,所谓伴随判断的客观的有效性的意识,实际上是"若打开箱子看见红球,把它数完的话应该是千个"这种确信,不外是经过感性的知觉的"验证"这种副判断的意识,云云。——实际上,像素朴实证主义的"验证理论",就是将这种"知性与感性的一致"与"意识内容与客体自身的一致"加以二重化,由此,视之为"客观有效性"——可是,例如判断"三角形的内角和等于两直角"的情形又如何呢?人们知道纸上的图形并非如此,感性的知觉也无法验证。虽然如此,在常识的想法中用与箱子中的球同样的装置可以"验证"这种信念,怎不是潜藏于无意识中呢?当胡塞尔言说意义充实作用,提倡本质直观这种高阶直观的充实时,用通俗的话可以说,他是对上述那种想法加以"哲学的"理念化。

但是,若进行"认识论"的考察,打开箱子实际看见的球真的是红色吗?看见的红色难道不只是主观的事实而已吗?从这一点来看是成问题的,这里不必进入这一维度。像数学的命题,即使说是本质直观等,我们也无法进行直观验证,当判断"苹果是水果,西红柿是蔬菜"时,不能以打开箱子注视的方式加以验证。所谓客观有效性的意识,即使在发生论上具有"箱子中的红球"的情况之根据,也毋宁说是特殊情况,终究不能说明判断意识所考察的一般的事实。原本,客观的有效性的存在与否之所以被强烈地意识——没有事先"验证"——在于打开箱子而实际看到红色的场合。所谓应予说明的客观有效性的意识，毋宁说是这种验证的场面中的意识事态。

在那里，判断意识所考察的一般的心态，论者们以判断的结合的必然性，或真伪的价值评价的应当的必然性的方法把握"决定感情"。即使判断不具有事实的必然性，也是伴随规范的被约束性，在应当的必然性的意识这一点上与道德的价值判断有着共同性，可以说是心理事实。那么，什么是规范的被约束性、应当的意识？乍一看，它是发自人们灵魂深处的东西，或被理解为发自超越的规范意识的命令/禁止的东西，无需援用涂尔干学派也可知，规范的约束性是人们的相互主体（主体间性）的规定所折射的投影。判断的态度决定的应当的必然性归根结底是交互主体的事象。

但是，这里省略进入判断的应当的必然性——由此对于他人的普遍有效性及客观有效性的意识——的主体间性存在根据和机制，我想从别的视角导入同一的归结。

坦率地说，所谓打开箱子眼前所出现的球是红色，它的客观有效性的意识，将该与件（被示的意义对象）命名为"红色"这件事的交互主体的有效性，岂不也是"人们"将之命名为"红色"这件事的依据？伴随"苹果是水果""西红柿是蔬菜"这种判断的确实性的意识，显然是与命名的交互主体的信念等值吧。"三角形的内角和等于两直角"这一判断的也是与理念化的交互主体的有效性的意识等值。从结论来说，若对伴随判断的态度决定的觉识依据加以分析的话，归根结底不外是该决定的交互主体的有效性的意识。

为了了解这当中的事情，我们必须逆溯判断意义成体的二重（多重）归属性这一内省的事实。在上一节中，我们论述了对判断的意义成体的形成和存在来说，语言是本质的、构成的一契机。判断这种行为，无论在发生上还是在逻辑上，都源自语言交往的被中介性的存在，有必要自为地把握它在本原上是"内在的对话"这一点。

判断意义成体，在语言交往中，与他人之间共有。例如，在我听到小孩说"鲸是鱼"的场合,"鲸是鱼"这一判断是小孩的判断,不是我的判断。作为我的我判断鲸是哺乳动物,对我来说鲸不是鱼。但是,对于只是观念地扮演小孩的判断意识的我来说,大体上"鲸是鱼"。在此意义上,也只在此意义上,"鲸是鱼"这一意义成体(Objektiv)也是属于我的东西,因此之故,我能够理解小孩的错误判断。这里的"鲸是鱼"这一判断意义成体,在归属于小孩的意识的同时,也在上述意义上归属于我的意识,即可以通过二重的方法归属于判断主体。这种二重归属及多重归属,是语言交往中的一般结构的事实,"我",不光可以归属不特定的他人的判断内容,不特定的他人的判断内容也可以归属。实际上被称作"我的知识"的东西的绝大部分,不是产生于我的直接体验的东西,而是源自他者的判断的意义成体的分有。

若联系判断主体加以重新把握的话,判断意义成体的二重归属这一事态,意味着判断主体在"作为某人的某个"这一自我分裂的自我统一的二肢二重性中存在。而且,与知识内容的交互主体化、命名活动的交互主体化及构想法的交互主体化相似(parallel),可谓朝着"作为我们的我"的主体而实现各个的"我"的自我形成。其结果是,仅管是"我"在判断,但一般而言,那与其说是作为我的我特有的判断,还不如说是作为我们的我的判断,而且,这个"我们",不是特定的我们,作为其自身来说既不是男人也不是女人,既不是老人也不是青年,是被理念化的"我们"——当将其自身抽取出来探究其存在性格时则具有与几何三角形等同样的理念的存在性格——是可谓交互主体/共通主观的判断主体一般的东西。在此意义上,说起来各个的"我"的判断,每每自在地、无意识地一方面僭称另一方面裁决交互主体的＝认识论的主体的资格,正因为这种"僭称"是"作为我们的我"而近似历史地、社会地形成的,故具有现实的根据。

这样,判断活动具有一般的、自在的交互主体,那多半是自为化的东西——这里暂且这么断定地说——不外是与应当必然性的意识相照应的普遍有效性的意识,以及"客观有效性的意识"。

3. 判断的四肢关系结构

我们在前两项，以割裂判断成体的意义结构和判断主体的交互主体的形式进行论述，判断实际上是作为二重二肢的四肢结构关系而存在的。我想在这一小节中将判断的真/伪问题也纳入范围，尽可能填补前一小节中的武断的讨论，使判断的本质结构自为化。

为了形成判断意义成体，必须以前面各项所考察的那种陈述的意义为媒介。这种陈述的意义，虽然前面各项没有涉及，但在本原上是交互主体的意义形象。一个人即使能以任意的名词称呼一系列的事物，也不能设定"类/种的同一性"。确实，虽然在学者尝试新的命名那样的场合，通过一个私人的行为或可视为能够设定类/种的同一性，但那只有依靠既成的意义体系才有可能，在原理上是交互主体的共同活动的行为。那正如鲁滨逊漂流中虽然乍一看也能孤独地生活，但他利用从沉船取出的货物，实际上是依据与文明世界的人们的自在的共同活动。所谓一定的判断意义成体归属于"我"，是与"我"作为语言主体，作为一定的交互主体的主体而实现自我形成相联系的。

这样，判断意义成体不能脱离交互主体化的某种主体的归属而自存。而之所以产生"命题自身"的自存这种理论，是因为在日常意识中，判断的意义成体一方面可以无差别地归属于任何人，另一方面依然存在（及意识）特定的某人对其加以排斥，将判断意义成体看作宛如是自存似的。判断的意义成体之于"我"归属意识一般是欠缺的。

作为判断的判断，虽然以这种归属意识的自为化为必要条件，但这种自为化并不直接就是判断。所与的判断的意义成体，在作为归属于特定的他人（观念地扮演意义上的我）的东西而被自为化的场合，在它作为归属于非特定人称乃至非人称的人们（观念地扮演意义上的我）的东西而被所谓"世人的想法"自为的场合，这种自为化自身并非判断。同时，归属的自为化，在与迈农所说"假定"的自为化相照应的场合，即扮演的归属者在积极上即使有所欠缺也存在自为化的情况。甚至在判断的意义成体归属于作为我的我的自为化的场合,也不能直接说是"我的判断"。因为,其中包含的可能不过是单纯的我的推测(Meinung)的自觉化这种情况。那么,推测与判断有何分歧？对此的规定也就成为对判断的积极的自为化。

这里,没时间作判断的样态的区别,也没时间作量的区别(这必须联系"第一性的外延"和"第二性的外延"进行新规的解析),我想就判断的质(肯定/否定)预备性地说几句。判断意义成体,有着在发生上即使是否定的但在今天的有效意识中也成为肯定的场合(即使语法表现是否定形在实质上也是肯定的场合)或与之相反的场合,而且,虽然形成阶型的多重结构,但在原基上形成建立在积极的命名形式上的意义成体是交互主体的有效还是无效的分歧。但是,在现实的判断过程中,一般来说,判断意义成体已带有肯定/否定的质的规定(参照稿末补记),其归属性的自为决定成为问题。

单纯的我的推测,与该判断的意义成体不过是归属于作为我的"我"——虽说如此,若从元层上考察这个"我"的话,是自在地僭称"作为我们的我"——的东西相对,在作为判断的判断方面,该判断的意义成体归属于"作为我们的我"被自为化。若以这一事态为结构性契机进行分析,属于我的判断成体同时也是作为归属于"我们"或"人们"的东西而具有。如前所述,这种"我们"或"人们"绝不是现实的某人。实际上,在学者发表新说的场合,他虽知道那并不归属于现实的他人,但相信该判断成体不单纯是推测,而是普遍有效的,这里所说的"我们",就是在前一小节指出的意义上的理念的——带有规范的价值性——主体性。

判断意识中的判断主体以自在的自己来僭而称之的这种理念的主体性,在判断意识中自在地具有的这种结构性契机——这正好与在语言学的语言结构论分析中,以"理想的说话人—听话人"(ideal speaker-listener)[50]这种理念化的语言主体为不可缺少的结构性契机的发现相类似——只要它具有以语言交往为媒介的判断的交互主体的体验之基础,是以这种体验的结构性契机为"理念化的边界"(idealisieren),我们就将这种理念的判断主体称为"判断主体一般",作为判断意识的结构性分析的虚焦点(focus imaginarius)①的记述概念来使用。

我是想援用"判断的真/伪性"这一术语(terminology)而将其定式化,可是想来,布尔查诺通过"真理自身"这种方法而独立化地思考的东西,以及鲍赫"作为客观有效的真理"而确立的东西,若以我们的作风加以重新把握,被看作归属于判断主体一般的判断意义成体,就此而言,不外是被各个判断主体相对独立化的意义形象。我们即使通过与这种独立化的交互主体的判断意义成体的比较,也能讨论判断的真伪问题。当将"我"的判断意识置于元层中来考察时,在归属于"我"的判断意义成体,与归属于判断主体一般的判断意义成体(真理)相一致的场合,"我"的判断是正确(richtig)的判断,当不一致时是不正确(falsch)的判断。前者是所谓为真的认识,后者则不外是谬误。

要言之,判断意义成体即将逻辑上的主语所指示的外延的对象作为逻辑上的谓语所判断的之外的某物(etwas Anderes)②,以及在作为陈述的意义作为二肢性结构成体的设定中存在的意义成体,从我们的立场(für uns)③来看,总是归属于作为某人的二肢性自我分裂的自我统一的相貌中的主体,是该判断意义成体的归属的主体将那时的自己作为判断主体一般而互渗地自为化的东西,有效地面向意义成体的这种自为的意识事态就是判断。

我们根据这种交互主体的意义成体的意识的中介性存在结构的自为化来把握判断,在以上的讨论中停留于通过判断意识的基本结构进行大致的分析——不仅指没有进入关于判断的量、样态和种类等具体的问题——还遗留着这种判断意识中具有的事态,尤其是交互主体的要求性,何以可能被赋予认识论、存在论上的权利这一根本问题。但是,这也是关于辩证法的地平本身的根源性问题,必须另外进行探讨。

---

① ◎虚焦点 focus imaginarius:参照本书第 114 页脚注。
② ◎etwas Anderes:德语。"其他的某物""之外的某物"。
③ ◎für uns:参照本书第 62 页脚注。

(1) John Locke: *An Essay Concerning Human Understanding*, 1690, 4th ed., 1700, Book IV., chap. XIV.

(2) Immanuel Kant: *Kritik der reinen Vernunft*, 1781, 2 Aufl., 1787, B10 f. vgl. *Prolegomena*, 1783, §2.

(3) 关于康德的这一问题的思想背景，请参照康德1772年3月写给 M. 赫茨①的书信，以及1770年代的遗稿，Th. 赫林的校注附录 *Kants Duisburgscher Nachlass*。

(4) Georg W. F. Hegel: *Wissenschaft der Logik*, 1812, 2 Teil, 1816; *Enzyklopädie*, 1817, 3 Aufl., 1830, §166.

(5) Friedrich A. Trendelenburg: *Logische Untersuchungen*, 1840, 3 Aufl., 1870, S. 232.

(6) Wilhelm Wundt: *Logik* I, 1880.〔4 Aufl., 1919, S. 147 f.〕

(7) Christoph. Sigwart: *Logik* I, 1873.〔5 Aufl., 1924, S. 138.〕

(8) Friedrich Überweg: *System der Logik*, 1857.〔5 Aufl., 1882, S. 190.〕

(9) W. Wundt: *Grundrisse der Psychologie*, 1896.〔15 Aufl., 1922, S. 226.〕另外，相同旨趣的思想还有 Th. 里普斯②的 Gefühl des Zwangs③ 等，见于诸多的论者。

(10) Ch. Sigwart: *ibid.*, S. 102.

(11) Ch. Sigwart: *ibid.*, S. 392f.

(12) René Descartes: *Principia philosophiae*, 1644.

---

① 马库斯·赫茨（Marcus Herz, 1747—1803），德国哲学家，形而上学大师，康德的学生和朋友。著有《思辨的哲学》等。

② 西奥多·里普斯（Theodor Lipps, 1851—1914），德国哲学家、心理学家、美学家。他将心理学作为伦理学、逻辑学、美学之基础。著有《伦理学的根本问题》《美学》和《心理学》等。

③ ◎Gefuhl des Zwangs：德语。"（被）强制的感觉"。

〔Œuvres de Descartes, par Adam et Tannery, Ⅷ. A. 18.〕

(13) Baruch de Spinoza: *Ethica ordine geometrico demonstrata* Ⅱ, 1677, prop. 49. demon.

(14) David Hume: *A Treatise of Human Nature*, 1739, Book Ⅰ, part Ⅲ, § V.

(15) Franz Brentano: *Psychologie vom empirischen Standpunkt* Ⅱ, 1911.〔2 Aufl., 1925, S. 28 ff.〕但是，自成体系的(idiogenetisch)、独创性的(idiopathisch)的说法并非布伦塔诺本人的说法，前者是 Fr. 希尔布兰德①，后者是 A. 马尔梯②的命名。

(16) F. Brentano: *Vom Ursprung sittlicher Erkenntnis*, 1889, S.17.

(17) I. Kant: *ibid.*, B626.

(18) F. Brentano: *Psychologie* Ⅱ, S.60.

(19) F. Brentano: *ibid.*, Kap. Ⅲ, § 1.

(20) F. Brentano: *Psychologie* Ⅰ, 1874.〔2 Aufl., 1924, S.112.〕

(21) Rudolph H. Lotze: *Logik*, 2 Aufl.③, 1881, S.61.

(22) Julius Bergmann: *Reine Logik*, 1879, S.46ff.

(23) Wilhelm Windelband: Beiträge zur Lehre vom negativen Urteil, *Strassburger Abhandlungen*, 1884, S.170.

(24) Ch. Sigwart: ibid. S.156.

(25) 文德尔班的《否定判断论寄语》也受洛采的影响，在

---

① 弗朗西斯·迈尔-希尔布兰德(Franziska Mayer-Hillebrand, 1885—1978)，德国心理学家。

② 安通·马尔梯(Anton Marty, 1847—1914)，德国语言学家，布伦塔诺的学生。

③ ◎2 Aufl.:第二版的加注，不过作者在这里使用的是 F·minor 社的"哲学文库"版，页码也是同版。

与西格瓦特①的关系上以或然判断为第三判断,在 *Präludien* 1884; *Vom System der Kategorien*, 1900; Die Prinzipien der Logik, 1912 等文章中采取同格的二分的立场。

(26) Hermann Cohen: *Logik der reinen Erkenntnis*, 1902.〔3 Aufl., 1922, S.19.〕

(27) W. Windelband: *Präludien* I, 1884.〔9 Aufl., 1924, S. 29f.〕

(28) Heinrich Rickert: *Der Gegenstand der Erkenntnis, Einführung in die Transzendental-Philosophie*, 1892, 2 Aufl., 1904, 3 Aufl., 1915. 此书第三版在内容上可谓各自独立的图书,因为本文中后述的理由,我们这里引用的是第二版。不过,第二版是珍本书,笔者没有阅读原书的机会。幸好有山内得立的日译版《认识的对象》(岩波书店 1916 年版,1922 年第 7 版)——虽被收录文库版但已绝版——此书第二版的引文引自这个日译版。

(29) 李凯尔特,前注(28)的日译版,第 138 页。

(30) H. Rickert: Zwei Wege zur Erkenntnistheorie, Kantstudien, Bd. XIV, 1909, S. 174. 另外,这篇论文的日译文也收录于上述日译版的附录。

(31) 李凯尔特,上述日译版,第 166 页以下,第 226 页以下。

(32) H. Rickert: *Der Gegenstand der Erkenntnis*, 3 Aufl.; Die Erkenntnis der intelligibeln Welt und das Problem der Metaphysik, *Logos*, XVI, 1927; *System der Philosophie*, I Teil; *Allgemeine Grundlegung der Philosophie*, 1921.

(33) Bernhard Bolzano: *Wissenschaftslehre*, 1837, Bd.

---

① 克里斯托夫·西格瓦特(Christoph Sigwart, 1830—1904),德国逻辑学家,新康德主义者。

Ⅰ, §§ 48, Bd. Ⅱ, §§ 102.

(34) B. Bolzano, *ibid.*, Bd. Ⅰ, § 67.

(35) Kazimierz Twardowski: *Zur Lehre vom Inhalt und Gegenstand der Vorstellungen*, 1894.(川村安太郎日译版《表象的内容与对象》,岩波书店 1929 年版。)

(36) 关于对象论的日译版介绍,有橘高伦一著《对象论》(启明社 1929 年版)。本书将 E. 马利①(E. Mally: Über Wesen und Aufgabe der modernen Gegenstandstheorie,1914)加入的序说译出,本文以 R. 阿梅塞德②(R. Ameseder: Beiträge zur Grundlegung der Gegenstandstheorie, 1904)的简要介绍为中心。

(37) Alexius Meinong: *Über Annahmen*, 1902.〔2 Aufl., 1910, S. 42ff.〕

(38) A. Meinong: *ibid.*, S. 49ff. vgl. Über Gegenstände höherer Ordnung, 1899; Über Gegenstandstheorie, 1904; Zum Erweise des allgemeinen Kausalgesetzes, 1918.

(39) John S. Mill: *A System of Logic*, 1843, B. Ⅰ, chap. 2, § 1.

(40) Edmund Husserl: *Ideen zu einer reinen Phänomenologie und phänomenologischen Philosophie* Ⅰ, 1913, §§ 76, §§ 87; *Logische Untersuchungen* Ⅱ, (1) 5. Unters. §§ 41.

(41) E. Husserl: *Ideen* Ⅰ, § 94, §§ 109; *Logische*

---

① 恩斯特·马利(Ernst Mally, 1879—1944),德国逻辑学家,道义逻辑创始人。马利认为,判断和欲求是对事态的两种不同态度。古典逻辑是判断的逻辑,它指定正确与错误的判断标准。马利提议以给定事态成立的那种态度,给欲求构造一种相似的逻辑。这种理论叫"道义论"。一个人对给定事态 p 成立的欲求,可以用"p ought to be/p 应当成立"的句子来表达,这里的"应当"概念即马利系统的初始道义概念。

② 鲁道夫·阿梅塞德(Rudolf Ameseder, 1877—1937),德国逻辑学家。

Untersuchungen Ⅱ, (1)5. Unters. §22.

(42) E. Husserl: *Ideen* Ⅰ, §§136.

(43) Emil Lask: *Die Lehre vom Urteil*, 1911, *Gesammelte Schriften*, Bd. 2, S. 297f.

(44) 拉斯克的用词是"Wahrheitswidrigkeit"(*ib.*, S. 300),如久保虎贺寿日译版《判断论》(岩波书店1929年版)第27页所指出的,这里以真理和虚假的形式作对比。

(45) 关于这些问题,请同时参考 E. Lask: *Die Logik der Philosophie und die Kategorienlehre*, 1910.(久保虎贺寿日译版《哲学逻辑学》(岩波书店1930年版)。另外,关于他的遗稿 Zum System der Logik 第一部的介绍,有波多野尧《拉斯克价值哲学》(丁酉出版社1931年版)。

(46) E. Lask: *Die Lehre vom Urteil*, *ibid.*, S352 f., S. 386f.

(47) Bruno Bauch: Wahrheit und Richtigkeit, *Festschrift J. Volkelt zum 70, Geburtstag* 1918, S. 69.

(48) 他所说的"Theory of Description"[①],请参阅如下日译版文献:《数理哲学序说》(平野智治译,岩波书店1954年版)。

(49) Gottlob Frege: Über Sinn und Bedeutung, *Zeitschrift für philosophische Kritik*, 1892, Schriften herausg. V. G. Patzig, 1966.英译版有 On Sense and Reference, *Philosophical Writings of Gottlob Frege*, translated by P. Geach and M. Black, Oxford, 1960.

(50) Noam Chomsky: *Aspects of the Theory of Syntax*, 1965, p.3.

---

① 参阅姚大志:《现代西方哲学》,中国社会科学出版社2015年版,第147—149页。

第三章　涂尔干伦理学说的批判性继承

西南康德学派的俊秀鲍赫,在可谓无奈的困境中所写的论文"伦理学"(Ethik)①的前言谈道,"今天,伦理学这一部门,甚至在哲学的内部,即连哲学家们自身,也被当作继子对待"[1],叹息伦理学的寂寥状态。但是,在他发出嗟叹之声的20世纪初,当从现在的时点来回顾时,不如说是必须羡慕的伦理学盛行的时代[2]。此学的现状已终究难以寂寥之语来穷尽。是"伦理学与上帝一起死了"吧。然而,纵然可以说伦理学完全死了,所谓必须"以死者埋葬死者"。为此,应该使伦理学再一次活过来。

这里,我们必须追思涂尔干的伦理学说。涂尔干的伦理学说,确实遗留颇多含糊之处,如果说得过分点的话,"他没有解决任何问题"。他指出问题的所在,不过是设定了视角。但是,那不是说他渺小,而是因为他提出的问题太大,他设定的视角远远超越传统的构想。与伟大的哲学家一样,他的着眼点和构想超出了一个人的范围。他没能引导出整合的归结盖不足为奇。所幸他聚集英才成一学派。他的学派推进了从道德形而上学到道德科学的道路。但是,后继者毕竟只是后继者,顶多只能继承老师的一方面。涂尔干的真正积极的东西很多,在经过半

---

① Ethik:德语。"伦理学"。

世纪之后的今天，依然被雪藏，眼下我想抛开忘却的深渊。

回过头看，当追溯伦理学的诸派在涂尔干死后直面的难点时，同样值得回到涂尔干的出发点来看。由是我斗胆向涂尔干求故知，寻道路。

(1) Die Philosophie im Beginn des zwanzigsten Jahrhunderts, *Festschrift für Kuno Fischer unter Mitwirkung von O. Liebmann, W. Wundt, Th. Lipps, B. Bauch, E. Lask, H. Rickert, E. Toroeltsch, K. Groos*. 2. Aufl., 1907, S, 208.

(2) 因此这一时期出现了伦理学史上如下不朽的力作（这里涂尔干学派的著作未列入）。Th. Lipps: *Vom Fühlen, Wollen und Denken*, 1902; G. Moore: *Principia Ethica*, 1903; H. Cohen: *Ethik des reinen Willens*, 1904; K. Kautsky: *Ethik und materialistische Geschichtsauffassung*, 1906; M. Scheler: *Der Formalismus in der Ethik und die materiale Wertethik*, 1913—.另外，还有虽然不是伦理学图书，但自称为伦理学的直接预备门的 W. 冯特的十卷本《民族心理学》从 1900 年开始出版，M. 韦伯的《新教伦理与资本主义精神》于 1904—1905 年出版。

第一节 涂尔干及其学派的伦理学说

为了涂尔干伦理学说的批判性继承，不仅需要与他的主张对质，还必须将其后继者们的"继承性发展"也纳入范围。为此，这里我想首先一瞥涂尔干的道德理论的特质，概观他的学派对"习俗科学"[1]（science des mœurs）及"习俗学"（éthologie）[2] 的批判性"继承"。

(1) 这一词语是涂尔干自己在 *Détermination du fait*

moral(1906)中使用的,在这当中,他意识到了列维-布留尔对该术语的用法。

(2) 不用说,是指 A. 百耶①(A. Bayet)的习俗学(*éthologie*)。

[一] 涂尔干的伦理说,以标榜为道德科学的道德社会学(sociologie morale)而知名。但是,这里所谓的**科学**,是与神学或形而上学的思辨相对比的科学,并非拒斥"正当意义上的哲学"的东西。实际上他严格紧惕从生物学、社会学等其他科学推导出道德科学主义,自始至终试图将伦理学确立为独立的科学,不能把道德社会学与"社会学的道德论"(morale sociologique)相混淆。

这当中的信息,根据他的博士论文《社会分工论》(*De la division du travail social*, *Étude sur l'organisation des sociétés supérieures*, 1893)的开头可知。

当时34岁的涂尔干写道:"这本书是根据实证科学方法来考察道德生活事实的一个尝试……有些道德家并没有依据先验原则,而是依据从生物学、心理学和社会学等实证科学中借用的某些前提来推演自己的学说,并把他们所谓的道德说成是'科学的'。这绝不是我们想要遵循的方法。我们不想从科学中推导出道德来,而是想建立一种道德科学"②(1)云云。

如这里所看到的,道德社会学本来就不是作为规范学的规范学,也不是"应用科学",而是试图对道德现象"在其固有的规律性中"作出理解的事实学。

这种事实学,以特殊的综合(synthèse sui generis)观为立场的前提,由此确立一种独特的社会实在论以及将社会事实作为"物"(chose)

---

① 阿尔贝尔·百耶(Albert Bayet, 1880—1961),法国社会学家。
② 涂尔干:《社会分工论》,渠东译,生活·读书·新知三联书店2000年版,第6页。

来处理的方法论准则。特殊的综合观虽在今天看来是陈腐的,却是对于力学主义/要素主义的世界观的真正反题(Antithese),它主张整体大于部分的总和,整体不是部分的总和或机械的集合,而是化合的、生产的综合。以此观察社会,社会这种东西确实是由诸个人的行为形成的,是特殊的综合并具有独立的存在性。可社会事实"与心理事实有质的不同"①(2),由于特殊的综合而不能通过反思加以把捉,以致成为"不透明"的对象性。它相对于诸个人的行为是外在的,在"只有通过观察和实验才能最终理解"的客体事实这一点上,就要求"社会事实是与物质之物具有同等地位但表现形式不同的物(chose)"②(3)。

为了有助于后面的讨论,我想这里稍微谈一下涂尔干关于社会事实(fait social)的出色规定。"社会事实表现为一切思想或行为的方式"③(4),"与心理事实有质的不同"④(5),"社会事实与心理事实……的基质(substrat)也不同,两者在不同的环境下演变,也不取决于同样的条件"⑤(6)。"要有社会事实存在,就必须至少有许多个人通力合作,并使这种合作产生出新的东西"。由"这种新东西的综合"⑥(7)形成"具有存在于个人意识之外的这种明显属性的行为方式、思维方式和感觉方式(manières d'agir de penser et de sentir)"⑦(8)。我们可在最广义上称之为"制度"(institution),它"不仅存在于个人意识之外,而且具有一种必须服从的,带有强制性的力量(une

---

① 涂尔干:《社会学方法的准则》,狄玉明译,商务印书馆1995年版,第12页。
② 涂尔干:《社会学方法的准则》,狄玉明译,商务印书馆1995年版,第7页。
③ 涂尔干:《社会学方法的准则》,狄玉明译,商务印书馆1995年版,第12页。
④ 涂尔干:《社会学方法的准则》,狄玉明译,商务印书馆1995年版,第12页。
⑤ 涂尔干:《社会学方法的准则》,狄玉明译,商务印书馆1995年版,第12页。
⑥ 涂尔干:《社会学方法的准则》,狄玉明译,商务印书馆1995年版,第18—19页。
⑦ ◎manières d'agir de penser et de sentir:法语。"行动、思维和感觉的方式"。(译注:参见涂尔干:《社会学方法的准则》,狄玉明译,商务印书馆1995年版,第24页。)

puisse impérative et cœrcitive)"①⁽⁹⁾。因此,社会事实"由表象和行为构成……不能把它们与仅仅存在于个人意识之中并依靠个人意识而存在的心理现象混为一谈"②⁽¹⁰⁾。盖社会事实是独自成类的。

若将上述含意包括在内进行定义,"一切行为方式(toute manière de faire),不论它是固定的还是不固定的,凡是能从外部给予个人以约束的,或者换一句话说,普遍存在于该社会各处并具有其固有存在的,不管其在个人身上的表现(manifestations individuelles)如何,都叫做社会事实"③⁽¹¹⁾。

道德社会学,是在上述定义道德现象的意义上作为社会事实之一斑来处理,由此阐明他一流的"社会学方法的准则"。

(1) *De la division du travail social*, 1893, 2. éd., 1902, préface de la première édition, xxxvii. 另,涂尔干在 *Éducation et sociologie* 中定义教育学的时候也采用基本相同的说法。

(2) *Les règles de la méthode sociologique*, 1895, 6. éd., 1912, préface de la deuxième edition, xvi.

(3) *op. cit.*, p. xi.

(4) *op. cit.*, p. xvi.

(5) *l. c.*

(6) *l. c.*

(7) *op. cit.*, p. xxi.

(8) *op. cit.*, p. 6.

(9) *l. c.*

---

① 涂尔干:《社会学方法的准则》,狄玉明译,商务印书馆 1995 年版,第 24 页。
② 涂尔干:《社会学方法的准则》,狄玉明译,商务印书馆 1995 年版,第 25 页。
③ 涂尔干:《社会学方法的准则》,狄玉明译,商务印书馆 1995 年版,第 34 页。

(10) *op. cit.*, p.8.

(11) *op. cit.*, p.19.

[二] 道德社会学将义务(devoir)和欲望(désirabilité)列举为"道德事实的判别特质"(cf. *Détermination du fait moral*, 1906),这一点广为人知。不过,涂尔干本人在晚年发展了旧说,这从他举出关于三个要素的遗稿(*Éducation morale. physique des mœurs et du droit*)等可知。这里我想联系其晚年"成熟的思想",探寻其轮廓。

涂尔干说:第一,"我们通常称之为道德的所有行为,都有一个共同的方面。所有这样的行为都遵循着预先确定的规范。使一个人自身的举止合乎道德,这是一个遵守规范的问题,甚至是要求人在行动之前就决定在特定场合应该有什么样的举止的问题。道德的这一领域,也就是义务的领域;义务就是受到规定的行为"①(1)。"道德是由预先决定行为表现的行动规范体系所组成的。"②(2) 这意味着"在纪律的概念中,除了规则性之外,还存在权威的概念"。不过,"规则的意义与权威的意义构成的只是纪律的精神这种复杂的单一状态的两个方面","所有道德气质的第一个基本要素,即纪律的精神"③(3)。

第二,支撑"追求非个人的目的(les fins impersonnelles)"④(4)这种道德行为的共同性格的心性,是对非人称/超个人的(supra-individuel)的某种东西的依恋(attachement)。"道德行动既不可能是除行动者以外的某个人的目的,也不可能是

---

① 涂尔干:《道德教育》,陈光金、沈杰、朱谐汉译,上海人民出版社2001年版,第25页。
② 涂尔干:《道德教育》,陈光金、沈杰、朱谐汉译,上海人民出版社2001年版,第26页。
③ 涂尔干:《道德教育》,陈光金、沈杰、朱谐汉译,上海人民出版社2001年版,第37页。
④ 涂尔干:《道德教育》,陈光金、沈杰、朱谐汉译,上海人民出版社2001年版,第59页。

其他许多人的目的。""它们必定涉及某种与个人不同的东西。""它们是超个人的。"①(5) 这种超个人的东西,其实"就是社会"②(6)。"社会是既内在于个人,也超越于个人的东西(objet)③",这种集团心性(mentalité collective)将超个人的人格的社会所布置的强制(obligation)作为所希望的东西来感受,是对超个人的人格的社会的依恋④(7)。

第三,"要合乎道德地行动,光靠遵守纪律和效忠群体是不够的,……还必须对我们行为的理由有所了解"(8)。但是,"规定这种行为的规范,必须是人们自愿地向往的规范"(9)。并且这种"自觉意识为我们的行为赋予了自主性"(10)⑤。因此,必须形成与意志的自主性相联系的"道德的知性"(intelligence de la morale)这第三要素。

这样,涂尔干是将道德的社会事实分为三个要素来进行讨论的,在他看来,"道德实在既是复合的,又是单一的东西"。"然而,它的统一性来源于作为其基础的具体存在,后者的本性是在道德中表达出来的,也就是说,这个具体存在就是社会。"⑥(11) 他根据这一命题,"解决"传统的伦理学家们所陷入的"义务与善"的难题或两难困境。"然而,我们一旦理解到,道德的这两个要素不过是同一个实在的两个不同方面而已,问题就容易解决了。它们的统一性……是一种真实实体的统一性,是通

---

① 涂尔干:《道德教育》,陈光金、沈杰、朱谐汉译,上海人民出版社2001年版,第60页。
② 涂尔干:《道德教育》,陈光金、沈杰、朱谐汉译,上海人民出版社2001年版,第66页。
③ ◎objet:法语。"对象""客体""客观"。
④ 涂尔干:《社会学与哲学》,梁栋译,上海人民出版社2002年版,第58页。
⑤ 涂尔干:《道德教育》,陈光金、沈杰、朱谐汉译,上海人民出版社2001年版,第118页。
⑥ 涂尔干:《道德教育》,陈光金、沈杰、朱谐汉译,上海人民出版社2001年版,第110页。

过各种不同形式的行为表达出来的。"①⁽¹²⁾"义务就是道德,因为它能够发号施令。我们必须服从的,正是设想为一种权威的道德,我们必须服从它,因为并且只因为它是一种权威。善就是道德,它被认为是一种可求的东西,能够自发地把我们的意志引向善,并激发我们对善的渴求。……义务就是布置准则的社会,善就是作为比我们自身的单个自我更为丰富的实在,我们只要留恋这种实在,就会丰富我们自己的社会。"②⁽¹³⁾"因为社会超越于我们,所以它才会控制我们,命令我们;另一方面,它在凌驾于我们一切时,又会渗透于我们之中。因为它构成了我们的一部分,所以会借助一种特殊的吸引力引导我们,鼓励我们去追求道德目的。"③⁽¹⁴⁾

毕竟,根据涂尔干的道德社会学,超个人的人格的社会这种实在,形成在其两个系列的作用样态中所显现的道德现象。即发现在超个人的人格的社会之于个人是外在的东西这一意义上属于强制力(义务/规则),而在之于个人是内在的东西这一意义上属于欲望的东西(善/依恋),以诸个人的自律行为为机缘,这是道德现象及其根据所在。

(1) *Éducation morale*, 1925, p. 26.

(2) *op. cit.*, p. 27.

(3) *op. cit.*, p. 39.

(4) *op. cit.*, p. 66.

(5) *op. cit.*, p. 68.

(6) *op. cit.*, p. 102. cf. *Les formes élémentaires de la vie religieuse. le système totémique en Australie*, 1912. 这部

---

① 涂尔干:《道德教育》,陈光金、沈杰、朱谐汉译,上海人民出版社 2001 年版,第 98 页。

② 涂尔干:《道德教育》,陈光金、沈杰、朱谐汉译,上海人民出版社 2001 年版,第 96 页。

③ 涂尔干:《道德教育》,陈光金、沈杰、朱谐汉译,上海人民出版社 2001 年版,第 98 页。

大作可以说是这一论题的实证性研究。

(7) *Détermination du fait moral. en Sociologie et Philosophie*, 1924. p.77.

(8)(9)(10) *Éducation morale*, p.37.

(11) *op. cit.*, p.127.

(12) *op. cit.*, p.112.

(13) *op. cit.*, p.110.

(14) *op. cit.*, p.113.

[三] 道德社会学当然是事实学,而不是他所谓的"理论的道德"。但是,社会"内在地具有理想",所谓的理想本身是一个社会事实。因此,道德社会学能够通过认识理想而"提供给我们改良道德实在的方法"①(1),"发现我们的行为应有的方向"。并且"决定我们漫不经心所指向的理想"(2)。就此而言,道德社会学能够为实践提供指南,绝不是始终作为观照的科学的东西。

原本"道德的特性在于它阐明了社会团结的基本条件。道德是能够把我们自身和我们的社会联系起来的所有纽带"②(3)。生物体若每次都要摸索适应的反应,那根本就无法生存。所以生物体的反应方式在基本点上必须是预先规定的,"所有生物都遵循特定的规则生活",从而确立规则的行为方式。尤其在人这种社会生活的经营者中,与这种"有组织的生活形式"相适应的规则性成为必要,"必须把各种规范确定下来,这些规范决定着什么关系是适当的关系,人们得服从什么样的规范"。这是道德的存在根据③(4)。

---

① 涂尔干:《社会分工论》,渠东译,生活·读书·新知三联书店 2000 年版,第 10 页。

② 涂尔干:《社会分工论》,渠东译,生活·读书·新知三联书店 2000 年版,第 356 页。

③ 涂尔干:《道德教育》,陈光金、沈杰、朱谐汉译,上海人民出版社 2001 年版,第 39 页。另参阅涂尔干:《社会是道德的根源和目的》,《社会学与哲学》,梁栋译,上海人民出版社 2002 年版,第 63 页。

可是，因为要求这种道德的社会有机体是超个人的，而且是外在的/内在的，它往往作为"神格"而被意识，所谓"义务与依恋"就是作为与这一神格之间所形成的东西而被表象的。"社会构建了这种膜拜，把人塑造成为这种膜拜所服侍的上帝。"①(5) 这里所谓神圣性与道德性的平行对应成为存在的结果，很久以来"作为宗教生活的核心的上帝，同时也是道德秩序的最高守护者"②。然而，"如今上帝被归结为道德的保护人的角色。……道德可以完全不依赖于任何神学概念而被构建起来。这样，原来能够把这两个体系统一，甚至融合起来的约束关系，就变得越来越松散了。所以，当我们明确打破这种约束关系时，我们便顺应了历史的潮流"③(6)。

但是，虽说涂尔干敢于打破这种约束关系，却同时表达了如下担忧之念。"如果人们只限于把所有宗教的因素从道德纪律中剔除出去，而不是取而代之，就几乎不可避免地会遇到这样的危险：把所有真正意义上的道德因素一并取消掉。在理性道德的名义下，留给我们的将只有一种贫乏而苍白的道德。因此，要避免这种危险，就决不能满足于一种表面上的分离。我们必须在宗教概念的核心之中寻找出那些丢失了的、被掩盖其中的道德实在。我们必须摆脱这些宗教观念，找到它们的构成成分，确定它们的真正性质，并用理性的语言来表述它们。一句话，我们必须发现……宗教观念的理性替代物。"④(7)

然而，当这样说的时候，结果不是以对原有的宗教道德的"理性化"结束吗？"会不会陷入保守主义？"涂尔干这样自问道。

他回答说："事实并非如此。道德能够限制我们欲望的社

---

① 涂尔干：《社会学与哲学》，梁栋译，上海人民出版社2002年版，第63页。
② 涂尔干：《道德教育》，陈光金、沈杰、朱谐汉译，上海人民出版社2001年版，第12页。
③ 涂尔干：《道德教育》，陈光金、沈杰、朱谐汉译，上海人民出版社2001年版，第10—11页。
④ 涂尔干：《道德教育》，陈光金、沈杰、朱谐汉译，上海人民出版社2001年版，第12页。

会，并不是社会呈现给自身的社会，而是社会本身，或者是社会真正成为的社会。社会对其自身所具有的、在舆论中得到表达的意识，也许是对潜在实在的不充分的看法。意见可能会被残余思想所压制，滞后于社会的真实状况。同样可能的是，受过去环境的影响，某些原则即使是现存道德不可或缺的，也会在一段时间内，变为无意识，因而似乎不存在。道德科学使我们可以重新修正这些错误。"①(8) "我们首先必须珍视的，我们首先必须为之献身的，并不是社会的物质方面，而是社会的灵魂。"②(9)

道德社会学，通过开示这一"灵魂"，能够为人们提供道德行为的指南。而且并非仅仅停留在辨别"正常和异常"的范围，具有时代漠然追求的理想的明确认识，能够赋予道德的价值判断的依凭。这样，涂尔干主张只有道德社会学才具有改善道德现实的真正的实践有效性。

(1) *De la division du travail social*, préface cf. p.5f.

(2) *op. cit.*, p. xxxix.

(3) *op. cit.*, p. xxiv.

(4) cf. *Éducation morale*, p.41.

(5) *Détermination du fait moral*, p.85.

(6) *Éducation morale*, p.8.

(7) *op. cit.*, p.9.

(8) *Détermination du fait moral*, p.54.

(9) *Éducation morale*, p.139.

[四] 涂尔干的伦理学说，若借用勒鲁(E. Leroux)的说法来说，可在与道德社会学并列，乃至与其相混在的形式中，读出社会学的道德论

---

① 涂尔干：《社会学与哲学》，梁栋译，上海人民出版社2002年版，第41页。
② 涂尔干：《道德教育》，陈光金、沈杰、朱谐汉译，上海人民出版社2001年版，第121页。

(la morale sociologique)。涂尔干学派中的伦理研究,就是要"克服"这种二元性,将伦理学作为事实学加以纯化的方向。

后来以原始精神的研究而著名的这一学派的才俊列维-布留尔在《道德与习俗学》(La morale et la science des mœurs,1903)一书中,马上提议科学立场和规范立场的严格区别,致力于可谓有着道德物理学(physique morale)之内容的习俗科学(science des mœurs)。在他看来,从理论上科学上研究规范,这在"在者"的范围内是可能的,但是,这种理论科学自身并非规范的。因此,例如 W.冯特所思考的那种"规范的科学"是不可能的,试图"赋予理论的认识本身以立法的威力"的做法不仅在**逻辑上**是不可能的企图,同时也是无用的。他说:如很久以前诸多人所注目的那样,各种伦理说虽然在理论部分千差万别,但在实践训导方面则几乎毫无差异。伦理学的各种理论,不过是要树立以习俗为教义的不成功的东西,对于习俗并没有增加一丝半点,对于"道德性的进步"没有任何贡献。"道德性的改善"之所以产生,不在于通过规范伦理的效用,而在于遵循内在于道德事实的客观因素和规律。鉴于这一点,规范伦理学乃是无用、无价值的[1]。

即便撇开规范伦理学不光不可能还无用的论点,也如列维-布留尔所指出的那样,传统的伦理学,是基于(1)人性是无关时间和地点的同一,(2)道德意识是调和矛盾的体系这两个公设而构筑的。列维-布留尔将这种公设加括号,将被赋予为事实的"各种伦理,即准则、戒律、命令和禁止的能够观察的全体",按照它们在种种人类社会所呈现的原貌进行研究,进而提倡应该以"与物理的自然科学研究其对象同样的精神",将道德科学(science de la morale)向习俗科学(science des mœurs)进行"纯化"[2]。

沿着这一途径而推进一步的是 A.百耶的习俗学(éthologie)。"从亚里士多德到孔德①,追问'盗窃是犯罪,为何这是犯罪'？涂尔干通过他的道路总结了相同的问题,对盗窃进行谴责是正常的东西还是病态的？列维-布留尔只是将涂尔干所提出的问题中的科学要素抽取出来。对盗窃的这种谴责是怎样的东西,盗窃在各式各样的人类集团中是如何被评价的？以怎样的规律,即以怎样的假说来说明被观察到的各种事实？由是从原则上提出了习俗学"(3)。百耶将伦理事实定义为"各种社会事实所显现的善恶的区别",致力于以那种成文律(formules)、通语(langues)、法律(droits)、习俗(mœurs)及文学(littératures)为中心资料的实证研究(4)。在他所谓的习俗学中,已经几乎看不到涂尔干那里显著的作为**说明科学**的色彩的影子,乃至宛如转变成了**记述学**。

涂尔干及其学派的伦理学说,就这样"进化"为习俗学,并就此凝固为化石。但是,"在百兽死绝的今天,必须使化石复苏过来"。

(1) *La morale et la. Science des moeurs*, 1903, 5. éd., 1913, chap. Ⅲ. P. 67.

(2) *op. cit*., p.12.

(3) 这段话载于古川哲史教授"习俗学概说"(《法国伦理思想研究》,小山书店 1948 年版)。

(4) *Histoire de la morale en France*, t. 1, la morale des Gaulois, 1903; L' idée de bien, 1908.

第二节 继承的意向和视角

尽管传统的伦理学将道德当作上帝赋予的东西,当作人们自然具

---

① 奥古斯特·孔德(Auguste Comte, 1798—1857),法国哲学家,社会学和实证主义的创始人。著有《实证哲学教程》《实证政治体系》《主体的综合》和《论实证精神》等。

有的东西,还是具有设想"真正的道德"对人类存在者而言好像是超历史的普遍有效性的规范(norme)①的倾向。因此,在这当中,**应然**道德是存在问题的,现实地看见的道德现象,实定的道德律和人们的道德意识,顶多是"真正的道德"的歪曲的体现,不过是它的"现象",对它的实证研究,作为学问的伦理学来说不是任何本质的东西。然而,涂尔干及其学派的伦理学,正是通过从本原上将道德作为社会的、历史的形象来把握,作为历史的所与的道德事实的研究,才成为伦理学的本质性契机。实际上在这一学派中,伦理学成为一种实证的历史科学——社会科学。但是,若稍加反思便知,即便道德在本原上是社会的、历史的形象这一点是不变的真实,也不能得出以道德为对象的科学可以还原为实证科学这一结论。这里我想省察上述这一点,着眼于后继者们将之当作涂尔干的"不彻底的夹杂物"而"切除"的方面,确认我们所应继承的涂尔干的视座。

[一] 如前所述,列维-布留尔主张的"规范科学"在**逻辑**上不可能,提议应局限于将伦理学作为事实学的事实学。规范科学不可能论是以规范和事实的二元性截断为前提才得以成立的东西,当从将规范性的最终根据放在集体表象这一**事实**当中加以考察的法国社会学派的立场来看时,不得不说那是逻辑上存在矛盾的立言。另外,认为元道德(métamorale)是无用、无价值的言说,其自身属于元道德的维度的东西,在具有自我破坏性这一点上是明显的逻辑的事实。但是,我们姑且撇开形式上的议论,而将目光投向由列维-布留尔因进行"去主观化"(désubjectiviser)而陷入的**道德科学**的陷阱。

为了将道德科学确立为"道德物理学"(physique morale),确立为真正的实证科学,必须避免我们的情感活动的着色、避免价值判断的混入,而进行道德实在的去主观化[(1)]。当列维-布留尔以隐蔽的口吻确立

---

① ◎ノルム:norme。法语。"规范"。

马克斯·韦伯的价值自由（Wertfreiheit）①这一主张时，在他的念头中恐怕已出现了涂尔干的"应该坚持自杀必须受到谴责的原则"②(2)(《自杀论》)这类"混入的价值判断"吧。所谓道德科学努力不混入研究者本人的任意的价值判断，否则就不成其为**科学**，这是可以接受的主张。但是，当他进一步进行与物理学的类比（analogy），主张"道德的自然"本身的去主观化时，就开了陷阱的口子。列维-布留尔引证说通过对以前渗透超自然要素的自然——神话的泛灵论的自然观中的"自然"——去主观化才可能形成作为学问的自然科学，主张道德科学亦通过同样的去主观化才可能形成道德物理学。但是，这种去主观化，异于先前的没价值的**态度**的维度，而关系到对象本身。那可谓伦理现象的"去意识形态化"的东西，当硬是进行这种去主观化＝去意识形态化时，涂尔干舍去的正是作为道德科学的主要对象的"超自然的要素"——即作为人们的集合表象的价值意义——而从对象领域脱落了。因此，即使同样冠以道德科学之名，也已异于科学的对象。

不过，就算假设伦理学局限于事实学，这种伦理学也不光是"原生的道德事实"，而且关于道德事实的反思意识——即使撇开作为学问而主张的基底的东西，各个时代一般人们的道德意识多半可谓以无意识的、前意识的方法，根据前逻辑的逻辑在日常中不断进行省察的价值判断——也作为道德事实之一斑，这当然应是作为对象领域而被包含在内。因此，"道德科学"，当道德主体舍去其日常意识中所具有的上述价值判断而进行"去主观化"＝去意识形态化时，就陷入对象领域的不当限定。

不惟如此。原本前面所说的"原生的道德事实"，是人们的集合的**应当**意识中存在的东西，当对其去主观化时，顶多只遗留习惯的**行为方式**，那已是**道德**事实，而不值**道德**现象之名。硬是实施去主观化的以习

---

① ◎Wertfreiheit。德语。"价值自由"。可是，在作者念头中可能性很高的译语是"无价值性"。

② 涂尔干：《自杀论》，冯韵文译，商务印书馆1996年版，第366页。

俗为对象的科学,势必缺失道德而堕落为习俗学(éthologie)。只要作为学问的伦理学不应该颓落为单纯的习俗学,就不能进行这种场面的去主观化＝去意识形态化,即便作为**事实学**的伦理学,也必须是客观化的价值意识的科学(science de la valeur-conscience objectivisée)。所以道德事实的去意识形态化乃是破坏对象,伦理现象终究必须在其本原的意识形态性中成为学问的对象。

并且,伦理事实的领域,需要确立以列维-布留尔所指出的"两个公设"为主的认识批判之探讨的若干假设[3],作为学问的伦理学当然有必要对其抉择和吟味。然而这一作业,已超出实证科学的领域而可以说属于元道德,在此意义上,必须有待预想作为事实学的伦理学是元道德。这样,作为学问的伦理学,既然以元道德为必然的契机,就不能完全还原为——即使是在将对象置于本原的意识形态性中来把握的场合——实证的事实学。

这样,可以知道从列维-布留尔开始的去主观化(désubjectivisation)[①]〔不是研究者的"精神准备"〕,只要其关系到对象领域,就是导入伦理学的自我否定的企图,原本是不可能采纳的途径。

(1) *La morale et la science des mœurs*, p.191f.

(2) *Le suicide. Étude de sociologie*, 1897, nouv. éd., 1930, p.439.

(3) 在列维-布留尔所列举的公设之外,还可以认为一般假设了以说明伦理学的公设为默认的前提。

〔二〕如果那样,习俗科学如何能够主张作为道德科学的自己？虽说欠缺权利根据,当中也有当然的事由,并且必须承认它开拓了伦理学的一种局面。通过考虑到这一点而再次回顾涂尔干,能够把握批判性继承的视座。

① ◎désubjectivisation：法语,前文"去主观化"。

列维-布留尔通过所谓"伦理的自然"的"去主观化"的程序而抽取出来的东西，用类比的话来说，就好比语言现象中的"语法"——被看作事实法则的语法。曾经有一个时期，认为语法并不是从人们实际进行的语言活动（language）抽象出来的事实法则，而是作为人们应遵循的规范。以这种规范主义为基础，由于现实的语言活动往往脱离于规范之外，实证研究不重视本质的意义，而专门探讨**应有**的规范原则及其具有的权利。其后，规范主义被放弃，而对语法去主观化，事实法则和观察成为主流，至此语法的科学研究才取得成果。关于道德律的探究也进入相同途径，这被认为是列维-布留尔的志向。以这种状态对道德法则进行科学研究，不用说不会很难，也确实能阐明诸多问题[1]。以列维-布留尔、百耶为代表的涂尔干学派的习俗科学之所以取得"成果"，正是通过上述状态和程序。

　　可是，原本道德法则的存在与语法法则一样，不同于所谓的自然法则。人们根据它来思维，遵循它来行动，它终究是进行思维、行动的方式（manière de penser et de faire）[1]。而人们遵循它，是因为它具有强制的权威，作为应该依恋（s'attacher）的东西而在意识或前意识中被意识。涂尔干正是对这方面的情况进行了分析和说明。后继者们是对人们觉得应遵循的这种强制的规则体系去主观化，对其自身加以研究。可以说涂尔干指出了这并非所谓语言（langue）维度的规律自身，不用说是语言（language）场面中的合理规定。并且道德科学并不只是以思辨而告终，实践的指南——尽管它在道德教育的指南这种形式上是间接的，但在从希望作为可以直接诉诸世人的东西而具有有效性这一点来说，却正是关于上述这种"语言（language）场面"的科学研究所不可缺少的。若欠缺这一意向及其可能性，伦理的事实法则的研究——与对人们的语法意识**明确**去主观化的语法规则的研究同样——充其量只

---

　　① ○manière de penser et de faire：法语。"思维、行动的方式"。顺便说一下，动词 faire 的过去分词形 fait 与"事实 fait"同形。

能是满足好事者的记录趣味的东西。我们必须回到涂尔干的问题意识和意向来对待道德事实。

这个问题点，即人们是为何以及如何基于自我规定（se contraindre)行为方式(manière de faire)的道德律——类似①语法规则——而存在的[2]，不用说，涂尔干自身的说明很难说是十全十美的。而且，当中还遗留着二重方法的问题。

——他的"说明"若用极端图式化的话来说，可做如下两个归结。

（一）作为超人格的人格的社会，相对于个人是外在的超越的，故作为具有强制力的权威而显现。然而同时，作为超个人的人格的社会，是负载诸个人的存在的东西，而个人因内临其中之故，诸个人将其作为善的东西、爱的东西来意识。这样，遵从其命令乃是义务，并且，基于是希望/善这种意识，人们通过自律地服从分派的规则的方法来行使道德行为。

（二）诸个人是社会这种有机体的分肢，只有依靠这种社会有机体的存在才能保证诸个人生存。因此，使这种"有机体"永存对于诸个人而言也是利益所在。然而，有机体原本要求其分肢有着统制的合规则的行为，诸分肢只有在充分的限制中才能够存在。这样，诸个人将这种有机体的要求作为分派的义务来感受，遵其而行归根结底是自己的利益所在，因此将其作为希望的东西来意识，通过自律地服从它这一方法而行使道德行为，云云。

在这两种说明方式中，关于前者，是与将其作为相对于诸个人而言是超越的内临其中的东西＝"上帝"二重化，若作为上帝的命令和上帝的爱来解读的话诚然深中肯綮。但是，通过外在/内在这种命题，终究离具有说服力的"科学"的说明还

---

① ◎アナロゴン：参照本书217页脚注。

有很大差距。后者是名副其实的生物学主义的社会有机体说本身,这即使可以说是类推也不得不说是前说明的。

但是,涂尔干的**理论**之于上述两个论点的不成功,作为他自身来说也注意到应就此进行说明的视角和着眼点。为了将其抽取出来,现在必须稍微扩大视界。

(1) 一般认为索绪尔语言学乃是法国社会学派之支流。cf. Cours de la linguistique générale, 1915.

(2) 道德的事实法则的研究之所以具有意义,就在于这一角度。

[三] 虽是与涂尔干所说的社会事实以及他所谓的社会相关的问题,但道德法则究竟是如何得以形成的?用涂尔干巧妙地称之为"行为方式"的固定化的"道"来模拟地说的话,道德这种小径,若是人们不进行踩踏的话将立刻还原为草原。人们为何沿着小径步行,对此的"说明"在前一小节作了考察。现在这里应问的是,究竟是如何在草原开拓小径的?所开拓的为何是那条小径,而不是其他?同时,从小径的废弃来说,那又是为何? 此乃先决问题。

确实,涂尔干及其学派也许主张将社会事实作为所与的前提,试图专门对此进行科学的分析和解明。但是,在对何谓社会事实、何谓社会这些问题的规定中,应该也同时提供了解答上述问题的钥匙。

这里,我们必须将目光投向涂尔干所说的"社会事实"的存在性格。他说社会事实是"物",是"思维和行为的方式",是"集体表象"。通过这些表述,他想表达的所谓社会事实是怎样的存在?

当涂尔干将构成社会事实的东西乃是与生理/心理现象、生命/生物体现象、物理/化学现象相异质的独自成类的存在的想法置于念头时,首先能够理解"物"的规定。他通过这一规定,一方面标榜拒斥社会唯名论的社会实在论的立场,另一方面拒斥基于社会有机体说这种**形式的**社会实在论,设定了社会事实在诸个人的生理/心理行为的总和之上，而且它不能通过与生命/生物体现象的类推而穷尽。在此意义上，社会事实对诸个人的意识来说是"不透明"的，是只能通过观察和实验来接近的以"与物的现象同等资格"来对待的外在存在。但是，这种"物"，是与物理/化学的现象体相异质的。为了表示这种异质性，而赋予"人们的思维和行为方式"这种第二规定，在这种规定中诸个人的思维和行为方式的总和之上这一性格是不明了的。因此，为了明示特殊的综合而确立了"集体表象"这一规定。这种集体表象，当然并非脱离诸个人、通过其自身而存在的形而上学的实在。那么，它是在何种方式中存在的？涂尔干自身未必有明确的表述。但是通过确定这一点，可以知道他所说的社会事实是什么。

当说到社会事实、集体表象在诸个人的意识/行为的总和之上时，若明确这当中的逻辑的话，是一旦拟设原子的诸个人之后，就形成总体在这些原子的总和①之上这一逻辑结构。在现实中只能作为被称为"有机的总体"的东西而存在，集体表象之所以作为"在这之上"而存在，是因为原子的总和"在这之下"。因此，必须掩埋为了取得实相而在拟设"原子的意识行为"之际所产生的"在这之下"，即成员②与原子的裂痕。这种裂痕不外是所谓集体表象和个人表象的裂痕，所谓个人表象归根结底是拟设，所谓**个人**的表象在本原上带有作为集体表象的性格。"我思"（cogito）在本原上是作为群体思维（idéation collective）③的"我们思"（cogitamus），"我做"（facio）④原本是"我们做"（facimus）。"思维和行为方式"在本原上是集团的/交互主体的。这种交互主体的思维和行为的反实体化（objection-objectivation）不外是涂尔干所说的社会事实（fait social）。

---

① ◎アトマ：atoms。希腊语"atomon"（原子）的复数形。
② ◎グリーダー：德语"Glied"（グリート）的复数形。Glied 是分肢、成员的意思。源自拉丁语 membrum，相当于英语 member。
③ ◎ideation collective：法语。"群体思维"。
④ ◎facio：法语"我做"。不定形是 facere。附带说一下，factum 是其派生词。

这样，前面确立的问题就归结为"思维和行为的交互主体性，以及这种共同主观的思维和行为的反实体化，用更准确的话来说即物化（reification）、物象化（Versachlichung），原本是如何形成的？规定其展相的东西是什么？"这种问题。我们通过对这种问题进行定式化的同时，也获得了抵近（approach）的视角。

回过头来想，涂尔干将之作为道德的诸事实的构成契机而列举的强制（obligation）、依恋（attachement）等，不外是"思维和行为的交互主体的存在结构"的契机，是交互主体的/集团的心态的存在方式。涂尔干开拓并奠定了将所谓的价值或规范的问题也纳入他所说的**意义上的**社会事实中——"我思"（cogito）、"我做"（facio）在本原上是"我们思"（cogitamus）、"我们做"（facimus）这种人们的意识和行为的交互主体的＝相互主体的存在结构中——的道路。我们应予继承的视角的确不外乎此。

第三节 发展继承的方向

通过继承上一节所重新把握的涂尔干的意向和视座，我们的伦理学的省察可开拓怎样的展望？这里我想联系两三个基本的论点思考其一斑，顺便确认再次提出的问题点。

［一］第一个是与作为学问的伦理学的可能性相关的问题，即如何处理伦理的价值判断的"普遍有效性"？我们首先从这个问题来进行思考。

从我们试图继承的视座来说，别说伦理的价值判断，原本认识一般也被历史地、社会地相对化，这一点不言自明。在此意义上，通俗的认识批判论者由此非难说，此乃否定（vernichten）①作为学问的超历史的

---

① ◎vernichten：德语。"消灭""否定"。

普遍有效的认识体系的伦理学吧。但是，我们把这种非难本身看作历史的、社会的相对的意识形态的一种体现，丝毫无关痛痒。我们所要探讨的是"在一定的历史的、社会的范围中——这种历史的相对性的界限内——果真存在伦理的价值判断的大致'普遍有效性'吗？如果存在的话，它是如何存在的？"这种形而下的问题。

无论作为"权利问题"还是作为"事实问题"，我们都不在**严格意义上**谈论普遍有效性。可是，目前作为一个事实问题，我们在一定的社会范围内可以看到，相当程度的价值判断的交互主体一致这一点进行确认，并且可以确立我们关于这一"事实"的说明。

传统的伦理学说，说明伦理的价值判断的交互主体的一致，在客体上**是善（恶）**，因此作出它是善的（恶的）价值判断。可是，事实不是相反吗？难道不是交互主体的一致作出善（恶）的价值判断，因此产生"在客体上是善（恶）"的推测（meinen）？价值的客观性并非价值判断的"普遍有效性"的存在根据，相反，难道不是价值判断的交互主体的一致导致了所谓的"价值的客观性"这种推测？我们现在停止关于存在判断的判断，将商品（Güter）的存在视为自身的存在。因此，这里是"价值性质"和"价值自身"的问题[1]，这种"价值"，若推及涂尔干及其学派的理论，不过是交互主体的价值判断的反实体化。

根据从原始精神解明涂尔干提出的集体表象问题的列维-布留尔的著名研究，和从精神病理的现象加以阐明的夏尔·布隆代尔的研究，知觉、记忆自不待言，甚至就感情而言，人们的意识都有着"集团化"。如他们详细地阐明的那样，它并非根据单纯的模仿，因为社会强制地对待它。布隆代尔说，甚至连模仿也"不单是由于榜样自身的魅力，而是包含集体表象的强制力的爱情、尊敬和恐怖等各种各样的感情的可谓全方位的作用"，"模仿不是生理学的必然性，而是属于道德拘束（contraintes morales）的领域"。人们的意识"被不断置于集团命令（impératifs collectifs）的压力之下"，因此是基于共同性、同调性的东西而完成的，而不是由对象——以及由其触发而产生的精神物理的**个人**

心理的状态——的意识状态所决定的东西。并且这一点越是进入"高等的精神作用"就越是明显。价值判断可以说是最好的例子[(2)]。

然而传统的理论致力于将意识、判断和价值判断放在对象与**个人**的主体的关系中来衡量，由于至多只是从复合来思考意识的社会性，因此作为交互主体的一致的依凭，也就要求价值这种客体对象性自身。结果产生或确立形而上学的超越的价值存在，或自称通过本质直观而被赋予的价值对象性之类的"错视"。

与此相对，我们继承涂尔干学派的视角，进行哥白尼式的转向，对于价值判断的交互主体的一致是所谓的"客观有效性"的**存在**这一点作出反命题。

这样，我们的问题是阐明价值判断的交互主体的一致——虽说价值自身并非客观的存在，但是这种一致存在一定的主体/客体的根据——的根据，以及交互主体的一致的形成机制，进而尽可能解明其意识结构，即"我思"（cogito）之所以是"我们思"（cogitamus）的意识的本原性结构，这里过渡到了焦点。

但是，这里我想暂且停留于对这一新产生的课题的确认。

(1) 马克斯·舍勒或尼古拉·哈特曼所说意义上的"价值性质"。Vgl. M. Scheler: *Formalismus in der Ethik und die materiale Wertethik*；N. Hartmann: *Ethik*, 1925, 3. Aufl., 1949, S.294f.

(2) Charles Blondel: *Introduction à la psychologie collective*, 1927, part, II, chap. 3.

[二] 第二是——在我们的思考中，伦理学毕竟可谓"基于应当意识的反思"（Die reflektierende Begründung des Sollen-Bewußtseins）的学问——如何说明应当意识这一问题。这里，我想联系这一问题谈谈所谓的拘束性规定（contrainte）。

如反复确认的那样，应当意识是道德事实的实际契机。这种"道德义务"(conscience de devoir)①,与涂尔干所说的"拘束"(obligé,contraint)的意识密不可分,在此意义上虽与"必须"(Müssen)②的意识是相通的,但相对于"必须"是以不得不服从其强制这一判断为前意识的前提,应当意识看上去则是以不服从它也大致可能这一非规定的判断为前意识的理解似的。而且,与涂尔干所谓的人格的存在者的命令这种意识也是密不可分,在应当意识中,某人,相对于不服从它也大致可能的某人,可以发现其似乎是被强制/命令地做出了如此这般的行为(包括可谓内在行为的思考或态度[Gesinnung]③)这一意识事态。

在这种应当意识及其交互主体性的说明中,传统的伦理学说分为:(A)是人格神,是理法,是通过某种**超越的命令者的干预**来说明的类型(type)[目前,也包括以"超越的应当""当它内在于我们人类时作为应当而被意识的超越的价值"为"逻辑的前提要求",通过循环论证来加以"说明"的学派⁽¹⁾],(B)是人类的人格,是作为特殊的能力,是通过人类**本具的**某种内在的定向活动(orientierende Aktivität)④——而通常认为这触发伦理的价值认识——来说明的类型,视为属于这当中任一一种不会有大过吧。但是,我们认为(A)中的"超越的存在者"的推测,其自身正是应说明的与件,以此作为"说明概念"来使用乃是本末颠倒,(B)的类型,确实不可能是莫里哀⑤的喜剧所谓的"基于催眠能力的说明"之外的东西。对我们来说,这类推测不过是对日常的应当意识的合理化的追认的东西,不过是构成其自身应说明的现象之一种。

---

① ◎conscience de devoir:法语。"应当的意识"或"义务的意识"。
② ◎Müssen:德语的助动词"必须"。相当于英语 must,与此相对,"应当"(当为,Sollen)所对应的助动词 sollen 是"应该"(べきである)。大致相当于英语 ought。
③ ◎Gesinnung:德语。"心情"或"心情的态度"。
④ ◎orientierende Aktivität:德语。"定向活动"。
⑤ 莫里哀(Molière, 1622—1673),法国剧作家,17 世纪古典喜剧的集大成者。著有《伪君子》《吝啬鬼》等。

关于应当意识及其交互主体性，我们可以推及如下涂尔干学派的所说。一个人只要出生，就会不断受到以亲兄弟为首的周围的人们的强制、命令以矫正其行为方式。既有伴随惩罚的名副其实的强制，也伴有哄笑、嘲笑之"罚"的矫正。如果该行为方式从一开始就与自己的需求一致，如果也没有惹起强制，那么也就不会经历外在的强压。不过实际上会被强制做与自己的需求背道而驰，而且不那样做也是可能的——至少是本人的想法——行为。随着这种被强制、命令的行为形成惯性，原本是具体个人的命令者们成了"人"（l'On, das Man）①，升华为抽象的人格。那么，一方面，可以观察和体验到现实的命令者们，或命令或不命令，或有时下达相反的命令，或经常不惩罚违反者这种事实。基于这种观察和体验，现实的有身的人格的命令产生失去定言的权威的倾向。这里，形成惯性的拘束心理（mentalité contrainte）②，在它被巩固的场合，在反思意识中与上述"升华的抽象人格"相结合。而且这种抽象的人格，首先是抽象的，在形成惯性的倾动是自动的、内发的意义上，是作为"内在之声""良心之声"而被意识，脱落了命令者的具体印象，成为单纯的"命令之声"；其次，通过体验与自己的直接需求的背道而驰之激烈，而愈发强烈地感受到它具有的权威/强制力之强烈，作为绝对的超越的命令权者——在多数场合及其他脉络（context）中亦为造型的"神格"——而被意识。这样，一方面作为人们人格固有的绝对的/先天的内在定位的现实势态（innere orientierende Aktualität）③、命令的自我意识，另一方面作为超个人的人格发出的绝对命令的觉识，形成两极的应当意识的理念化，它实际上是通过具体的诸人格相互间的强制/强压，形成交互主体的一致的应当及其规范的体系。——推及涂尔干学派的应当意识及其交互主体的一致，我们可以作出上述规则所具有的强制力的说明。

---

① ◎l'On, das Man：参照本书第63页脚注。
② ◎mentalité contrainte：法语。"拘束心理"。
③ ◎innere orientierende Aktualität：德语。"内在定位的现实势态"。

这里，我们直面如下课题，即有必要确定与应当意识的形成条件相关的命令和抵抗的动力学是由什么决定的，是如何被命令、如何被禁止的，该社会集团所抵抗、克服及遵守的命令是什么种类的东西，其兴废是由什么决定的，等等，决定应当意识以及道德体系的历史的社会的被制约性及其变迁的主要原因。

这一课题，通过曼海姆①所谓的存在被拘束性［Seinsverbundenheit（存在关联），Seinsgebundenheit（存在联系）］的具体解明，以及当说到"存在决定意识"时的存在——如该论者自己的话所说的，"这里所说的'人的生存'（Sein der Menschen）②乃是人们的'生活过程'（Lebensprozeß）③"之谓，而不是相对于认识主体的认识客体之谓——如何决定意识以及无意识，一言以蔽之，就是经济基础如何决定上层建筑这一问题。但是，这里我只对这一点加以确认而向前推进。

(1) 巴登④学派，尤其是海因里希·李凯尔特的主张。

［三］第三，虽是与作为实践学的伦理学取得某种权利的原因有关的问题，但所谓伦理事实法则和规范法则的关系，涉及事实与应当的背离的问题，我想就伦理学的本质性格作点思考。

现代伦理学的诸派，异口同声地主张不能从"存在"（Sein）导出"应当"（Sollen），不能从事实判断导出价值判断。在他们看来，伦理学因此不仅是理论学，为了能作为实践学来进行自我主张，必须以自身的价值命题为原理，并且必须赋予其权利，伦理学的事实法则自身被看作不具有作为规范法则的权能的东西。诚然，在形式逻辑上不能从"存在"

---

① 卡尔·曼海姆（Karl Mannheim，1893—1947），德国社会学家，知识社会学创始人。代表作有《意识形态与乌托邦》。
② ◎Sein der Menschen：德语。"人的存在"。
③ ◎Lebensproze B：德语。"生活过程"。
④ 巴登学派，又称弗莱堡学派、海德堡学派或西南学派。

(Sein)导出"应当"(Sollen)①。我们现在在这里在不问形式逻辑本身的权利根据的话,就不得不承认这一点。但是,对我们来说,论者们的主张其本身是应予说明的与件,真正的问题是追问为什么人们尽管屡屡想要苏格拉底式的知行一致,另一方面又往往产生知识和行为的背离。

因此我们首先想从伦理学的事实法则与所谓规范的关系来重新思考。

毋庸置疑,我们所说的伦理事实法则,实际存在的道德是无法去意识形态化的"事实",不是作为习俗的习俗之谓。换句话说,"实际存在的道德"并不是人们**现实**上**一致**遵循的"一切行为方式"(manière de faire)②。盖人们不断进行有悖于此的不道德的行为,所谓"实际存在的道德"不外是认为应成为"集团意识"的"行为方式",即人们在应当意识中所意向的理念化的"行为方式"。在此**意义**上,虽说是"事实法则",也不外是规范法则。但是,这一意义上的规范法则,当然不同于眼下所讨论的"真正的应有道德"的维度。人们(集团意识)认为**应该遵循的**"行为方式",果真是真正道德的?在集体表象中**被视为**应当的事情果真是真正的应当?争论的问题在于这一维度。〔顺便说一下,关于善恶的价值判断也是同样,人们所判断的善(恶),果真是真正的善(恶)?正如即使在地心说曾为集体表象所承认之时,那也终究不是真而不得不是伪,集体表象也可能犯错误。追随集体表象是众愚之业,善恶·应当的规矩不是应他求吗?此即争论的问题。〕

这里,若是主张原封不动地承认集体表象的价值判断与应当的"体系",原封不动地以此为应有的规范的话,那么在这一体系中,"事实法

---

① ◎ザインからゾレンを導出できないこと:"不能从'存在'导出'应当'"。ザイン是德语的 Sein"存在",ゾレン是 Sollen(应该),观点本身被称作"休谟原理"(Humean principle)。

② "要这样行动,使得你的意志的准则任何时候都能同时被看作一个普遍立法的原则。"见康德:《实践理性批判》,邓晓芒译,人民出版社 2003 年版,第 39 页。

则"与"规范法则"是完全一体的,也就不可能存在上述背离。那完全是整合的体系。可是,那样的主张——虽说确实我们敢于委身历史的社会的相对主义——我们不能采用。盖那不外是一种坏的现状肯定主义。但是,当求诸其他规矩时,又不免担心形而上学的妄言。当继承涂尔干的视座时,如何解决这种"两难困境"?

如已考察的那样,涂尔干说不是遵循社会组织,而是遵循社会"灵魂"①,试图逃出这种两难困境,终究很难说是成功了。他所说的"灵魂",其实,意含着全人类的爱情共同体——在那里各人的人格受到真正的尊敬——这一理念,以此为最终的规矩。与此相对,列维-布留尔重新提出了确立事实法则之外的"真正的规范"是无用、无价值的。尽管伦理学说尝试探寻多种多样的理由,但在实践训导上终究是基本一致的,被伦理学家称作"真正的规范"而提出的东西,归根结底没能超出集体表象的意向。那充其量是由集体表象的意向而带来的明晰表现,所以他说所谓的规范伦理不过是"试图确立以习俗为教义的不成功的东西"②!

列维-布留尔的这一指摘,确实有值得听取的地方。如确立定言命令的康德自己所告白的,它对于世间的道德没有增

---

① "人们称之为社会灵魂或精神的东西不是一种观念集,孤立的个人是永远想象不到它的,人们的智力也无法触及到它,它只能通过许许多多互有联系的个人之间的互动而产生,并维持自身。"见涂尔干:《道德教育》,陈光金、沈杰、朱谐汉译,上海人民出版社2001年版,第121页。

② 涂尔干指出,习俗与规范之于人,是一种内在与外在的关系,基本上对应我们今天所理解的道德与法律的关系。他说:"一切社会习俗都几乎不可避免地具有一种道德特性……习俗通过某种方式赋予道德行为以特有的尊重。即便并不是所有社会习俗都合乎道德,所有道德行为也都依然是习俗行为。无论谁拒绝这种习俗行为,都得冒公然违抗道德的风险。习俗是某些内化于人之中的力……规范本质上是一种外在于人的存在。"见涂尔干:《道德教育》,陈光金、沈杰、朱谐汉译,上海人民出版社2001年版,第129页。穆勒亦印证性地指出:"在基督教诞生之前的希伯来人那里,所谓正义,无非就是遵从法律。"见穆勒:《功利主义》,徐大建译,上海人民出版社2008年版,第48页。

加任何内容,没有赋予任何新的东西①⁽¹⁾,而"只是明确地自觉到它"。继承了"最大多数人的最大幸福"这一边沁②所说原理的穆勒,也自家告白说"这一原则不过是基督教式的日常伦理的换一种说法"③⁽²⁾。乍一看,可看作与世间知识相异质的伦理学家的绝对终极的"规范",也不可能超出集体表象的基本框架,归根结底着落于"给予每个人应得的东西。不要伤害任何人,但要尽力帮助所有人"(Suum cuique tribue.④ Neminem laede. Imo omnes, quantum potes, juva.⑤)这一底线。对实际存在的道德和真正应有的道德进行区别,虽然在逻辑上是可能的,但作为实际问题几乎毫无意义。在此意义上,说"道德社会学有现状肯定主义的危险",而打算自己提出"真正的规范"的道学家之辈也只是"五十步笑百步"。

但是,虽说确实任何伦理学都没能超出当代的集体表象的基本框架,但我们不能忽视当中曼海姆所谓的"特殊的意识

---

① "当语言在对给予的概念本来已经不缺乏任何表达的时候人为地去制造新语词,这是一种不通过新的真实思想,却想通过在一件旧衣服上加一块新补丁来使自己突出于众人之上的幼稚做法。"见康德:《实践理性批判》,邓晓芒译,人民出版社 2003 年版,第 10—11 页。

② 杰里米·边沁(Jeremy Bentham, 1748—1832),英国哲学家,功利主义的倡导者,将增进快乐和避免痛苦作为一切道德、立法的终极原理。著有《道德与立法原理导论》《政府片论》等。

③ "我并不认为伊壁鸠鲁派根据功利主义原则所得出的理论体系是毫无差错的。任何比较充分的理论,都还需要包括许多斯多葛派和基督教的成分。"穆勒:《功利主义》,徐大建译,上海人民出版社 2008 年版,第 8 页。

④ ◎Suum cuique tribue:拉丁语。"给予每个人应得的东西"(「各人に各人のものを」)。(译注:是为查士丁尼正义准则。)

⑤ ◎Neminem laede. Imo omnes, quantum potes, juva.:拉丁语。"不要伤害任何人,但要尽力帮助所有人"(「だれも傷つけてはならない。むしろあなたにできるかぎりで万人をたすけよ」)。

形态"①(3)为之添彩这一点。"存在"(Sein)与"应当"(Sollen)的背离的真正问题也在于这一场面。

当以道德规范本身为抽象的单纯"图式"而形式化时，道德律确实无法超越集体表象。在此意义上即使能够"超出"现状肯定主义，也只能是一小步。但是，集体表象本身原来并非形而上学的不变的实体，严格地说，不是单色的一元体。在被赋予的历史的社会内部，确实如上所述，存在相当广泛的交互主体的一致之心态的"作为我们的我，我思附着我们思"(ich als wir. cogito cum cogitamus)，所以虽然这里可看作存在"集体表象"，但是"集体表象"并非作为诸个人的同构共同性的抽象一般者，而是诸个人的交互主体的行为的**特殊**的综合而形成的东西，这一有机的整体涵盖各种反应(Greet)的动力学的对抗均衡。并且，从应当意识这种基底性契机的形成场面来看，道德已是立足于对抗因素之上的动力学形象。"我＝我们"(Ich＝wir)、"我思＝我们思"(cogito＝cogitamus)，不是在绝对的自我同一性中，而是在动力学的震动中勉强形成的，诸个人及其意识，作为动力学的总和之一项，作为变化、活动的东西而存在。伦理学家及其主张本身，就是这种动力学的一项，尽管它不能超越集体表象的基本框架，却将个性契机引入当中而使集体表象存在，具有作为促使其变迁的一契机的功能。当从这一维度来思考时，伦理学家的主体的主张，不可能原封不动地追认"集体表象"。盖"集体表象的道德意识体系"本身，**在严格意义上**是拟设的，**一种**应原封不动地加以肯定的现状原本就不存在。因此现实的道德意识体系本身以及伦理学，只能作为具有无法拒绝的个性色彩——一般是"特殊"意识形态性——的主张而存在。

---

① 曼海姆对意识形态作了两种区分，一是特殊的意识形态，二是全体的意识形态。前者是指由于情境真相不符合其利益，所以对某一社会情境真相的掩饰或扭曲，包括有意识撒谎、半意识或无意识地掩饰、有心欺骗或自欺欺人，体现了特殊集团的利益；后者是对一种世界观或对一种生活方式的彻底信奉。参阅曼海姆:《意识形态与乌托邦》，黎鸣、李书崇译，商务印书馆 2000 年版，第 65—71 页。

这里我们并不照原样相反地主张这种主体的主张直接就是所谓特殊的意识形态性。但是尽管这样，在"我思"（cogito）就是"我们思"（cogitamus）的意义上可以说有着大致的普遍有效性，有着"存在"（Sein）与"应当"（Sollen）的一致；与此同时，在"我思"和"我们思"并非完全相反的意义上，所谓普遍有效性、"存在"与"应当"的一致，已经不是事实问题，而是作为主体之主张、主体之要求的任务（Aufgabe）。并且那只有在贯彻"便—普遍—有效"（allgemein-geltend-machen）①以实践的自己的意义上，通过实现"存在"与"应当"的一致而使自己**成为**普遍有效的，该伦理说才能实证自己的权能。换句话说，在"我思＝我们思"（cogito＝cogitamus）的意义上，事实法则＝规范法则，不可能有"存在"与"应当"的背离。然而在不能归一为"我们一般"（wir überhaupt）②的"我"（ich）③的主体的主张成为结构的一个契机的意义上，规范性及其权利根据已不是有着理论基础的问题，而是变为能否使"我思"成为自在自为的"我们思"，能否使自己的"应当"的体系作为"事实法则"来实现（verwirklichen）④这一实践（Praxis）⑤的问题。

因此，若是能够实现"我思"与"我们思"的真正的一致，那么在那种时间和场所中，规范法则与事实法则也就完全一致，也就不会陷入**坏的**现状肯定主义吧。但鉴于"人不在于作为人而被生下来，而在于通过社会生活才成其为人"的情况，虽说"我思"自在自为地作为"我们思"而存在，可是那终究只能是动力学的统一（Einheit）⑥。因此，不能在与"国

---

① ○allgemein—geltend—machen：德语。"使普遍有效"。[译注：参照康德的道德律："要只按照你同时认为也能成为普遍规律的准则去行动"。（康德：《道德形而上学原理》，苗力田译，上海人民出版社1986年版，第72页）]

② ○wir überhaupt：德语。"我们一般"。

③ ○ich：德语。"我"。

④ ○verwirklichen：德语。"实现"。

⑤ ○Praxis："实践"。参照本书第38页脚注（Praxis是德语标记）。

⑥ ○アインハイト：Einheit。德语。"统一"。

家的消亡"①相同的意义上谈"道德的消亡"吧。

这样,我们在这里又遇到新的维度的问题。但是,这个问题已超出本稿的论域。

(1) Kant: *Kritik der praktischen Vernunft*, Einleitung.

(2) J. S. Mill: *Utilitarianism*, 3rd. ed., 1867.

(3) K. Mannheim: *Ideologie und Utopie*, 1929.

我们概观了涂尔干及其学派的伦理说(第一节),在确认了应予继承的志向和视角的基础上(第二节),探索了发展地继承的方向(第三节),通过这一作业,直面如下新的课题。① 确定人的意识和行为的本原的交互主体的结构,② 阐明这种交互主体的意识的全体的意识形态性及其存在被拘束性的机制,③ 进而阐明依存于交互主体的意识性的特殊的综合的动力学,亦即奠定了包含个性契机的意识的反实体化这一课题。

然而这些课题,不外是我们这十年来在认识论的场面中一直探求的问题,它要求追溯到前伦理学的问题圈。因此,我想在确认了对涂尔干伦理学说的批判性继承的视角和课题之处暂且搁笔,重新起稿从基本问题圈而上升(aufsteigen)②。

---

① ◎国家の死滅:"国家的消亡"。马克思、恩格斯、列宁的主张。尤其在列宁的《国家与革命》中,乃是与无政府主义者的主张"废除国家"相对峙的东西。

② ◎上向:"上升"。参照本书第140页脚注。

解　说
熊野纯彦

临床哲学的主倡者之一鹫田清一曾这样写道：

> 连动词也概念化，净是汉字这种生硬文体。与那种集会传单的激励口吻一模一样。曾有查找汉和辞典阅读的记忆。在没有空调的盛夏，头上裹着毛巾……这种印象紧随而来。那种图书不单是哲学系的学生，就连新起步的设计者或装帧家，也贪婪地阅读。这是"概念"引发情感的时代。在"学生叛乱"的最盛期，1969—1972年间相继出版了广松涉的《马克思主义的地平》和《世界交互主体的存在结构》。
>
> （《朝日新闻》2004年6月27日，书评栏）

鹫田生于1949年，其在京都大学文学部就读时恰逢全共斗运动①。在其"'概念'引发情感的时代"的述怀中，或许有其独特的真实吧。

再引用一则回忆。这是与本书作者广松涉同时代（1934年生）的法国文学研究者海老坂武自传的一节。其背景，与鹫田一文的回顾处

---

① 全共斗运动，1968—1969年发生在日本的学生运动。

于相同的时节。海老坂是作为一桥大学的教师而接触运动的，被称作所谓"造反教员"之一。

我对广松这人抱有个人的敬意，并非把他写的文章，无论是政治论文还是哲学论文最后都读完了，读完的只是发表于《朝日杂志》的《东京大学斗争的现代史意义》这类文章。对我来说，无论法语的文章如何难懂，都没有广松的文章难懂，因此，这是完全无法感受到阅读乐趣的文章。后来知道广松拥有很多热心的读者，我对此感到非常惊讶。(《那激动人心的希望的岁月 1969—1972》)

两者言及的都是"难读"或"难懂"的印象。从解说者个人的感触来说，若抛开无谓地嵌入德语等情况，我并不认为本书的文章有那么难读或难懂。虽说毋宁是感到一种独特的节奏感点缀"概念"、生发"感想"似的，但那种印象，总之应该属于读者各自的感觉和嗜好的东西吧。这里引证两种文章想确认的是，应当称作地地道道的"哲学书"的本书，同时也是述说时代、见证时节的一册文献这一信息。

关于这一点，在"解说"的结尾再说吧。这里首先想围绕作者，以及关于本书的地位，确认几点情况。

一

广松涉是1933年(昭和8年)8月1日降生这个世界的。不过户籍上的出生日期是"8月11日"，同时户籍上写着生于"山口县厚狭郡厚狭町大字1383番地1号"。

多数广松著作的"作者简历"等当中所记载的是"福冈县出身"。作者往往将出生于九州或成长于柳川看作自己身份(identity)的一部分。

山口县是曾经的长州藩，不用说是萨长土肥①中的雄藩。我想广松毋宁是喜欢把在理念上被看作佐贺之乱、西南战争中不问左右的地理上的反政府之据点的九州②这一地方，与自己同一化。

广松实际移居到九州，是在稍微长大之后。因父亲（清一）的工作及疾病的关系，寓居过朝鲜半岛、东京、福冈县山门郡等地，于福冈县三潴郡蒲池村大字蒲安居是在1943年，照料临死的父亲是在翌年。顺便说一下，由于蒲池村后来编入柳川市的关系，广松的故乡也就变成柳川。

1945年（昭和20年）8月15日，第二次世界大战——对这个国家来说是十五年战争——以日本无条件投降而告终。伴随时代的变迁，少年的日子也为之一变。战后不久，各地潜伏的共产主义者接连发声，广松涉的周围也不例外。原本广松母方那边，舅父平木恭三郎在战前就是共产党员，广松的母亲也受其影响，很早就对共产主义运动抱有同情。战败之后，少年广松贪婪地阅读了舅父藏书中的所谓左翼文献，通读了改造社版《马克思恩格斯全集》。在六年级那年8月以降，开始读重建的日本共产党的机关杂志《前卫》战后复刊号，以及机关报《赤旗》第5号以来的报刊。

战败翌年的1946年春，广松入学传习馆中学。适逢学制的转变期，旧制传习馆中学不久就转变为新制传习馆高中，少年广松随后就成为传习馆附属中学的学生。传习馆集中了从各地而来的学生。大部分来自旧柳川藩的山门郡、旧久留米藩的三潴郡，其内部又有着小派系的细分化。在那样的环境中，广松在中学一年级时，在教室与同学打架，用自行车链条击打对方的头盖骨，受到一个月的停学处分。另一方面，很快加入青年共产国际（青共，共产党的青年组织，现在的民主青年国

---

① "萨长土肥"，是幕府末期供给明治政府主要官职人材的萨摩藩、长州藩、土佐藩、肥前藩的总称，四藩是打倒德川幕府的原动力，被称作"雄藩"。

② 九州，狭义上指日本第三大岛九州岛，广义上指九州地方，包括福冈、熊本、佐贺、长崎和鹿儿岛等县。

际的前身），从三年级开始参与党的久留米地区委员会的工作。1949年4月，升入传习馆高中，同年，加入日本共产党。党章规定以达到成年作为入党条件，广松属于例外，是15岁的少年党员。

翌年，即1950年（昭和25年）1月，共产党分裂为"所感派"和"国际派"。所感派是德田球一等人组成的主流派，与之相对，以宫本显治等为中心的国际派，在当时的全学联（全日本学生自治会总联合）主流和东京大学的日共细胞（构成党的基层组织的支部被称为"细胞"）当中获得广泛支持。少年广松所属的也是国际派。与共产党的分裂同时，当年6月25日朝鲜战争爆发。广松与数个伙伴一起散发反美传单，独自受到退学处分。

1951年11月，虽然刚开始的大检（大学入学资格检定考试）合格，但翌年1952年报考东京大学理科一类失败，于4月入学东京学艺大学数学教育科。取得学艺大学籍的广松，遭遇战后学生运动史上的一大事件，而成为当事者之一。在共产党主流派的指导下，1952年5月爆发的"血腥五一节"事件的翌月，于京都召开的全学联第五次大会成为舞台。广松与其他数个被视为共产党非主流派的学生一起被监禁在立命馆大学的一地下室，遭到拳打脚踢的暴行。

1954年，广松入学东京大学教养学部文科二类（现在的文科三类，主要是文学部教育学部的升学课程）。当时，想必是决心学习哲学。由于刚一入学的广松以"经济原因"休学，再次帮助家里养鸡，在东京大学的学生生活实质上大概是从1955年开始，适值迎接夏季日本共产党第六次全国协商会之年的春季。

昭和29(1954)年度，入学东京大学的广松涉，没有去过一天大学。翌年，休学结束，在驹场校区上学的广松，与母亲礼子、妹妹流美一起在世田谷租房，多数时候广松自己住，也因此每周有一半时间做家庭教师。翌年复学的广松，参加了历研（历史学研究会）。那时，社研（社会科学研究会）等传统社团为追随日共主流即所感派的学生所控制，历研则多数属于国际派的学生。

同年7月,日本共产党第六次全国协商会(六全协)召开。总结"现在的形势是,党的团结比什么都重要",在承认"1950年发生的党内不统一和混乱,给党和国民带来很大的损害"部分是"党指导部的重大责任"之后,主张"对所有尚未复归战列的同志诸君,因党的错误政策而脱党的具有善意的同志诸君,从心底伸出团结之手"的宣言(六全协《关于党的统一的决议》),给即便同是遵照1951年纲领而献身活动,但部分被晓之以冷静、部分被晓之以暴力革命的年轻党员,特别是学生层造成深刻的混乱,即所谓"六全协神经症(Neurose)"。

广松自身与那种潮流保持距离。关于以六全协为背景的柴田翔的小说《而我们的日子》,后来广松写有一篇批判性文章。如小说中提及的那样,1958年末,组建共产同盟(共产主义者同盟,第一次同盟)①。时代,开始极大地引发新左翼运动的萌芽。虽然广松并未参加第一次同盟,但确实是处于那种动向的漩涡中。

二

传说学生时代的广松以严格的阅读标准(Norma)要求自己,晚年本人在随笔中也多有记载(收录于《广松涉文选》第5卷)。驹场时代一边勤工俭学和活动,一边以近代西方哲学史上的经典译作为中心,包括周边领域的文献,目标是一天阅读600页。即便在学生运动按理说繁忙的时期,可以说也没有大幅度降低标准。

从进入文学部哲学系起,一天700页,一月大致读完20 000页。还新学德语,那时桦美智子及加藤尚武等也作为入学考试不及格的学生而在籍,在颇具特色的预备学校红露外语学校从头开始学习,康德、黑格尔、马赫、新康德学派、现象学这些领域自不必说,他甚至还阅读波

---

① 共产主义者同盟,此由日本共产党中分离出来,1958年组建。

尔查诺的《知识学》。

1959年3月，广松涉提交毕业论文《关于认识论的主观的一项考察》从东京大学哲学系毕业，进入研究生院。这里我想简单介绍一下成为晚年体系的出发点的这篇论文的内容。另外广松的毕业论文，首次载于《广松涉著作集》第16卷。

广松在大学入学之初，打算毕业论文就写黑格尔。在驹场[①]时期，他反复阅读了康德的三大批判，即《纯粹理性批判》《实践理性批判》《判断力批判》。在升入本乡[②]的哲学系的时候，则想毕业论文选写马赫，不过系主任、教授桂寿一劝告说"选马赫的话，必须将相反一极的逻辑主义立场的哲学，即新康德学派及现象学派放在同等比重的位置进行学习"，结果是他听从了这一"忠告"，因为广松本来就预定在学部时期系统地阅读19世纪后半期至20世纪的哲学著作。

毕业论文《关于认识论的主观的一项考察》，是每页200字的横排稿，纸达560张。全文由序言、绪论及四章构成。以下，我想仅就广松在绪论中的问题设定和开头两章包含的论点作一些介绍。

在绪论的开头，学部四年级的广松提出了以下看法。"主张Φ是假，不过是主张'Φ是假'为真。主张真理不存在，不过是主张'真理不存在'这一真理的存在。""若是如此，一切的主张归根结底，归结于主张Φ′为真。根据这一点，那么人可谓不可能持绝对怀疑论、绝对相对主义。在此，我们不想规定这恰当与否，而只想考察**如果**这是恰当的，那么这究竟归结于什么。"——直到今天，东京大学哲学系的毕业论文，通常仍是阐发、探讨特定哲学家的主张。若与此相比，则可以看出他有着严谨的体系性结构，是设定正式讨论的做法，虽说措辞有些夸张。

在"真正的认识是可能的"这一假定中，在最终意义上，"某个命题是真理"这一主张，必须在其本身是真理这个层面上方为可能。广松把

---

① 东京大学驹场分校区。
② 东京大学本乡总校区。

那种主张者称作源自康德的反思的主张者(der reflektierende Behauptende),看作认识论的主观。"个体的认识主观,如何作为认识论的主观(这里,是作为 der reflektierende Behauptende)而有效(gelten)?〔不,而是这种 reflektierende Behauptende 是什么东西(das Was)〕的问题。"而且在当时的广松看来,这一问题是"认识论的最根本的课题"。当人看到"犬"的时候,就说"那是 quǎn"。然而那时,该个别事物不仅对我而言是"quǎn",而且我们认为**不管对谁来说**都是应被称作"quǎn"的对象。这是为什么?个别性主观的**这个我**,认识的个别的主体,为何能够同时是认识论的主观**一般**?这是问题所在。这一论点,与康德的意义上的"意识一般"相关。

在题为"语言意义的发生学考察"的第一章中,他以语言的意义为范型,讨论意义一般的发生。"为了形成语言,必须给予一定的**声音**与特定的**物**(事)以**某种结合**。"问题是这种"结合"的性质。

"结合"不只是联想,因为是首先依靠那种结合,通常的联想才成为可能。它也并非只是条件反射,因为该结合也是条件反射的条件。——这里,存在某种"同一化视角"。若是"quǎn"仅为声音,那就该有用"quǎn"的称呼而指猫的自由。广松将这种层次上的"同一化视角"称作"等值化的统一"。"等值化的统一"这一表现,此后为广松所使用;再次赋予它关键概念的地位,是在 25 年之后的《存在与意义》第 1 卷中。

语言不只是"物"与"声音"的结合,语言必须同时是表现,是它的理解。为了使得语言能够表现能够理解,物与声音的结合,"等值化的统一体",必须归属于谁。毕业论文将这种归属——一般来说是"面向 M 的归属"——称为"所属"或"互渗"。

第二章"语言意义的存在性考察",首先讨论了所谓"意义",并非个别事物本身及其集合(外延),而是必须作为其本身具有理念(即柏拉图所谓的理念)的性格的内涵意义。所谓声音"quǎn"的意义,并非每条单个的犬及其集合。毋宁说它既哪个都是,又哪个都不是,而且是没有变化的"某物",即"犬"。广松将意义的这种层次称作"被表的意义",毕业论文中以"a"这一符号表示。与此相对,将个别事物,例如那条犬或这条犬等以 a_i、a_j 表示。这样,所谓个别的犬若用"quǎn"这一声音称呼,具有"犬"这一意义,可以表现为 a_i als [a](作为 a 的 a_i),即,表示虽然有着各种各样的表现方式,多样的相貌,但**这种东西**不外是**作为**(als)犬而被把握的事态。

意义与"物"的结合,不外是所属于谁,即不外是这里的 a_i als [a]这种"范式"对谁,例如对 M_i 而有效(gegengelten)。而且 a_i als [a],例如**这个物**是"犬"的事态,并不只是对**这个**我才成立的事情。将某物理解为"犬"而称之为"quǎn"的我,不单是作为我的我,毋宁说,应该将其理解为作为所称呼的**一般**物的我。因此,a_i als [a]就是 M_i,即,必须不仅对个别的主观的我而有效,反过来对认识论的主观 M 也有效(entgegengelten)。某物被**作为**何物而把握,"作为"(として)这一事态本身不光对我有效,可以说相对于我一般也有效,对**作为**某种他物的某物,**作为**某人的人而存在。例如,作为犬的这物,对懂得日语的我而表现。可以说,广松后来所谓认识的"四肢存在结构"在这里基本形式已经完成。

1963 年(昭和 38 年),广松涉在当时的《唯物论研究》发表论文《捍卫马克思主义认识论》,是首次发表的涉及"四肢结构"论构想的论文。当时发行杂志的唯物论研究会,除了花崎皋平,参加的还有寺泽恒信、芝田进午等。批判"列宁流派的摹写说",引起了很大波澜的论文,其结尾赋予四肢结构的定式化——"作为某物的所与对于作为某人的人"(Gegebenes als Etwas gilt einem als jemandem)。这是从毕业论文将其提出起五年后的事情,广松已成为研究生院博士班学生。

三

1958 年(昭和 33 年)12 月,第一次同盟结成。如前所述,广松涉没有参加共产同盟。翌年四月,广松于东京大学研究生院入学。

在研究生院时期,广松参加了以同盟系为中心的研究团体"理论集体"。这件事对当时的广松具有两大意义:其一,广松通过这一团体与政治活动的现场保持若干联系。其二,值得注目的是,这个集体轮流讲读马克思、恩格斯的《德意志意识形态》,使得广松发现编辑上的问题。

安保年(1960年)12月,广松以"《纯粹理性批判》中的'先验演绎论'"为题撰写硕士论文,结果被撤回。翌年,论文题目改为"康德的'先验演绎论'",重新修订之后再提交。由这篇硕士论文而完成硕士课程的广松于1962年升入研究生院博士课程。这篇硕士论文,十年前才首次出版(2007年,世界书院),论文分为三章,以下我想主要根据广松自身所写的"论文概要"来考察其构成。

"第一章 先验演绎论的前史",运用《纯粹理性批判》之前的康德自身的著作,书信等为资料,追溯了演绎论的系列问题在康德那里的成熟过程,以及问题设定本身不久之后发生改变的演变情况。其时广松注目于所谓杜伊斯堡手稿,而援用它,包含着作为康德研究者的广松的确切见识吧。

"第二章 先验演绎论的主张",超越论的演绎论本身得以主题化。根据确认了演绎论问题之原型的广松,演绎论课题的核心不外是说明"知性如何从自我自身分离出来,将自我概念转移到自我之外的存在物(X)"。在广松看来,课题的那个X是通过"预先根据范畴限定的感性(Sinn,感官)形式"而赋予我们,因而对象只是对于我们而言的对象,是通过限定直观形式的范畴而被规定的。

"第三章 先验演绎论的意义",评价康德的这一主张,试着加以继承。根据广松的看法,对康德演绎论的评价是"自觉地不断追问,尤其是追问从近世哲学的某种前提构想而必然产生的问题的东西"。通过演绎论而明确的新的认识观,就是认识乃通过将主观具有的"形式"投入对象而形成的事情。广松在确定演绎论的这一成果之后,继而阐发了其批判的继承的方向。

暂且引用一些硕士论文正文。"康德将'先天形式',理解为有如'兼容性形式'(空间和时间),'自发性形式'(范畴),如人所说理解为'人类的人'的认识能力本来具有的制约(条件)。因此,那种'地平'从一开始就被设想为'共同主观的'(gemein-subjektiv)的东西。可是,我们果真必须那样思考吗?"——在广松看来,康德所说的"形式"可以在"意义形象""理念的东西"这一方向进行重释。所谓意义、理念的东西,若回溯毕业论文的定式化,可以说是 a_i als [a]的[a]。所谓[a],就是"某物"作为那物而被把握的"什么",其时的"那个'某物'含有那个'什么'一事的共同主观性。若将康德所说的"感性形式"称作"地平",则确实"地平是共同主观地形成"的。青年广松的康德论就这样,论述世间所谓广松哲学的"共同主观性",可以说是赋予其历史依据的东西吧。

1962年(昭和37年),进入博士课程当年的广松涉,遇到大管法(大学管理法)斗争,成为东京大学全院学生协商会的议长。大概由于那种关系,广松与理学部的山本义隆、最首悟,医学部的今井澄等后来成为东京大学全共斗、助手共斗的核心成员这些稍微年少的活动家们相识。

1960年安保斗争稍前,研究会轮流讲读《德意志意识形态》时广松发现关于编辑的问题这一点,已经谈过。此后,广松参加东京大学伦理学科在研究生院开讲的金子武藏的研究班,散发、报告油印版"德意志意识形态(第一篇)文本批判","现行版《德意志意识形态》事实上等于伪书"(《〈德意志意识形态〉编辑问题》,收录于《马克思主义的形成过程》《广松涉著作集》第8卷),与这一宣言一同,后来给我国的学院潮流和思想界带来很大冲击。这是1965年春的事情。

《德意志意识形态》是马克思、恩格斯的遗稿,直到1926年才出版部分文字,这就是所谓"梁赞诺夫版"或档案版。到了1932年,全文终于得以公开,是为旧MEGA(马克思恩格斯全集)的一册,被称为《德意志意识形态》的"阿多拉茨基版"。在广松看来,阿多拉茨基版"事实上等于伪书"。

广松首先围绕手稿确认的基本事实。第一,手稿到底是手稿,"唯物史观的定式化及其他,**含有最重要内容的第一篇**,即附有'一、费尔巴哈唯物主义观点和唯心主义观点的对立'这一标题的部分是未完成的"。第二,若撇开赫斯等共同执笔者的问题,"手稿几乎都是由恩格斯执笔"。这是唯物史观形成过程中的"恩格斯主导说"的文献学依据之一。

关于第一点的事实,阿多拉茨基版的编辑者P.维勒与梁赞诺夫的认识是一致的。遗留的手稿,尤其是第一篇的形式并非依照原样构成。不过两者的态度,在这里有着对立性分歧。"梁赞诺夫旨在主要素材的介绍,维勒则根据素材,煞费苦心地进行脱胎换骨的重构",据广松考证,维勒编辑版切断段落,与手稿中数十页离散的文章结合,任意地插入衔接文章与文章的语句。而且手稿在最古层与最新层之间竟然有着一年时间的距离。并且,恩格斯、马克思两人还存在的见解的不同,后者对前者的底稿的修改、栏外的笔记等,事情错综复杂。当将那种情况的信息置之度外而进行"一旦胡乱地将手稿切断之后,作如人所说剪刀加浆糊的拼凑"的"编辑"时,"无论素材怎样出自手稿的取舍选择,也会使得它等于伪书"。在此意义上,阿多拉茨基版"事实上等于伪书"。

从有关《德意志意识形态》的论文算起三年后,1968年(昭和43年)7月,《情况》杂志创刊。自1968年至1969年,时代处于剧烈震荡中。在20世纪60年代后半期,尤其以1968年至1969年为顶点,席卷全国学院的运动,通常以"全共斗运动"这个名字作称呼。虽说全国各个大学有各种各样的运动契机,所面临的斗争目标亦多种多样,但其动向是反越战运动,也与面向1970年安保的政治课题相关,呈现全国性的学生造反的面貌。

广松其时所在职的名古屋大学也不例外。1968年至1969年,用当时的语言来说,广松是作为所谓的"造反教官"而置身于大学斗争的漩涡中。以下我想从与本书的讨论相关的广松关于马克思的思想脉络的工作,再作一点探讨。

在《情况》创刊后的第 2 期，广松发表了《马克思的物象化论》。这一划时代论稿就那样产生了，同时"物象化论"也与马克思、广松的名字联系起来，流行于"简直用游行的脚步摆动"的日本街头和校区。——1968 年发表的这篇论文，一年之后收录于《马克思主义的地平》①（1969 年版。收录于《广松涉著作集》第 10 卷）。《马克思主义的地平》，可以说是在路障中、在街头巷尾为人所熟读。

《马克思的物象化论》的本论，指出了《资本论》所说的"物象化"（Versachlichung）、"物化"（Verdinglichung）的概念，与马克思所谓的"拜物教"（Fetischismus）、"拜物教性质"（Fetischcharakter）有着难以分割的联系。例如关于"生息资本"，产生"自我增殖的价值"这种物神（fetish），"社会关系表现为物（货币）与物的关系"。在"资本主义生产方式"中，这种"经济的神秘化"进行着，拜物教（fetishism）广泛地完成（《资本论》第 1 卷）。拜物教的这种展开，对于"仍打算作'商品具有使用价值和价值两个因素，前者是具体的有用劳动的对象化，后者是抽象的人类劳动的对象化'这种区分的庸俗'马克思经济学'徒，依然是颠覆性的"。因而在广松看来，这在即使根本没有"对象化"这一构想之类的疑念的"异化论者"眼中也是被遮蔽的吧。

《资本论》的马克思，知道"抽象的人类劳动"等这种东西在地上的任何地方都不存在，也知道不存在的东西不可能像糊状物似的"凝结"成价值。要言之，广松认为《资本论》的马克思决不是异化论者。

劳动产品在交换中才形成价值。这样的话，正是交换这种社会关系本身成为商品拜物教的秘密吧。**关系，有着谜一般的幕后**，即，**关系**作为**物**而表现的地方有着解谜的钥匙。商品的"价值性格"必须聚焦于"通过相对于其他商品的固有关系"所表现的情况。通过商品交换本身，"劳动的社会性质"表现为"劳动产品本身的对象性质"，即"社会关系"，人与人之间的关系表现为"物与物的关系"（《资本论》第 1 卷）。**物**

---

① 广松涉：《马克思主义的哲学》，邓习议译，南京大学出版社 2019 年版。

在"与他者的关系"中,从而在人与人的**关系**中具有价值,成为商品。所谓物象化,根据后来的整理,若暂且现象地规定的话,就是"人与人的社会关系(这种关系也存在中介的、被中介的事物的契机),以'物与物的关系'或'具有物的性质'抑或'独立自存的物象'的面貌而呈现的事态",眼下"人与人的**关系**,以**物**的关系、性质、形成态的面貌而呈现的事态"。以广松之见,"《资本论》中的物象化论""建基于与黑格尔学派,以及早期马克思的异化论构想相异质的地平"。

这里,明确地提出了"从异化论到物象化"的命题。广松涉在马克思解释学的内部,作为拒斥异化论的马克思解读、倡导物象化论的马克思解读的一位出色的解释者而登场。这样,广松作为新左翼最高的理论指导者之一而流行于 20 世纪 60 年代后半期,同时其物象化论也成为后来所谓广松哲学的基本概念之一。

四

安田讲堂①攻防战(1969 年 1 月)的后一年,广松在《朝日杂志》(1970 年 1 月 18 日)发表《东京大学斗争的现代史意义》,在附加"主要从运动论的视角来讨论"这一限定的意义上,写道:"东京大学的斗争,总的说来,通过与以法国的'五月风暴'为滥觞的欧洲的'工人造反'相联结,其对于范围极大的构想力,是新左翼革命运动之开端的阶梯——从山猫型分散罢工到武装游行的展开——的象征性暗示"。"解说"开头引用的海老坂一文所言及的政治论文,与安田讲堂残留的学生们每个人的思考相比,恐怕多少是有些距离的总结吧,也许可谓与作为处于文化革命的全共斗运动之外的海老坂的实感相距甚远的总结形式。

其背后存在的不如说是,以笔名在《共产主义》复刊准备号刊登的

---

① 东京大学大讲堂。

《通往无产阶级权力的道路》以来的革命论:"不是以自愿进行武装叛乱、在军事上压倒政府军这种武器对武器的战斗为中心,而是以生产点中的组织力、生产管理的态势为基础,基于大罢工的大众示威游行展开决定胜负的一击"的革命战略。另外,同样是1970年,广松在《现代之眼》第2期发表了《新左翼革命论的问题状况——大众叛乱型革命路线的探索》。接着在《情况》第4期发表了《马克思主义革命论的原像》,其末尾引用中村丈夫编辑的《马克思主义军事论》:"不要玩弄起义……起义一旦开始,就必须以最大的决心行动起来并采取进攻。防御是任何武装起义的死路……总之,要按照历史上最伟大的革命策略家丹东的'勇敢,勇敢,再勇敢!'这句话去行动。"[1]在这穿插引用的富有激励性的一文即将发表之际,1970年3月底,广松已辞去名古屋大学副教授之职。

当时,有不少选择离开大学的研究者,各人的理由和想法也多种多样吧。广松的情况,未必是"为大学斗争的即将终结而牺牲,离开大学"(牧野刚,《广松涉著作集》"月报"),而是预计以后的新左翼诸党派的斗争将会更加炽热,镇压也将极为残酷,打算挺身于以救援活动为中心的运动。

总之,1970年前后,广松作为名古屋的一名"造反教官",作为党派政治和报界的"新左翼最高理论家"之一,作为学院风气内部基于严密的文献解释的马克思研究者,是象征动荡时代的"知识分子"之一。——与此同时,那个时节的广松涉,开始作为罕见的兼具体系性的"独创性哲学家"而展现其姿态,主要是在《思想》杂志断断续续刊登的诸论文,就是其明证。本书所收录的论题几乎都是广松在这一时期所写,以发表的论文为中心所选出的。以下,我想对本书所收的论文选取一些解题性的情况略加解说。

---

[1] 参见《马克思恩格斯全集》第8卷,人民出版社1961年版,第102页;《列宁全集》第32卷,人民出版社1985年版,第374页。

在《思想》1969年第2期，广松涉发表了"世界交互主体的存在结构——为了认识论的新生"。这是"安田砦"城陷后不久的事。在本书第Ⅰ部，其前半部有"序章 哲学的闭塞状况与认识论的课题"，后半部同样有"第一章 现象世界的四肢存在结构"的题名。但是初出时，是作为一篇论文而发表的。这一点也是有理由的。这是因为，本书中作为"序章"的前半部分，集中表现了广松哲学的基本架构。

广松进行了如下讨论。"哲学的'停滞'由来已久。哲学确实持续着混乱。然而，科学的状况怎样？科学不也同样处于低迷状态?"（本书第15页①）。这里，的确表明了广松的问题意识。

广松把撰写论文的时间点，即把"20世纪中叶"看作"理论创造力低下的诸学的停滞期"。停滞的不单是哲学，无论自然科学、社会科学、人文科学，还是个别科学，都进入长久的沉滞期。——为了脱离低迷和停滞，有必要做点什么吧。以广松之见，为此"必须揭露传统的构想法的地平本身，厘定其局限性，真正地超越它"（本书第16页）。广松持续关注"认识论的新生"的问题，在科学和哲学交错的场面中，重新确立超越两者的危机的课题。

根据广松的看法，这也是时代的课题。"今天，我们遇到与过去古希腊的世界观的衰落期、中世纪欧洲的世界观的崩溃期相类似的思想史的局面，即近代世界观的全面解体期。"这样，"就认识论的层面而言，有必要超越近代的'主体—客体'图式"（本书第18页）。所谓近代，从哲学上来说首先是认识论的时代，所谓划分认识论的地平的东西，乃是主体和客体的二元论，以及"心"和"物"的二元论，反过来说，譬如"精神"和"身体"等其他各种二元论。

接受了近代洗礼的人们，通常认为主体是各种各样的"这个我的东西"。广松把这种想当然称作"主体的'向来我属性'"。所谓认识，就是**这个我**的主体，把对象看作在自己的意识中。这时候的对象充其量是

---

① 此处为日文版页码，见本书页边码，下同。

作为这个我的意识内容而内在于意识(与件的"内在性")。不过,目前的广松反问道:"虽然脑髓确实是向来我属的,但是意识难道**内属**脑髓吗?"另外,不是"与件相对于意识而存在,而不是**存在**于意识之**中**?"所谓"内部""外部",所谓"内""外",这些语言暂且只是比喻吧。可是"人们不是仅将这一'比喻'作为比喻之外的东西而使用吗?"(本书第21—23页)问题不惟这些。盖在这样的前提下,确实存在不可能说明的事情。

例如,"原始人的精神结构和精神病患者的意识结构的研究"表明,"野性的思维"和"梦见的东西"那种知觉,显然与我们的知觉是异质的。与那种见解相反,我们"通常"所思考的那种认识结构"别说'知性能力',甚至'感性能力',也明显是历史的、社会的交互主体化的产物"(本书第27—28页)。这一点,也从另一方面动摇了"意识的人称性、向来我属性"这一前提,消解了"如果对象是同一的那么认识就是同构的"这种想当然。

这样,广松宣告说,"今天,我们所期待的新生的认识论……必须力图适应今天的时代要求,对'近代'构想法的地平进行真正的自我批判,打破其基本结构,赋予新的世界观以权利"(本书第34页)。具体来说,那种认识论有着怎样的形式呢?我想根据本书所收的论题再作一些探讨。

说到认识论的新生,有些问题必须首先加以考虑。以广松之见,那不外是"意识主体,不是天生同构的,而是通过社会交往、社会的共同活动,才**形成**交互主体的,只有在作为这种交互主体的'我们思'的主体那种'I as We, We as I'所实现的自我形成中,人才成为认识的主体"(本书第36—37页)这一情况的信息。广松涉最早的哲学论文集,就这样取了"世界交互主体的存在结构"的标题。

作为论文集总标题的"世界交互主体的存在结构"的后半部分(本书第I部第一章),所要解析的是"现象世界的四肢存在结构"。"现象"(phenomenon),"每每自在地已是作为'感性'的所与之上的某物而显现"，或者"作为单纯的所与之外的某物（etwas Anderes），作为所与之上的某物（etwas Mehr）而意识。"（本书第47—48页）。桌子上的某物作为铅笔，窗外看到的东西作为山，听到的声音作为汽笛，而被表现、被意识，即，所与作为"意义"（意义的所知，《存在与意义》第1卷以降的用语是"意义的所识"）而表现。这一"作为"（として，als）体制，不外是"phenomenon"最原始的结构。

现象作为现象乃是**对于**当下的某人"而言。这个"某人"总不外是"作为某人的'人'"。例如，眼前的动物，对于孩子来说表现为"哞哞"，对于身为大人的我来说表现为"牛"。而且我能理解对于我来说是"牛"，对于孩子来说是"哞哞"这一点（本书第56页）。这种场合，对于**作为孩子的我**来说，眼前的动物仍能表现为"哞哞"。就这样，作为"现象世界，可谓在'所与面向作为之上的某物的作为某人的某个而存在'（Gegebenes als etwas Mehr gilt einem als jemandem）的四肢结构关系中存在"（本书第78页）。以下我想根据具体经验进一步探讨显示广松的思考特色的论点。

例如，试着思考简单的经验，"现在，我听见钟表的声音"这一经验。这里所谓"钟表的声音"，意味着什么？声音本身不是"手能触及的物的存在"，另外，也并不只是心的现象。所谓听到声音，那是什么？这一经验之所以可能，有着怎样的条件？

第一，声音不是"空气的振动"本身，振动本身是听不到的。声音也不可能是"生理过程本身"，神经传导过程本身不是声音。

第二，声音不单是听觉器官，它还为"钟表的运动和空气的状况"所制约。声音在具有主体的过程和方面的同时，还依存客体的诸条件。

第三，"听到这一声音是'嘀嗒嘀嗒'，而不是听为'咔咕嗒咕'等，是在一定的文化环境中，通过与他人的语言交往的经验而确立的。因此，是通过文化环境、他人而决定这一声音——尽管并非现实共存的他人。（现在撇开钟表是人工产品这一点，这种他人是在语言交往这种关系中而成为问题，而介入他们的生理过程和'意识'的!）在此意义上，合理的说法是声音也'属于'文化环境、他人"。"这样,严格来说,声音,可谓属于不仅包括我的生物体和'物'的环境,也包括'文化'的环境在内的世界的总和。"世界,就这样被赋予共同主观性,而且负载历史性—社会性的文化环境,被现实地赋予语言的共同化(本书第69—71页)。

五

刚听到的那种声音之所以被听作"咯咯咯",是相对于以日语为母语的人而言;反之,对不具有英语知识的人来说,要将它听作"哒咕嗒咕",确实是困难的。当广松以"世界交互主体的存在结构"为主题时,问题的交互主体性,首先是以语言的共有为里的交互主体性。因此,关于语言的思考,是广松关于世界的思考的中心部分,这毋庸赘言。当追问以语言的共有为里的交互主体性,另一方面也无非是追问世界本身的历史性。

在同一年的《思想》第7期,广松发表作为续篇的论文《语言世界的存在结构——从意义的认识论的分析视角》(收录为本书第I部第二章时,题目改为"语言世界的事象性存在结构")。这是从"世界交互主体的存在结构"所提出的四肢结构论的视角,展开语言论的论稿。1970年,广松涉在同一杂志《思想》第8期,发表《历史世界的共同活动的存在结构》(收录为本书第I部第三章)。在这篇论文中,广松终于深入分析了,历史的世界实际上是历史的结构化、共同化的世界。

例如,"现在在我眼前的裁纸刀",不单是物体,它确实还表现为"裁纸的东西"。自然物,例如甚至连河川,在第一性上也是以"游泳或钓鱼"的上手性(zuhanden)工具的存在方式而被意识(本书第146页以下)。但是,裁纸刀是人们用它在法语书的书页之间切页用的裁纸刀,而例如河川只要人们在那里捕捉河鱼,就会作为渔场出现,即对象是在与人类的行为以及历史地积累了的人类共同活动的行为的关系中的上手的工具性存在。广松用"角色"一词描述这种人类行为的应有状态。这是广松角色论的登场,同时也是广松所继承的马克思物象化论的展开的登场。——那么,什么是广松所说的"角色"?这与本书收录的另一篇论文相关,有必要对其论点再稍作探讨。

本书第Ⅱ部第一章《交互主体的存在论基础》,在《思想》1972年第7—8期连载,是作者广松自己对《从物的世界像到事的世界观》的第一、二次部分以及《情况》1972年第4期刊登的《人类存在的共同性的存在结构》进行编辑、综合的讨论。在这一讨论中,广松明确了世界像的交互主体的存在论基础,深入分析了从身体层次上的共同性到语言文字水准的共同存在,人类与他者共在的存在方式。——附带说一下,原型之一的《人类存在的共同性的存在结构》被刊登在同一期《情况》杂志的《〈政治〉的关系之死》特辑。勿庸赘言,这是围绕所谓"联合赤军事件"而组编的紧急特辑。这是在探索一种新的共同性的运动面临残酷结局之际,广松所展开的关于共同性的原理的思考。

回到正题。他者,是近代哲学思考中的一个谜。如果总认为只要赋予我的意识的东西只不过是我的意识内容,那么关于他者的**意识**的确切知识,无论如何都是不可能的。若是如此,岂不甚至连他者的存在都是不确切的?因为总以为所谓他者就是与我有着同样意识的存在。广松涉挑战这一难题,在挑战的过程中被挑选为对手的是萨特的"他为存在"论。

萨特的"窥视症"患者,为好奇心所吸引,或为嫉妒所羁绊,从锁孔窥视室内。正在这时,听到人的脚步声,他/她感到羞耻。——他者的目光使"我"转变为自在存在,他者的视线将我石化,此为萨特所谓的"相克"论最基本的场景。

在萨特所举的事例中,所谓"羞耻"显然被看作"在他者面前的自己的"存在的意识,他者的视线让"我"变成自在存在,即被看作只不过是裸体的存在本身。是那样吧。我们且与广松一起再稍微考察一下这一场景的变化。

假设"我"不是"窥视症"患者，例如我是"看守"，从事看守囚犯的工作。那样的话，人的"脚步声"就丝毫不会动摇我，即使贴在监视用的小窗上的自己的身影暴露在别人眼中，也根本不会让我觉得难为情，不会让我感到羞耻。——再思考另一场景。本是看守员的我忽然打瞌睡，继而感到被别人看见而"啊"地一声警醒过来。我觉得害臊，稍往大一点来说是为"羞耻"心所困，我那时（虽说也许为时已晚）显然抱持一种看守员的姿态吧。

在后者的例子中，我意识到的（萨特所思考的）被他者发现的我并非随心所欲的"我"。我所意识的，反倒是某种"角色存在"的自己。作为角色存在的"我"，实际上处于那里的肉体的存在，并非实在的（real）存在。那毋宁说是"未在的目前"的存在，我理所当然应是那种存在。若用萨特的例子来说，所谓害怕人的脚步声并感到羞耻的"我"，是带有**不准窥视**这一否定的角色存在的我，具体地说，是既非看守也非看守员的"我"。广松以"角色存在"一词为关键词，分析了他者与我之间的相互行为本身。本论文可以说是广松关于人类存在的共同性的思考，以最集中的形式而展开的一篇。

这里，虽说是与一些附带的论点相关的东西，但我还是想引用能够很好地体现广松的思考特色之一的一节，具有着眼于经验的细节、日常的体验之幕的特质。本"解说"稍微破例地对该处作较长的引用。在确认了"共同活动为了作为共同活动而存在，不仅期待当事他者的角色行为，而且必须观念地扮演他者计划的角色存在"的宗旨之后，广松写道：

例如，在捣年糕时，在我扬起杵的当中，捏糕人将手伸入臼中去捏。我不光把将周围部位的糕饼移至中心部位的对方的手看作处于那里的手，还预想接下来的瞬间那只手缩回，在捏糕人将手缩回之后才迅速把杵捣下去。在捣下去的瞬间已由桶中冷水沾湿的对方的手，在举起杵的瞬间又迅速将手伸入臼中，这次将周围部位的哪部分的糕饼往中心部位挪移，接下来**被**期待应捣的地方是哪个部位，我对这类的情况在瞬间就有所了解……对方的手,在接下来的瞬间使人期待地预想其存在方式的同时,又在接下来的瞬间期待地告知并"招呼"我的角色存在的存在方式。我不是将对方的被视存在看作单纯的与件(als solches),而是之上的某物,即他作为角色存在以对我有所期待的未在的存在方式的相貌而被知觉。而且,我前反思地了解这种期待地预知的相貌与当事他者的可能的计划相关,因此,一边考虑方位错位的可能性,一边不断地留意,不要砸到对方的手。(本书第266—267页)

哲学家提出概念,通过自己提出的概念对经验本身进行分析,在这一点上哲学家不断地更新世界的看法。在此意义上,广松涉是代表战后日本的哲学家。

本书另外两篇论文,即书中所收录的《判断的认识论的基本结构》和《涂尔干伦理学说的批判性继承》(原题是"为了——"),分别发表于《伦理学劝学》(1971年,筑摩书房)、《名古屋大学教养部纪要》(1967年度)。前者是广松借助展示认识论背景中的学术史遗产以展开独特的判断论的尝试,后者是广松借助探讨珍贵的法语文献以构筑其实践哲学的基底部分的尝试。本文库[①]已将广松与白井健三郎和足立和浩的对话(载《情况》1973年第1期)作为附录[②],这应该是关于本书的极好"解说"。

本书所收录的主要论文发表约10年之后的广松涉,1982年出版了《存在与意义》第1卷,于不久之后的1993年出版了该书第2卷。广松学术生涯的相当一部分时间致力于它的完成,它是广松哲学体系的展开,是广松的代表作。读过本书所收论文的读者,应该更容易理解这部未完成的代表作[③]。广松于1994年5月22日与世长辞,享年60岁,

---

[①] 指"岩波文库",本书是其中的一种(青 N122‐1)。
[②] 中译本从略。
[③] 《存在与意义》全3卷,依次为《认识世界的存在结构》《实践世界的存在结构》《文化世界的存在结构》。计划中的第3卷,因广松的病逝而付诸阙如。

那一年的3月广松刚从东京大学教养学部退休。

最后，请容许些许的个人回忆和自我引用。本书曾收录于讲谈社学术文库，其时解说者被广松指名为文库版写过一文。虽说引证年轻时所写文章不禁让人汗颜，还是斗胆引用一下，在"解说"的结尾我写道：

> 虽然有些部分已接触过，但我认为收录本书的各篇论文，不得不说是刻有一个时代印记的东西。在广松"何谓近代？何谓应从思想上超越近代？"这种课题意识中，已经具有宏观的意义。另外，本书所收录的各篇论稿，是写于20世纪60年代末到20世纪70年代初新左翼运动的激进性高涨与失速的时代，拥有过众多读者的作品群。即使仅从这一视角来看，本书也确实是一个时代的遗产。并且，时代确实是处于从根本上重新追问"近代理性主义"，探索批判的武器与武器的批判的连接回路的时节。本书文体的跃动感，其独特的节奏，首先足以成其为时代的证言，同时，也证明本书可谓其"时代之子"。

> 说着"刻有一个时代印记"，又反而开拓了一种具有普遍的意义的地平，这大概是只有思想才能希求的最高的荣光吧。本书的生命，在与时代密不可分这一点上，毋宁说已成为超越时代的东西。可以说它与曾经出现于历史中的诸多优秀的古典作品是同样的。

现在我也不打算收回这一认定，至少对读完本书正文的读者而言，其理由可以说是明显的。

这次的文库化，得到了岩波文库编辑部清水爱理先生的帮助。在添加注释之时，借助了身边不少人的诸多智慧，末尾谨表感谢。另外需要说明的是，关于正文的形态，最终责任在于解说者。同时关于本书内部的参照、作者的文献引用也分别做了确认，对前者加了若干订正，对后者则尊重作者的引文。

名词索引

（索引中的页码为原著页码，检索时请查本书边码）

拜物教性质(物神的性格) 159,160
扮演(扮技) 166,266,281,287,290
扮演(演技) 166,177
背景(地) 232
被示的意义(被示的意味) 356
被示的意义对象(被示的意味对象) 362
被视存在(被視存在) 251,252,253,255,256,258,259,267
被指的意义(被指的意味) 356,357
本在(相在) 115
本质直观(本質直観) 67,113,118,339,341,360,406
变身(変身) 253,258
辩证法(弁証法) 40,119,203,240
表现(表出) 98,122,125,126,134,192
表现者(表現者) 102,121,125
表象结合(表象結合) 316,318,331,350,357,358
表象结合说(表象結合説) 319,320,324,332
表象作用(表象作用) 324,336
不确定性原理(不確定性原理) 26

不易性(不易性) 51

超时间(超時間的) 51,106,108

超语法的主词—宾词论(超文法的主辞·賓辞論) 130

超越(超越) 250,252,258,330

陈述(述定) 97,98,102,104,105,108,112,115,116,118,122,126,353

传达(伝達) 57,92,93,95,124,126,130

纯粹自我(純粹自我) 230,231

催眠(催眠) 184

 交互主体(共同主観的)—— 186

 深层(深層)—— 184,185

 深层自我(深層-自己)—— 187

 自我(自己)—— 184,185

存在(存在)

 ——被拘束(被拘束的) 165,169

 ——被拘束性(被拘束性) 29,178

 ——概念(概念) 159,161

 ——根据(根拠) 77,113,386

 ——截断(的截断) 211,236,276

 ——性格(性格) 31,51,61,82,104,119,156,174,277,289

存在的主观(実存的主観) 77

打招呼(呼掛) 256,258,261,267

当事他者(当事他者) 257,259,261,262,266,292

道德(道徳) 31,179,184,186,398,406

 ——规定(的規制) 180,182,186

 ——规范(規範) 179,415

 ——社会学(社会学) 378,385,388

 第二性(第二次的)—— 356,357

定言命令(定言命法) 414

对象(対象) 329

　　——变样的活动(変様的活動) 169

　　——活动(的活動) 38,46

　　——论(論) 334

　　——契机(的契機) 122

　　——知觉域(的知覚野) 232

二义态(両義態) 213

法国社会学派(フランス社会学派) 31,58,393

反思的自为(反省的対自) 250

反转(反転) 213

反转图形(反転図形) 48

泛灵论(アニミズム, animism) 210,394

分析的知性(分析的悟性) 82

符号(記号) 48,86,87,88,91,92,120,124,133,137

概念词(概念語) 109,110

概念实在论(概念実在論) 67

格式塔(ゲシュタルト, Gestalt) 47,153,176,227

工具的有意义性(道具的有意義性) 147,149,150,151,152,188,189,291

共轭的交互主体性(共軛的な相互主体性) 265

共轭性(共軛性) 285

共同此在(共同現存性) 36,191,287,290,293

共同-存在(共同-存在) 248

共同活动(協働, Zusammenwirkung) 37,266

　　——存在(的存在) 264

　　——存在结构(的存立結構) 79,187

　　——关系(聯関) 291

——行为(的営為) 365

——现存性(現存性) 290

共同主观(共同主観的) 19,37,38,68,74,78,92,109,112,120,134,135,361,402

——还原(還元) 342

——视座(視座) 63

——同调性(同調性) 270

——同型化(同型化) 290,303

——同型性(同型性) 271,288,293,308

——形成(形成) 76,165,271,310

——形象(形象) 82

——一致(合致) 162,163,191,291,404,405,406,410,415

——有效性(妥当性) 362

——自我形成(自己形成) 61,78,138,291,293,307

交互主体化(共同主観化) 28,31,35,59,87,131,134,143,192,363,365

交互主体性(共同主観性) 28,38,66,76,112,113,131,165,171,192,209,271,305,311,362,364,369,403,408

共同主体(共同主体的) 144,156

　观念(観念的)—— 189,190,270,283,285,287

归属(帰属) 55,56,127,128,132,148,189,257,281,362,367,368

　非人称(非人称)—— 257,298

　共轭(共軛的)—— 304

　面向他者(他者への)—— 283

　前人称(前人称)—— 257

　实践性功能关系的凝结(実践的機能関連の凝縮的)—— 189

　所期(所期的)—— 257,260

　他为(対他的)—— 283

现前(現前的に)—— 257,260

自我(自己)—— 307

——存在(存在) 282,293

——能知(的能知) 307

——意识(意識) 366

规定的有意义性(規制的有意義性) 152,166,179,185,187,190

规范(規範) 412,414

——被拘束性(的被拘束性) 361

——规律(法則) 412,417

——价值性(的価値性) 368

——拘束性(的拘束性) 180,182,185,187

——科学(的科学) 389,392

——意识(意識) 328,361

——主义(主義) 397

函数的性质(函数的性格) 105,108,132

恒常假说(恒常仮説) 30,37

互渗(融即) 61,127,132,134,369

幻觉(幻覚) 222,223,224

幻肢(幻覚肢) 225

唤起(喚起) 97,98,100,122,125,192

机器人(ロボット,robot) 240,273,292

机械论(機械論) 125

集体表象(集団表象) 31,38,393,401,405,413,414,415

嫉妒(嫉妬) 242

计划(投企) 254,258,263

记述概念(記述概念) 368

记述学(記述学) 391

记忆世界(記憶的世界) 136

假想怀孕(仮想妊娠) 172,182

价值(価値) 32,176,326,330,343,406

　　反(反)—— 159,186

　　商品(商品)—— 159,195

　　通用(通用している)—— 163

　　有效(妥当する)—— 163

　　——概念(概念) 159,161

　　——互补性(相補性) 160

　　——客观性(の客観性) 405

　　——领域(領域) 345

　　——判断(判断) 162,163,326,328,329,393,404,405,411

　　——认识(認識) 160,408

　　——实在论(実在論) 161

　　——唯名论(唯名論) 161

　　——意识(意識) 164,165,186,192,394,395

　　——有意义性(的有意義性) 158,188,190

　　——哲学(哲学) 32,160

交互主观(相互主観的) 361

交互主观的分有(間主観的分有) 304

交互主观的一致(間主観的合致) 307

交互主体(間主体的) 264

　　——共同活动(協働) 153,156,165,173,174,175,178,187,193,197,200,202,204

　　——行为方式(行為様式) 155

　　——同型化(同型化) 306

　　——相互形成(相互形成) 305

　　——形象(形象) 156

交互主体(相互主体的) 263,292

角色期待(役割期待) 185

接收(受信) 93,94

结合表象(結合表象) 315,325

近代的世界理解(近代的世界了解) 82

近代认识观(近代的認識観) 81

近代认识论(近代認識論) 90,349

近代世界观(近代的世界観) 17,18,35,96,137,209

近世世界观(近世的世界観) 81

经济基础(下部構造) 203,411

经验的直观(経験的直観) 161

经验的自我(経験的自我) 278,282,286,293,302

经验批判主义(経験批判論学派) 25,34

精神的能知(精神的能知) 228,234,235,240,270,271,275

精神的自我(精神的自我) 210,226,234,236,240

精神物理的主体(精神物理的主体) 45,235,305

具身化(肉化) 52,62,65,116,119,125,133,289,309,356

具体的普遍(具体的普遍) 19

客体化作用(客観化作用) 339

客观—他者(客観-他者) 243

客观有效性(客観妥当性) 30,315,318,319,320,327,359,364

类推说(類推説) 274

理解者(理解者) 121,125

理念(イデアール, ideal) 50,52,61,68,119,136,357

理念的统一体(理念的統一体) 32

历史(歴史)

——规律(的法則) 194,200

——规律性(の法則性) 197

——实践(的実践) 39

——世界(的世界) 79,138,139,140,143,145,187,193,202

——形象(的形象) 166,169

——因果(性)[的因果(性)] 194,197

——哲学(哲学) 39,144,205

——之内—存在(・内・存在) 138,139,187

——主体(的主体) 166,167,193,198,199,200

——自然(化された自然) 38,137

连体双胞胎(シャム双生児) 219,221,222,223,225,236,268,275,284,300

联想(連想) 49,122

灵魂的自我(霊魂的自我) 228,231

领域的存在(領域的存在) 156

伦理学(倫理学) 375,377,394,404,405,407,411

逻辑实证主义(論理実証主義) 25

逻辑主义(論理主義) 30,76

马堡学派(マールブルク学派) 327

马赫主义(マッハ主義) 22,27,34

马克思主义(マルクス主義) 34

明证(明証) 341,343

命题本身(命題自体) 32,333,340,350

命题论的命题(命題論的命題) 340

模仿(模倣) 179,405

目光(まなざし) 242,247,261,267,299

内含(内包) 105,106,107,111,115,120,357

内属(内属) 23,71,77,295,296,297,301,303

能知(能知) 211,213,234

能知的所知(能知的所知) 213,217,275,297,303

能知能动(能知能動) 227,237

能指(能記)　122,125

拟声词(擬音語)　86,117

判断(判断)　48,119,127,313,329,406

　宾语(賓述)——　353

　存在(存在)——　322,323

　定言(定言)——　323

　分析(分析)——　316

　否定(否定)——　326

　假言(仮言)——　323

　肯定(肯定)——　326

　理性(理性)——　326

　命名(命名)——　352,353

　事实(事実)——　326

　谓语(述語)——　323

　选言(選言)——　323

　知性(悟性)——　326

　综合(綜合)——　316

　——成体(成体)　315,359

　——对象(対象)　329,330,349

　——结合(的結合)　316,317

　——论(論)　313,358

　——态度决定(的態度決定)　325,361

　——意义成体[(的)意味成体]　130,362,365,367,368

　——意义论(意味論)　332

　——主观[主観(体)]　63,320,357,368

　——主观一般(主観一般)　60,330,364,368

　——作用(作用)　315,321,322,328,331,332,333,335,357

普遍有效性(普遍妥当性)　60,318,364,405

去主观化(脱主観化) 394,395,398

权利问题(権利問題) 40,404

人(ヒト) 245,257,287,288,292,293,303,307,308,409

人称的特权性(人称的特権性) 302

人称的主观(人称的主観) 75,82,296

人格(人格) 168,170,171,172,175

人眼(人眼) 256,258

认识(認識)

　——根据(根拠) 113

　——论的"新生"(論の「新生」) 16,20,33

　——论的同型性(論的同型性) 29

　——论的主观(論的主観) 21,75,76,271,289,293,308,309,364

　——论的主观主义(論的主観主義) 74,330

　——主观(主観) 21,28,143,187,284,287,291,293,305,306,308,310,311,346

日常语言学派(日常言語学派) 96

三分肢图式(三分肢図式) 210,226,272,275

三项图式(三項図式) 30,38,46,77,89,102,137,210,272,293,296

善(善) 384,405

上层建筑(上部構造) 29,204,411

设定意识(措定意識) 97,119,126,127,132

社会(社会) 384,414

　——契约论(契約説) 33

　——事实(的事実) 31,82,379,391,400,401

　——形象(的形象) 19,82,121,137

身体的存在(身体的存在) 246

身体的自己(身体的自己) 172,211,228,235,252,256

身体的自我(身体的自我) 210,212,214,216,220,223,234,235,236,

260,268,271,275,282,288,297,301

身体图式(身体図式) 225,228

身体性(身体性) 246

"身-心"问题(「身心」問題) 209,218

生物态的世界理解(生物態的世界了解) 23

时间(時間的)—— 193

——变换(的変換) 259

——补全(的補完) 117,239

——分节(的分節) 37,136

——统一体(的統体) 45

——心理学(心理学) 30,31,224,232

时枝语言学(時枝言語学) 131

实践主体(実践主体) 168,308

事实法则(事実法則) 397,412,414

事实性(事実性) 244

事态(事態) 118,119,126,127,340,357

四肢结构成体(四肢的構造成体) 65,156,193

所动的能动(所動的能動) 227,260,270

所知(所知) 213,234

——能知(的能知) 213,217,275,297,303

——身体(的身体) 260

——所动(所動) 227

所指(所記) 122,123,125,126

他人的身体(他人の身体) 218

他为(対他) 157,174,238,240,246

——存在(的存在) 227,241,246,247,251,253,254,255,257,266,304

——自己(的自己) 250,284,288

——自为(的对自) 241,260,261,263

——自为(的即自) 255,264

他我知觉说(他我知覚説) 274

他者(人)[他者(人)] 36,218,226,233,240,242,244,246,247,263,275

他者(我)的存在[他者(我)の存在] 273,304

他者(我)认识[他者(我)認識] 272,273,274,282,291,303,304

态度决定论(態度決定説) 321,333

逃离自身(脱自的) 252,254,255,258

逃脱自身(脱自的)—— 261,262

特殊的综合(特種的綜合) 31,379,418

条件反射(条件反射) 123,182,185

听取(聴取) 121,124

同型化(同型化) 270,307

同型性(同型性) 76,305

统觉心理学(統覚心理学) 30,37

投射(投射) 24,165

透视的特殊性(パースペクティヴな特異性) 300,303

图形(図) 232

涂尔干学派(デュルケーム学派) 154,179,180,361,389,397,406,409

外部拘束性(外部的拘束性) 154,178

外延(外延) 105,106,107,115,357

唯名论(唯名論) 164

唯我论(独我論) 274

未在(未在) 256

谓词(述語) 48

文化(文化) 142

——价值(価値) 158,159

——形象(的形象) 188

——有意义性(的有意義性) 158

——哲学(哲学) 144,157,205

我们思(コギタームス,cogitamus) 37,171,402,407,416,417

我思(コギトー,cogito) 171,244,246,258,402,407,416,417

物(物)379

物象化(物象化) 31,38,51,67,68,74,76,77,79,114,121,126,136,138,145,149,151,152,153,154,164,165,177,180,187,193,199,200,269,309

物在(物在) 82,90,147,169

物自体(物自体) 141

习惯(習慣) 152,154,177,178,202

先验(アプリオリ,apriori) 68,106,108,290,305

先验的(先験的)

——单子论(単子論) 296,303

——结构形式(構成形式) 310

——逻辑主义(論理主義) 349

——他我(他我) 278

——唯我论(独我論) 296,303

——唯心论(観念論) 279

——心理主义(心理主義) 331,349

——形式(形式) 74,75,77,310,311

——意识域(意識域) 297

——主观(主観) 75,77,271,303,309,327,348

——主观性(主観性) 305,310

——主观主义(主観主義) 278

——自我(自我) 231,278,293,294,302

先验逻辑学(先験論理学)　331,349

现象(フェノメノン, phenomenon)　44,47,49,52,60,69,123,238,
　　251,276

　　——对象的二契机(の対象的二契機)　53

　　——对象的二因素(の対象的二要因)　47

　　——主体的二肢性(の主体的二肢性)　54

现象世界(フェノメナルな世界)　44,57,60,63,67,92,136,146,209

现象学(現象学)　32

现象学还原(現象学的還元)　338,342

现象学派(現象学派)　22,25,96

相对论(相対性理論)　26

相克(相剋)　246,248,264

相遇(出会い)　263,279,300

象征[象徴(シンボル, symbol)]　49,99,114,126,136

协存体(協存体)　220,268,269

谐仿(パロル, parody)　129,131

新康德学派(新カント学派)　25

信息世界(情報的世界)　47,83,84,92,139

形而上学(形而上学)　82,108,111,113,162,289,406

形式(形式)　66,68,74

　　——客观主义(客観主義)　75

　　——契机(的契機)　65,66

　　——主观主义(主観主義)　75

"形式—质料"图式(「形相質料」図式)　20

形式—质料成体(形式・質料成体)　66

性格(エトロジー, ethology)　377,390,391,395

羞耻(羞恥)　241,244,253

虚假本身(虚偽自体)　333

要素主义(要素主義) 82,125

一致性原则(合致の原理) 319

移情(感情移入) 219,222,237

移情说(感情移入説) 274

义务(義務) 383,399

意识(意識)

  纯粹(純粋)—— 236,341

  反思(反省的)—— 45,48,147,229,231,234

  反思的自己(反省的自己)—— 277

  非反思(非反省的な)—— 241,250

  前反思(反省以前的な)—— 44,46

  人称(人称的)—— 69,72

  人称的自己(人称的自己)—— 72,300

  他我(他我)—— 268

  他者(他者の)—— 45

  他者归属(他者帰属)—— 71,299,301,304

  现象(フェノメナルな, phenomenal)—— 54,298

  应当(当為)—— 179,181,407,408,410

  自己(自己)—— 72,229,231,232,233,240

  自为的自己(対自的自己)—— 298,302

  自我(自我)—— 222,227

  自我归属[自己帰属(的)]—— 71,229,232,233,301,304

  ——一般(一般) 327,330

  ——意向性(の志向性) 53

  ——人称性(の人称性) 28,32,271,275,298

  ——命题(の命題) 30,39

  ——内容(内容) 21,31,57,77,295,315,350

  ——作用(作用) 21,59,72,74,90,131

——向来我属性[の各自(私)性]　23,37,77

意识对象(ノエマ, Noema)　338

意识形态(イデオロギー, Ideologie)　17,28,29,33,44,63,179,394,
　　395,404,412,415,416,418

意识域(意識野)　294,296,297,303

意向作用(ノエシス, Noesis)　338

意义(意味)　51,52,53,65,66,87,91,99,101,103,112,117,133,147

　　——充实(充実)　339,341,360

　　——论(論)　95,96

　　——所识(的所知)　215,239,259,276,277,281,286,290,304,307,
　　310,311

　　——形象(形象)　189,365

应当(当為)　343

应当的必然性(当為的必然性)　361

庸俗投资劳动价值论(俗流投下労働価値説)　195

用在(用在)　82,146,169,191,193,291

　　——世界(的世界)　202

　　——有意义性(的有意義性)　191

有效(妥当)　32,325,347

语言(ラング, langue)　62,94,131,133,134,135,352,365,368,398

语言(言語)　29,31,82,95,101,136,137,155,272,397

　　——存在(存在)　81,82,88

　　——观(観)　88,137

　　——活动(活動)　92,134,155,397,398

　　——交往(的交通)　56,70,92,98,120,121,128,167,270,283,287,
　　362,368

　　——世界(的世界)　79,81,83,95,120,137

　　——形象(的形象)　138

——意义(的意味)　95

　　——主体(的主体)　127,129,132

　　——主体一般(主体一般)　60,133,134

元层(メタ・レベル, meta-level)　40

元道德(メタモラール, meta-morale)　393,395,396

原始划分(原始分割)　316

约束说(約束説)　85,86

再认(再認)47,49,67,125

哲学人类学(哲学的人間学)　26

真理(真理)　323,324,326

真理本身(真理自体)　333,368

整型(整型)　260,261,262,266

知觉(知覚)　48

　　——布置(的布置)　233,234,249

　　——世界(的世界)　83,92,136,217

　　——透视(的パースペクテイヴ)　220,223

直觉主义(直覚主義)　30

直接的与件〔所与〕[直接的与件(所与)]　77,276,277,290,307

职位(役柄)　166,170,172,175,240

　　——扮演(扮技)　168,174,192

　　——表演(演技)　188,190

　　——存在(存在)　250,252,253,255,257,259,261,263,267,288

职位行为(役柄遂行)　256,258,270,291

　共轭(共軛的な)——　262,264,270

　共同活动(協働的)——　268

　应答(応答的)——　262,267

职位—配备—表演—构成态(役柄—配備—演技—構成態)　176,178,193

指示(叙示) 115,119,192
　——功能(機能) 97,99,102,125
指示(指示) 97,98,102,104,115,117,118,122,126,353
　——功能(機能) 98,100,124,129
　——意义(的意味) 354
制度(制度)152,154,156,166,176,178,186,190,202
　制度(制度的)—— 200
　——颠倒(的倒錯) 199,201
　——论(論) 194,195
质料(質料) 66,74,339
质料契机(質料的契機) 65
质料—形式结构(質料·形式結構) 130
质料—形式统一体(質料·形式統一体) 68
主词(主語) 48,354,369
主词—谓词(主語·述語) 317,318
　——关系(関係) 353
　——结构(構造) 119,130
主观必然性(主観的必然性) 320
"主观—客观"图式(「主観客観」図式) 17,18,19,20,22,26,27,32,
　73,82,213
主观—他者(主観—他者) 243,244,246,265,268,271,272
主观—我们(主観—我々) 248
准背景=准图形(準地的=準図的) 233,260,268
自成体系(独自成類説的) 371
自负(自負) 241,253
自然的历史(自然化された歴史) 137
自然说(自然説) 85,86,136,137
自身存在说(自体存立説) 337,341

自为(对自) 240,246
　——存在(存在) 246,247,251
　——他为(的对他) 241,260,261,264
　——主体(的主体) 261
自我分裂的自我统一(自己分裂的自己统一) 56,59,64,69,128,167,
　363,369
自在存在(即自存在) 243

人名索引

（索引中的页码为原著页码，检索时请查本书边码）

阿梅塞德（アメゼデル，Ameseder） 373

爱因斯坦（アインシュタイン，Einstein） 27

奥格登（オグデン，Ogden） 89,91,96

奥古斯丁（アウグスチヌス，Augustinus） 169

巴甫洛夫（パヴロフ，Pavlov） 172,182

百耶（ベイエ，Bayet） 377,390,391,397

柏拉图（プラトン，Platon） 85

鲍赫（バウフ，Bauch） 344,347,348,368,374,375,376

边沁（ベンタム，Bentham） 414

波多野尧（波多野堯） 374

玻尔（ボーア，Bohr） 214

伯格曼（ベルクマン，Bergmann） 326,371

布尔查诺（ボルツァーノ，Bolzano） 96,332,333,340,344,368,373

布勒（ビューラー，Bühler） 89,91,101,134

布龙菲尔德（ブルームフィールド，Bloomfield） 99,101

布隆代尔（ブロンデル，Blondel） 135,179,405,407

布伦塔诺（ブレンターノ，Brentano） 34,321,323,324,328,331, 332,335,336,371

柴田义松(柴田義松)　115

赤松宏(赤松宏)　101

赤羽裕(赤羽裕)　197

大森庄藏(大森荘蔵)　287

笛卡尔(デカルト，Descartes)　230,246,304,321,371

厄尔曼(ウルマン，Ullmann)　95

恩格斯(エンゲルス，Engels)　28,29,137,144,191,203,291

费尔巴哈(フォイエルバッハ，Feuerbach)　144

费希尔(フィッシャー，Fischer)　376

冯特(ヴント，Wundt)　122,317,318,370,376,377,389

弗雷格(フレーゲ，Frege)　100,338,354,374

服部四郎(服部四郎)　129

盖格尔(ガイガー，Geiger)　358

哥白尼(コペルニクス，Copernicus)　358,406

格鲁斯(グロース，Groos)　376

古川哲史(古川哲史)　391

哈特曼(ハルトマン，Hartmann)　156,407

海德格尔(ハイデッガー，Heidegger)　34,193,245,264,309

赫茨(ヘルツ，Herz)　370

赫林(ヘーリング，Hering)　370

黑格尔(ヘーゲル，Hegel)　40,169,238,316,370

黑崎宏(黒崎宏)　135

胡塞尔(フッサール，Husserl)　96,338,339,340,342,344,345,354,
　　　　360,373,374

霍布斯(ホッブス，Hobbes)　33

吉田祯吾(吉田禎吾)　182

济格瓦特(ジグワルト，Sigwart)　317,319,326,327,351,371,372

加德纳(ガーデイナー，Gardiner)　91

久保虎贺寿(久保虎賀寿) 374

橘高伦一(橘高倫一) 373

卡西尔(カッシラー,Cassirer) 27,96,126

凯恩斯(ケインズ,Keynes) 15

康德(カント,Kant) 27,33,141,230,299,304,311,316,322,327,329,346,370,371,414,418

考茨基(カウツキー,Kautsky) 377

考特瑞尔(コットレル,Cotterell) 185

柯亨(コーヘン,Cohen) 327,372,377

科勒(ケーラー,Kohler) 31,123

孔德(コント,Comte) 390

拉斯克(ラスク,Lask) 68,96,135,331,344,345,346,348,374,376

兰格(ランガー,Langer) 99,101

勒鲁(ルルー,Leroux) 389

李凯尔特(リッケルト,Rickert) 135,328,330,343,372,376,411

里普斯(リップス,Lipps) 370,376

理查兹(リチャーズ,Richards) 89,91,96

利布曼(リープマン,Liebmann) 376

列宁(レーニン,Lenin) 173

列维-布留尔(レヴィ・ブリュール,Lévy-Bruhl) 129,377,389,390,392,393,394,395,396,405,414

林顿(リントン,Linton) 167,173

林荣一(林栄一) 101

鲁宾(ルビン,Rubin) 276

罗素(ラッセル,Russell) 96,354

洛采(ロッツェ,Lotze) 96,114,132,325,347,348,371,372

洛克(ロック,Locke) 33,89,90,91,316,370

洛维特(レーヴィット,Löwith) 88

马尔梯(マルティ, Marty) 371

马赫(マッハ, Mach) 27,96

马克思(マルクス, Marx) 28,29,82,137,139,144,161,173,194,
　　195,197,203,204,209,269,287,291

马利(マリー, Mally) 373

迈农(マイノング, Meinong) 96,119,120,135,334,335,336,338,
　　339,341,344,366,373

曼海姆(マンハイム, Mannheim) 411,418

梅洛-庞蒂(メルロ・ポンティ, Merleau-Ponty) 101,213,300

米德(ミード, Mead) 167,185

摩尔(ムーア, Moore) 96,377

莫里哀(モリエール, Molière) 408

莫里斯(モリス, Morris) 101

莫里斯(安井稔) 88

穆勒(ミル, Mill) 338,373,418

诺伊曼(ノイマン, Neumann) 214

帕森斯(パーソンズ, Parsons) 167,173

派克(パイク, Pike) 88

平林康之(平林康之) 114

平田清明(平田清明) 197

平野智治(平野智治) 374

乔姆斯基(チョムスキー, Chomsky) 114,134,374

萨姆纳(サムナー, Sumner) 152

萨丕尔(サピア, Sapir) 120

萨特(サルトル, Sartre) 35,171,238,241,244,246,248,249,251,
　　252,253,255,256,262,264,265,299

山内得立(山内得立) 372

舍勒(シェーラー, Scheler) 274,377,407

时枝诚记(時枝誠記) 134

斯宾诺莎(スピノザ, Spinoza) 321,371

斯特拉顿(ストラットン, Stratton) 224

斯特劳森(ストローソン, Strawson) 101,354

索绪尔(ソシュール, Saussure) 89,91,94,99,101,134,400

汤姆森(トムセン, Thomsen) 88

特勒尔奇(トレルチ, Troeltsch) 376

特伦德伦堡(トレンデレンブルク, Trendelenburg) 316,370

特瓦尔多夫斯基(トワルドウスキー, Twardowski) 334,373

藤本隆志(藤本隆志) 287

天宁(テンネル, tenneru) 88

涂尔干(デュルケーム, Durkheim) 15,375,376,377,380,383,384,
 387,388,390,392,394,396,398,400,405,407,408,413,418

韦伯(ウェーバー, Weber) 15,377,393

维果斯基(ヴィゴツキー, Vygotsky) 115

维特根斯坦(ヴィトゲンシュタイン, Wittgenstein) 91,96,135

文德尔班(ヴインデルバント, Windelband) 135,326,327,328,
 330,372

希尔布兰德(ヒルレブラント, Hillebrand) 371

休谟(ヒューム, Hume) 321,371

亚里士多德(アリストテレス, Aristotles) 68,314,354,390

耶姆斯列夫(イェルムスレウ, Hjelmslev) 101

宇伯威格(ユーバーヴェーク, Überweg) 318,370

译后记
广松哲学与唯识思想

在《以东北亚为历史的主角》一文中,广松涉明确预言未来哲学"除了欧洲的,不,大乘佛教的一部分极少的例外,'关系主义'将取代过去占主流的'实体主义'而成基调"①。他将这种未来哲学命名为作为对"意识对象—意识内容—意识作用"的三项图式之克服的"事的世界观",强调从"物的世界像"到"事的世界观"的转换是世纪末的大趋势。以笔者之见,正如《精神现象学》成为黑格尔哲学的秘密,这篇文章也为我们了解广松哲学提供了一条重要途径,堪称广松涉的哲学遗嘱和哲学秘密。那么,广松哲学本身是否与佛学存在某种内在关联?以下,笔者拟从"物象化""对于他们—对于我们"及"四肢结构"这三个广松哲学的基本概念入手,分别考察其与婆罗门教—佛教体系中的"摩耶""真谛—俗谛"和佛教唯识学体系中的"能—所结构"的逻辑接点。

---

① 《广松涉著作集》第14卷,岩波书店1997年版,第498页。

一、"物象化"与"摩耶"

在广松哲学的语境中,"实体主义"意指西方哲学,"关系主义"意指东方哲学,前者是"物的世界像",后者是"事的世界观",后者取代前者是未来哲学的发展趋势。批判和建构是反映一位哲学家之哲学旨趣的两个重要指标,在广松涉这里,它们分别是物象化论和四肢结构论。

广松批评以亚里士多德为代表的西方哲学家认为世界先有固定不变的主体、基质作为独立自存的"实体",后有实体之间结成的"关系",即"实体第一性,关系第二性"的观点,乃是一种"物象化的误视"。譬如,把"虫蛹化蝶""水结成冰"看作物质实体;以及韦伯、卢卡奇分别把"卡理斯玛""阶级意识"看作精神实体。所谓"物象化的误视",直白地说,就是"把'关系'看作'物'"。

德文"Versachlichung"(物象化)一词,意为"使……具体化而成为某事",广松特意用这个词区别于黑格尔、马克思和青年卢卡奇使用的"使……具体化而成为某物"的"Verdinglichung"(物化、异化)。简而言之,前者指"事"(こと),后者指"物"(もの),当中蕴含了广松所揭示的关系主义和实体主义的明显差异。

据广松考证,在德国古典哲学、马克思主义哲学语境中,最接近"物象化"一词含义的是"外化""对象化""物化"和"异化"。在黑格尔哲学中,"外化"具有客观唯心主义的神秘性质,指的是内在的绝对精神外化为物质的东西,物质的东西是绝对精神否定自身的结果。作为其哲学内核的绝对精神的展开,是一个从逻辑到自然的外化过程,其辩证法是既革命又保守的,其"宗教神学—哲学—宗教神学"的三段式,明显留有费希特关于自我的"自我设定自身—自我设定非我—自我设定自我和非我"的三部曲痕迹。早期马克思在《1844年经济学哲学手稿》中提到了"异化",其实很大程度上也是借用了黑格尔"外化"的含义,并结合

"物化""对象化""异化"等概念,批判资本主义对工人的奴役:"劳动所生产的对象,即劳动的产品,作为一种异己的存在物,作为不依赖于生产者的力量,同劳动相对立。劳动的产品就是固定在某个对象中的、物化的劳动,这就是劳动的对象化。劳动的现实化就是劳动的对象化。在国民经济的实际状况中,劳动的这种现实化表现为工人的非现实化,对象化表现为对象的丧失和被对象奴役,占有表现为异化、外化。"①当然,由于早期马克思尚未完成从唯心主义到唯物主义、从民主主义到共产主义的两个转变,以广松之见,这一时期的马克思的物象化论尚处于萌芽阶段,其真正的成熟是在《德意志意识形态》及《资本论》当中,概因马克思的"唯物史观"和"剩余价值"这两大发现即集中体现于这两部著作。从诸如"人还具有'意识'。但是这种意识并非一开始就是'纯粹的'意识。'精神'从一开始就很倒霉,受到物质的'纠缠',物质在这里表现为振动着的空气层、声音,简言之,即语言……语言也和意识一样,只是由于需要,由于和他人交往的迫切需要才产生的……我对我的环境的关系是我的意识"②,以及"以私人交换为基础的劳动的特征是:劳动的社会性质以歪曲的形式'表现'为物的'属性';社会关系表现为物(产品,使用价值,商品)互相之间的关系。我们这位拜物教徒把这个假象看成是真实的东西,并且事实上相信物的交换价值是由它们作为物的属性决定的,完全是物的自然属性"③的阐述中,广松发现马克思所谓的"物象化",即"是对人与人之间的主体际关系被错误地理解为'物的性质'……以及人与人之间的主体际社会关系被错误地理解为'物与物之间的关系'这类现象……的称呼"④。据此,广松得出一个"六经注我"式的结论:"马克思主义哲学世界观的特质存在于关系主义之

---

① 《马克思恩格斯文集》第1卷,人民出版社2009年版,第156—157页。
② 《马克思恩格斯文集》第1卷,人民出版社2009年版,第533页。
③ 《马克思恩格斯全集》第26卷第3册,人民出版社1974年版,第139页。
④ 广松涉:《物象化论的构图》,彭曦、庄倩译,南京大学出版社2002年版,第65页。

中"①,而将"物象化"规定为"我们把作为概念规定以前的暂定的表象,以及人与人之间的关系以物的关系、性质、形态而表现出来的事态,暂且称之为物象化现象"②。例如,把货币所具有的"购买力"视为"物的性质",把"需要和供给的关系"视为"物与物之间的关系",等等。"物象化论",即"在关系中把握事物的方法"。但最终作为结果而体现出来的,绝不是所谓的"物",而是"事"。由此,他将学界一般认为的作为马克思、恩格斯"两个转变"之一的"从唯心主义到唯物主义"的转变,理顺为"从异化论到物象化论"的逻辑转换。

那么,物象化论的问题本身,即为什么"人与人的关系"表现为"物与物的关系",以及其背后的机制是什么。解铃还须系铃人,我们或许可以从广松在《以东北亚为历史的主角》一文中所强调的作为具有关系主义之基调的婆罗门教-佛教③经典中找到答案。

在吠陀(véda,音译"吠陀",意译"我已知")经中,"原人"是"超验实在"的外现形式,是创造物质世界和精神世界的"宇宙尊神"。根据高楠顺次郎和木村泰贤先生的研究,原人的宇宙生成图式是:本体界[本地之原人(最初原人)→遍照者(毗罗阇,即最初原人的妻子,第二位原

---

① 卞崇道:《现代日本哲学与文化》,吉林人民出版社1996年版,第78页。
② 野家啓一.『広松哲学』の成立過程[EB/OL].(2004-08-03)[2006-01-16]. http://www.nju.edu.cn/njuc/chi-jp/zryj/4.htm.
③ 佛教起源于印度婆罗门教。婆罗门教的核心教义是吠陀天启、祭祀万能和婆罗门至上。婆罗门教主张种姓制度,最高种姓即婆罗门,其根据是按照婆罗门教最古老的经典《梨俱吠陀》的描述,"婆罗门"(Brāhmana)一词,意指"祈祷",作为至上之神的原人是从口中生出婆罗门,双臂生出刹帝利,双腿生出吠舍,双足生出首陀罗。佛教则倡导众生平等,其创世神话是先叙述刹帝利(田主、第一位国王)的诞生,再讲述其他种姓的出现。以佛教的产生为界限,后人将佛教之前印度教称作婆罗门教,把佛教之后的婆罗门教称作印度教。婆罗门教内部分为正理论、弥曼差和吠檀多、胜论、数论、瑜伽这六派,后三者属于"有"宗;与这六个正统派相对立的佛教、耆那教和顺世论三派属于异端派,皆属"无"宗。

人)→垂迹之原人(第三位原人)①]→现象界。② 根据巫白慧先生的研究,垂迹之原人又分为形象(具足→千头·千眼·千足)和神躯(包摄→器世间:日月雷火风;过去·现在·未来;空地天方。情世间:天上神仙·地下凡夫③;四种姓)。在这一宇宙生成体系中,原人④运用"摩耶"(Māyā,意译为"幻""幻象")幻现万物,"包摄在时间和空间中的一切具体的和抽象的现象,只不过是设想中的神在宇宙游戏中变现出来的非实有的幻象"⑤,它透过"幻现—幻归"(分开—和合)的原理,而自如地将宇宙变出、收回。"事物的出现,是由于因缘的聚合,事物的消失,是由于因缘的分散,这就叫作缘生缘灭。"⑥就像蜘蛛"以丝腺产出的蛛丝编织它的蛛网。一段时间后,它把它的蛛网又回收进它的体内。至上者从其自身抛出了所有的创造物,一段时间后,在(宇宙)消解时分,再回收到他的体内"⑦。而空界雷电大神因陀罗则兼具"从自身变出众多相同的身形,用以应接和教化众多不同根机的信徒"⑧的用意。或许正是取"摩耶"创生万物之意,方有"释迦牟尼寄胎摩耶夫人,开右胁而

---

① 笔者认为,与"本体界"的"原人"相对应的,乃是作为"现象界"的"原质"。原人(Purusha)属阳性和精神性,是"体",它是超验的、绝对的、常住的、不可描述的;原质(Prakriti)属阴性和物质性,是"相",它是经验的、相对的、易变的、可以描述的。
② 参见杨惠南:《印度哲学史》,东大图书公司1995年版,第44页。
③ 原人身体的四分之一是地界凡夫住处,四分之三是天上神仙住处。
④ 吠陀经中有七位创世大神,即原人、因陀罗、婆楼那、宇宙创业神、宇宙万神、生主神和有转神。
⑤ 巫白慧:《吠陀经和奥义书》,中国社会科学出版社2015年版,第367页。
⑥ 圣严法师:《正信的佛教》,弘化社2017年版,第16页。
⑦ 马赫什·帕布:《吠陀智慧》,王志成、曹政译,四川人民出版社2018年版,第113—114页。由此,我们不难理解海子的那首诗:"目击众神死亡的草原上野花一片/远在远方的风比远方更远/我的琴声呜咽 泪水全无/我把这远方的远归还草原/一个叫木头 一个叫马尾/我的琴声呜咽 泪水全无/远方只有在死亡中凝聚野花一片/明月如镜高悬草原映照千年岁月/我的琴声呜咽 泪水全无/只身打马过草原"(《九月》,载《海子诗全集》,作家出版社2009年版,第205页);以及在藏传佛教的坛城沙画中,僧侣们消耗漫长的时间用沙粒描绘出奇异的佛国世界(藏语"DUL-TSON-KYIL-KHOR",意为"彩粉之曼陀罗"),获得极为短暂的成功之喜悦,旋即毫不犹豫将其毁灭,藉此体悟"世间繁华,不过一掬沙,一沙一世界"的佛法奥义。
⑧ 巫白慧:《吠陀经和奥义书》,中国社会科学出版社2015年版,第181页。

出"①之传说,而释迦牟尼不也正是具有与因陀罗类似的教化作用?奥义书哲学家则将"原人"(Puruṣa)设定为最高的超验实在,提出了具有类同原人哲学内涵的"梵"(Brahman)和"我"(Ātman,音译"阿特曼",意译"我"),构成一种"原人—梵—我"三位一体的哲学范式。按照他们的设想,经验世界的十二种现象(范畴)②,即"物质世界"的日、月、闪电、虚空、风、火、水、镜子、人行步声、四维、影子,以及"精神世界"的我,乃是原人外现的十二种形式,原人就在它们之内。原人生成一切,维持一切,毁灭一切。要言之,原人与宇宙是"一"与"多"的关系,二者"内在地不二,外在地不一"。吠檀多(Vedānta)不二一元论派之祖师乔荼波陀指出摩耶的作用有三,一是"说明我与世界之间的无法说明的关系",二是"体现出大自在天的本性和力量",三是"表现出世界在外观现象上虚幻的特性"③。他通过"瓶子之喻",将个我比作瓶中的小虚空,将最高我比作大虚空,但二者在本性上毫无区别;而一旦瓶子被打破,小虚空与大虚空也就融合在一起而不再有区分,而达至梵我合一。商羯罗继承了奥义书的"梵-我-幻"的理论构架,提出"幻"(摩耶)有"幻体""幻象"和"幻翳"三种哲学内涵,其中的"幻翳"更是有如障眼法,障翳人们的视线,使人陷入"无明"。他将摩耶的功能简化为遮盖力和投射力这两种功能,前者掩盖对象(例如绳)的真正本质,后者则将非真实的某种幻相(例如蛇)投射在对象上。④

吠陀经和奥义书中的自然神和作为实体的神、形而上的超验本体

---

① 释法琳:《辨正论》,陈子良注,第六卷。
② 不知是有意还是巧合,康德则从反向确立了作为"人为自然立法"的"十二范畴",即,量的范畴:单一性,多数性,全体性;质的范畴:实在性,否定性,限定性;关系的范畴:依存性与自存性,因果性与从属性,协同性;模态的范畴:可能性与不可能性,存有与非有,必然性与偶然性(康德:《纯粹理性批判》,邓晓芒译,人民出版社2004年版,第71—72页)。
③ 徐远和、李甦平、周贵华、孙晶:《东方哲学史》第2卷,人民出版社2010年版,第235页。
④ 就此而言,旧时所谓的"八字",乃是将人"物象化",对人的吉凶祸福作抽象性预测。

的神,后来分别为小乘、大乘佛教所破除,佛教宣扬"空"遍遮"诸有",拒斥一切形式的偶像、假神。众所周知,龙树从"众因缘生法,我说即是无,亦为是假名,亦是中道义"的"中道"①立场,提出了"不生亦不灭,不常亦不断,不一亦不异,不来亦不去"的"八不偈",用以解空,形成了"诸行无常,诸法无我,涅槃寂静"的佛教哲学三原则。此类"缘起性空""性空幻有"之说,在《金刚经》中亦通过著名的"一切有为法,如梦幻泡影;如露亦如电,应作如是观"的偈句得以表现。这里,"中道""八不""无常"及"泡影"的玄思,可谓将"摩耶"之幻推向了极致。

关于摩耶,传说当年佛陀的弟子阿难对佛陀说:"主啊,您总是谈起摩耶,可它究竟是什么呢?请让我看看摩耶。"几天之后,他们路过印度一炎热干旱地区,于是佛陀让阿难去帮忙找些水来。阿难走了很长一段路,来到一小农舍,看见一美丽女子,被其迷住而将讨水的念头忘得无影无踪,而女子也为阿难的求爱所打动。于是两人结婚,不久有了三个孩子。两人十二年的幸福家庭生活,被一场洪水打断,洪水无情地淹没了他的三个孩子和妻子。阿难用尽最后气力回到岸上,他悲痛地哭泣。这时身后传来一个亲切的声音:"我的孩子,你把水带来了吗?"阿难一看,佛陀此刻坐在一块石头上慈悲地看着他。阿难无法将这一切与"水"联系起来。佛陀说你半个小时前出去找水,现在找回来了没有。阿难羞愧地低下头,完全不知道与妻子结婚生子的过去十二年是怎么回事。佛陀答:"这就是摩耶。"②

要言之,如果说"摩耶"最初表达的是宇宙万物之"神创",继而被佛教改造为以"缘起"为旨趣的"自性空",那么作为反映广松哲学特色的"物象化"所表达的是世间万事之"人造",与之近义的概念无外乎"外化""对象化""物化"或"异化"。

---

① 中道,意为"正显非有非空,简遮偏有偏空"。
② 埃瑞奇.曾经如斯——跟美赫巴巴一起生活的故事[EB/OL].(2018-08-18)[2008-09-29].http://www.meherbaba.cn/view.php?tid=50&id=496。

二、"对于我们—对于他们"与"真谛—俗谛"

关于摩耶是如何幻现为世界的,乔荼波陀有过著名的"绳蛇之喻"。比如一条绳子,我们在黑暗中时常不加区别地误认为它是一条蛇。而实际上蛇并不存在,它只是一种幻相。一旦摒弃了蛇的幻相,就能如实地感觉到绳的真相。同样,众生因无明而误认幻相为真我;一旦无明消除,洞见真我,幻相也就随之而消失。明明是一条绳子,却为何被感觉为蛇?根据商羯罗的解释,此乃摩耶幻现的缘故。他用"水泡之喻"来说明纯精神性的梵与半神半物性的非变异名色(未开展的名称和形态)之间的关系:梵犹如"至清之水",而作为物质性的非变异名色则是由水生起的"污泡"。① 概而言之,我们可以将"绳""水"与梵对接起来,而将"蛇""泡"与非变异名色对接起来,前者是"上梵"、彼岸、"真相"、"真谛",是"绝对有",后者则是"下梵"、此岸、"假相"、"俗谛",是"世俗有"。正像"泡如离开水便无法存在;但水又是至清的,与本性为污泡是不同的。因此,最高的阿特曼与类似于泡的名色是不同的,其本性是清净的。名色本身是未开展的,(由最高阿特曼)将其展开,成为类似于泡的虚空"②。作为污泡的开展的名称和形态的开展,是由无明幻现的结果。个我若弃绝了"无明",个我就能由后者上升到前者,而臻于与"梵"(=阿特曼、神我)合一。盖根据商羯罗对《梵经》所作的解释,"在所有的奥义书中,意识都被一致认为是因,……全知的梵是宇宙之因"③。梵作为宇宙的动力因和质料因,"当梵作为质料因来看时,世界是它开

---

① 距梨俱吠陀一千多年之后的柏拉图所谓"理念世界"和"现象世界"的区分及"洞穴之喻",与此如出一辙。
② 参见商羯罗:《示教千则》,孙晶译,商务印书馆2012年版,第392页。
③ 参见《古印度六派哲学经典》,姚卫群编译,商务印书馆2003年版,第251页。

展的结果；当梵作为动力因来看时，它就是造作者"①。由是观之，梵是吠檀多派哲学家眼中使有限个我无限地向其趋近的动力和根源。而向其趋近的首要前提是消除"无明"。根据商羯罗的考察，梵名"Upaniṣad"（奥义书）一词的命名"来自动词根 sad（毁灭），意为毁无明得解脱"②，应该说，这与该词的本义"学生恭敬地坐于师近处听其讲道"并不矛盾。与此相关，印度教中人的心灵教师"古鲁（Guru）由两个词组成，分别是古（Gu,无知）和鲁（Ru,毁灭者）。因此，古鲁是任何可以摧毁我们内在或外在的无知的人"③。实际上，作为婆罗门教之异教的佛教，虽然从真谛上讲诸法无我，从俗谛上讲六道轮回，反对有一不变的灵魂实体，由于将"梵"（"神我""个我"）置换为"空"④，而遭到商羯罗的拒斥；但是在佛教所谓的"十二因缘"⑤中，也同样是将"无明"列为个人陷入生死轮回的首要原因。根据佛教教义，要摆脱"无明"的束缚，唯有通过"八正道"⑥，才能出离生死而证得涅槃。

对上述作为"上梵"的"真谛"和作为"下梵"的"俗谛"有一大致了解之后，我们再来理解广松在《物象化论的构图》的"跋文"所讲的"马克思、恩格斯所说的物象化以及笔者所说的物象化不是这种'纯粹的客体变化'。那是对于学识的反思的见地（对于我们，für uns）来说，作为一定的关系规定态在当事者的直接意识中（对于他们，für es）以物象的形

---

① 参见徐远和、李甦平、周贵华、孙晶：《东方哲学史》第 2 卷，人民出版社 2010 年版，第 262 页。
② 吴学国：《奥义书思想研究》第 1 卷，人民出版社 2017 年版，第 2 页。
③ 马赫什·帕布：《吠陀智慧》，王志成、曹政译，四川人民出版社 2018 年版，第 115—116 页。
④ 参见"在真谛一面说，遍计所执是空无的，应观其空。在俗谛一面说，依他起性是缘生法，应观其假有。在真假不二的立场上说，是诸法实相的圆成实性，应观其中道。能看通此理，即能圆融无碍"（法舫法师：《唯识史观及其哲学》，东方出版社 2018 年版，第 55 页）。
⑤ "十二因缘"，即，无明、行、识、名色、六入、触、受、爱、取、有、生、老死。其中，眼、耳、鼻、舌、身、意"六根"为"内六入"，色、声、香、味、触、法"六尘"为"外六入"；六根、六尘互相涉入，即眼入色，耳入声，鼻入香，舌入味，身入触，意入法，而生"六识"。
⑥ "八正道"，即，正见、正思维、正语、正业、正命、正精进、正念、正定。

式映现出来的情形。……因此,在称呼这一事态时,笔者采用了对于我们学识省察者来说的关系(Verhältnis für uns)'化为'对于直接当事者来说的物象(Sache für es)这一说法"①就容易多了。要言之,与继承了奥义书传统的佛教一样,广松也把人们的认识分为两种,一是对于我们(für uns)的学识的反思的认识,二是对于他们(für es)的当事者的直接认识。不难看出,这里所说的"我们""关系"与上述"上梵""真谛"相对应;"他们""物象"与"下梵""俗谛"相对应。根据罗摩奴阇的"制限不二论"(Visistaad-vaita)的解释,"'幻'即是'物'(经验世界)"②。在开头提到的《以东北亚为历史的主角》这篇文章中,广松指认说自哥伦布以来五百年间是以欧洲为中心的产业主义时代,这是一个沉溺于"物"的、被严重物化的消费主义时代。随着经济全球化的展开,人们赖以生存的生态环境日趋恶化,资源日益枯竭,要继续维持资本主义现有的消费模式和生活方式已显得不可能。现在,已到了转变思维方式的时候!该文写于广松去世前两个月,他在文中表达了三个迫切的愿望:政治上寻求从"脱亚入欧"到"脱欧入亚"的转换;经济伦理上倡导从"消费主义"到"生态主义"的转换;哲学上推进从"实体主义"到"关系主义"的转换。

由此可见,广松哲学的主旨是反对实体主义,主张关系主义。为了建构自己的哲学,广松对待西方哲学、马克思主义哲学和东方哲学,从根本上说是分别采取批判、吸收和同构的态度。第一,对于西方哲学,广松通过《事的世界观的前哨》③一书集中批判了以康德、马赫、胡塞尔和海德格尔为代表的西方实体主义的哲学传统,锐利地指出康德的"物自体"理论错误地把物与交互主体的关系、物与物的关系归于物,马赫的"要素一元论"缺漏了要素"以外的某种东西",胡塞尔的"意向内容(意义)"作为"意向行为"抵达"意向对象"的中介,是被先行给定的东

---

① 广松涉:《物象化论的构图》,彭曦、庄倩译,南京大学出版社 2009 年版,第 185—186 页。
② 巫白慧:《吠陀经和奥义书》,中国社会科学出版社 2015 年版,第 380 页。
③ 广松涉:《事的世界观的前哨》,赵仲民、李斌译,南京大学出版社 2009 年版。

西,海德格尔的存在哲学的出发点是存在与在者的二元分立。① 第二,对待马克思主义哲学,广松则着力继承当中的关系主义的特质,写下了《唯物史观的原像》②、《资本论的哲学》③和《马克思主义的哲学》④等系列著作。根据野家启一先生的指认,"'物象化'(Verdinglichung)这一概念源自马克思"⑤,不过他用来表示"物象化"一词的是"Verdinglichung"(异化),而非"Versachlichung"(物象化)。这亦即"异化"概念源自马克思。在他看来,马克思、恩格斯通常把人与人之间社会关系作为物与物的关系表现出来的事态称作"物象化"(历史的自然性物象化),广松则不仅试着将这一概念适用于社会关系,而且适用于"自然—事物"的关系(自然的历史性物象化),由此开辟了一个全新视角:批判把自然科学看作当然前提的"物质观—存在论",认为它实际上是物象化的产物。由此可见,狭义的"物象化论",指马克思、恩格斯以批判"把人与人的社会关系以及事物之间的关系理解为物的性质或独立物象"为基本理论构架;广义的"物象化论",指广松通过其方法论视角和逻辑机制所揭示的"自然和社会这一相互联系和依存的动态总体为何表现为物"的物象化论的拓展。"物象化论"把物的性质还原为在自然和社会的动态关联中的事态,归根结底是对近代实体主义的存在论、认识论和实践论的批判性规定。要言之,从学识的反思(für uns,对于我们)的关系主义立场来说,作为当事者的直接意识(für es,对于他们)的实体主义乃是一种"物象化的误视"。第三,对于东方哲学,如前所述,广松在其临终绝笔《以东北亚为历史的主角》一文中,预言在未来哲学中以东方大乘佛教为代表的关系主义将取代以往作为主流的西方

---

① 邓习议:《实体主义批判——广松涉哲学视域中的西方哲学》,《河北学刊》2009 年第 1 期。
② 广松涉:《唯物史观的原像》,邓习议译,南京大学出版社 2009 年版。
③ 广松涉:《资本论的哲学》,邓习议译,南京大学出版社 2009 年版。
④ 广松涉:《马克思主义的哲学》,邓习议译,南京大学出版社 2019 年版。
⑤ 野家啓一.『広松哲学』の成立過程[EB/OL].(2004 - 08 - 03)[2006 - 01 - 16]. http://www.nju.edu.cn/njuc/chi-jp/zryj/4.htm。

实体主义。

按照广松的关系存在论的理解,四肢结构中的函数性关联态乃是世界的基始性的存在。以气象云图为例,对关系主义的存在理解来说,并非先有"高气压"以及"低气压"之类的独立不变的自存的终极实体,然后依据它们相互之间复杂关系配置成气象云图。"高气压""低气压"是有关整个地球气象的某种状态,是作为它的特殊状态的一个项的节点,是作为总体的构图所规定的底层媒介物。用吠陀经的话来说,是"地""水""火""风""空"的动态过程的总体,独立于作为运动的各种关系的总体的"高气压"和"低气压"并不存在。另外,就近代科学中的终极性物质粒子而言,它实际上也是在整个宇宙场的特定状态中生成、存在和变化的,并非先有与宇宙场的特定状态毫无关系的独立不变的粒子(实体),然后才有囿于粒子的聚散离合而形成的宇宙场。地球上万物的存在,如生命体和人,其生成、存在和发展也不外是在地球场的某种特定状态中才有存在的可能。"总之,以'关系第一性'取代'实体第一性',这是广松基于关系主义的立场对世界所作的总体理解。"①

从广松对物象化的定义来看,物象化机制的成立,首先有赖于对于我们(für uns)的反思意识和对于他们(für es)的直接意识两种不同立场的把握。"要言之,当从 für uns 的视角对 für es 进行区分时,又可细分为(1) 自在(an sich)、(2) 自为(für sich)、(3) 自在自为(an und für sich)。"②对于日常生活中的人们来说,最熟悉的无疑是他们无时无刻不置身其中的现实生活,但对于现实生活的真相,人们却可能"日用而不自知",但是,正所谓"熟知并非真知"。对于他们(für es),犹如把"绳"看作"蛇",把"水"看作"泡",把"关系"看作"物",此乃"假相""世俗有";对于我们(für uns),是将"蛇"还原为"绳",将"泡"还原为"水",将"物"还原为"关系",是为"真相""绝对有"。

---

① 日山紀彦.『物象化論の構図』を読む[EB/OL]. (2004-08-02)[2008-11-27]. http://www.nju.edu.cn/njuc/chi-jp/zryj/6.htm.
② 《广松涉著作集》第14卷,岩波书店1997年版,第287页。

总之，广松关于"对于我们(für uns)—对于他们(für es)"的区分，从逻辑学或方法论来说，当源自吠陀经、奥义书和佛教哲学中的"原人—原质""上梵—下梵"和"真谛—俗谛"的二分法。"物象化论"，堪称"在关系中把握事物的方法"。但最终作为结果而体现出来的，绝不是所谓的"物"，而是"事"，故关系主义又可称为"事的世界观"。

三、"四肢结构"与"能—所结构"

除了批判西方哲学、继承马克思主义哲学和展望以大乘佛教为代表的东方哲学之外，广松还先后撰写了作为自己独创哲学体系的著作。1972 年，广松涉在《情况》第 4 期刊登的《人类共同主观性的存在结构》的论文中，首次公开写作《存在与意义》全三卷的计划。同年 10 月 15 日，以探讨共同主观性和四肢结构论等认识论问题为中心的哲学论文集，即本书《世界交互主体的存在结构》由劲草书房出版，标志着具有独创性的"广松哲学"已初露端倪。1982—1993 年，《存在与意义》第 1~2 卷由岩波书店出版。在这两卷本著作中，广松系统地阐发了认识世界和实践世界的"四肢结构"，论证了"主—客""心—物"的不可分性。所谓"认识世界的四肢结构"，即"现象的所知的二肢二重性（现象的所与—意义的所识）和能知的主体的二肢二重性（能知的个人—能识的人类）不是他此独立的，而是以一种独特的方式相互关联，共同形成四肢性的连环结构"[①]。所谓"实践世界的四肢结构"，即"用在的财物态的二肢二重性（实在的所与—意义的价值）和能为的主体的二肢二重性（能为的个人—角色的人类）不是他此独立的，而是以一种独特的方式

---

① 参见广松涉:《存在与意义》第 1 卷,彭曦、何鉴译,南京大学出版社 2009 年版,第 160 页。

相互关联,共同形成四肢性的连环结构"①。其中,现象的所与、能知的个人、实在的所与和能为的个人是场所的、个别的、易变的现实的东西,意义的所识、能识的人类、意义的价值和职位的人类是超场所、普遍、不变的理念—理想的东西。

正如龙树、乔荼波陀采用语言文字、概念范畴来描述、论证其超验的"空""梵"乃是出于不得已的"方便的说法",是用"俗谛"表达"真谛";广松强调其采用"所与—所识""能知—能识"和"主观—客观"的概念,也是不得已而为之的"权宜之计",是用"物的世界像"表达"事的世界观"。

当恩格斯说在《费尔巴哈论》中指出"全部哲学,特别是近代哲学的重大的基本问题,是思维和存在的关系问题"②,哲学家们依照如何回答这个问题而分成了唯物主义和唯心主义两大阵营,其实全部宗教早已选择了站在后一阵营,这是因为从时间上说哲学源自宗教。

那么,宗教是如何站在唯心主义阵营来作出理论论证的?就大乘佛教而言,其基本主张是"人无我"和"法无我"。狭义的"法无我"指除有情识生命之外的在在物(外部自然物),在此意义上才有"人"与"法"的分别,"人无我"与"法无我"的问题。广义的"法无我"指包括物质和精神在内的一切存在的事物和现象,在此意义上"人"也是"法"的一分子,而不再有"人"与"法"的分别。因此,佛教唯识宗主张"万法唯识","识"是唯一的实在,一切事物和现象都由识所派生。正是在广义的"法无我"这一大前提,唯识宗提出了自己的"五位百法"。其中包括。

(一)心法(识的自相,8 种)

了别境识:1. 眼识,2. 耳识,3. 鼻识,4. 舌识,5. 身识,6. 意识。

思量识:7. 末那识。

异熟识:8. 阿赖耶识。

---

① 参见广松涉:《存在与意义》第 2 卷,彭曦、何鉴译,南京大学出版社 2009 年版,第 167—168 页。

② 《马克思恩格斯全集》第 21 卷,人民出版社 1965 年版,第 315 页。

（二）心所有法（识的相应，51种）

遍行：9. 作意，10. 触，11. 受，12. 想，13. 思。

别境：14. 欲，15. 胜解，16. 念，17. 定，18. 慧。

善法：19. 信，20. 精进，21. 惭，22. 愧，23. 无贪，24. 无嗔，25. 无痴，26. 轻安，27. 不放逸，28. 行舍，29. 不害。

根本烦恼：30. 贪，31. 嗔，32. 痴，33. 慢，34. 疑，35. 不正见。

随烦恼：36. 忿，37. 恨，38. 恼，39. 覆，40. 诳，41. 谄，42. 骄，43. 害，44. 嫉，45. 悭，46. 无惭，47. 无愧，48. 不信，49. 懈怠，50. 放逸，51. 昏沉，52. 掉举，53. 失念，54. 不正知，55. 散乱。

不定烦恼：56. 睡眠，57. 恶作，58. 寻，59. 伺。

（三）色法（识之所变，11种）

五根：60. 眼，61. 耳，62. 鼻，63. 舌，64. 身。

五尘：65. 色，66. 声，67. 香，68. 味，69. 触。

法尘：70. 法处所摄色。

（四）心不相应行法（识的分位，24种）

心、心所与色三位差别：71. 得，72. 命根，73. 众同分，74. 异生性，75. 无想定，76. 灭尽定，77. 无想报，78. 名身，79. 句身，80. 文身，81. 生，82. 住，83. 老，84. 无常，85. 流转，86. 定异，87. 相应，88. 势速，89. 次第，90. 时，91. 方，92. 数，93. 和合性，94. 不和合性。

（五）无为法（识的实性，6种）

诸法实性，非因缘之所做为：95. 虚空，96. 择灭，97. 非择灭，98. 不动，99. 想受灭，100. 真如。①

从以上"五位百法"令人叹为观止的缜思密想当中，我们可以发现广松"四肢结构"中有关"所与—所识"和"能知—能识"的明显痕迹。就"能"（能知）而言，根据"五位百法"之"心法"，人有眼、耳、鼻、舌、身、意、

---

① 参见中国佛学院唯识学教研组编：《〈大乘百法明门论〉基础教程》，宗教文化出版社2013年版，第1—3页。《大乘百法明门论》是世亲在弥勒《瑜伽师地论》的基础上，删繁就简，将其六百六十法浓缩为五位百法，来概括令人炫目的人生和世界。

末那、阿赖耶这"八识"。"八识"是人特有的认识能力,其中前五识是感性认识,认识具体的对象,属于"能知"的范围,意为"能感受";后三识①是理性认识,认识超感性、超现实的对象,属于"能识"的范围,意即"能分辨"。就"所"(所知)而言,因唯识宗第八识的"阿赖耶识",蕴藏生长万有之种子,因此亦称"种子识"。从哲学本体论来说,这是唯识宗关于万物起源的一种宗教解释。不难发现,在"阿赖耶识"的"能藏""所藏""执藏"这三种含义中,其实已经既包含"能"(主观方面)的萌芽,也蕴涵"所"(客观方面)的最终归宿。用哲学话语来说,"阿赖耶识"是物质与精神、思维与存在的统一。

就整个"五位百法"而言,相对于第五位"无为法",第一至四位的"心法""心所有法""色法"和"心不相应行法"是"有为法"。在"有为法"当中,"所与"是"色法","所识"是"心不相应行法—无为法","能知"是"心法","能识"是"心所有法"。若联系护法在瑜伽行派无著的"相分—见分"二分说和陈那的"相分—见分—自证分"的三分说的基础上提出的"相分—见分—自证分—证自证分"的四分说,则总体上,"所与"是"相分","所识"的"证自证分","能知"是"见分","能识"是"自证分"。

四肢结构与五位百法、四分说

	存在性格	现实的东西	理念—理想的东西
唯识宗 五位百法	客观(二肢)	色法	心不相应行法—无为法
	主观(二重)	心法	心所有法
护法 四分说	客观(二肢)	相分	证自证分
	主观(二重)	见分	自证分

---

① 在后三识中,"意识"已具有认识抽象概念的功能。"末那识"是梵语"manas"的音译,由于它是执取阿赖耶识的种子为我,而使得意识产生自我意识,因此又称为"我识"(或"我执")。《金刚经》中说,"过去心不可得,现在心不可得,未来心不可得",就是说末那识以原本无常的虚妄的东西为我,因此产生贪、嗔、痴等种种烦恼。总之,末那识既是意识的根本,也是烦恼的根本。"阿赖耶识"为梵语"alaya"的音译,意为"藏识"("本识"或"宅识"),有"能藏""所藏""执藏"三种含义,它是本性与妄心的统一,是一切善恶种子寄托的所在。

（续表）

	存在性格	现实的东西	理念—理想的东西
广松四肢结构	客观（二肢）	所与	所识①
	主观（二重）	能知	能识

在中国哲学史上，关于能所问题的讨论，可以追溯到先秦时代。管子最早阐述了"所以知"与"所知"的区别。他说："人皆欲知，而莫索其所以知，其所知，彼也；其所以知，此也。不修之此，焉能知彼。"②这里，探讨的焦点是主体与客体的关系问题，认为"所以知"即人的认识作用，"所知"即认识的对象。荀子也强调，"凡以知，人之性也；可以知，物之理也"③。其表述上虽有所不同，但不难看出"以知"即"所以知"之意，"可以知"即"所知"之意。随着西汉末年佛教传入中国，在禅林及学界中普遍形成了以识为"能知"、以境为"所知"的境识之说，宣扬离识无境的唯心论（唯识宗）。对此，王夫之则从唯物论的立场剖析说："境之俟用者曰'所'，用之加乎境而有功者曰'能'。'能''所'之分，夫固有之，释氏为分授之名，亦非诬也。乃以俟用者为'所'，则必实有其体；以用乎俟用而可以有功者为'能'，则必实有其用。体俟用，则因'所'以发'能'；用乎体，则'能'必副其'所'。体用一依其实，不背其故，而名实各相称矣。"④强调"境"（客体）通过中介——"用"（主体）——而与"所"（所知）互联，"用"（主体）通过中介——"境"（客体）——而与"能"（能知）相系。客体（境、所知）是主体认识（用、能知）的根源，正如塞拉斯所强调的，世界的存在不依赖于感觉器官和大脑，但又必须借助它们反映世界。由此，王夫之批判佛教唯识宗"乃释氏以有为幻，以无为实，'惟心惟识'之说，抑矛盾自攻而不足以立。于是诡其词曰'空我执而无能，

---

① 参照本书第 281 页脚注。
② 《诸子集成》第 5 册，中华书局 2006 年版，第 220 页。
③ 《诸子集成》第 2 册，中华书局 2006 年版，第 270 页。
④ 《船山全书》第 2 册，岳麓书社 2011 年版，第 376 页。

空法执而无所'。然而以心合道,其有'能'有'所'也,则又固然而不容昧。是故其说又不足以立,则抑'能'其'所','所'其'能',消'所'以入'能',而谓'能'为'所',以立其说,说斯立矣。故释氏凡三变,而以'能'为'所'之说成"①,最大问题是"消'所'以入'能'","能""所"不分。

进入现代,冯契先生对这一宗教哲学史上的"能—所"关系问题作了明晰的总结:"以中国哲学史来说,认识论问题首先表现为'名实'之辩,后来着重讨论形神关系,又发展为'心物(知行)'之辩。'心物'之辩,是讲'能''所'的关系,'能'即'能知','所'即'所知',二者的关系也就是认识的主体与对象的关系。而'能''所'关系又和'知''行'关系密切联系着"②,即中国哲学史的逻辑发展是按照"名—实""形—神""心—物"("能—所")的脉络进行,基本反映了自西汉末年佛教传入中国之后,学界主流思潮的范式转换。广松的四肢结构论有认识世界的四肢结构和实践世界的四肢结构之分,关于二者的关系,冯先生也有精到的分析。他说:"总之,'能''所'、'知''行'二者的关系,分析地说,在认识上人是被动的,'能''所'关系是外在的;在实践中人是能动的,'能''所'关系是内在的。"③并且,古代朴素唯物主义、近代机械唯物主义与辩证唯物主义的区别,就在于"认为物是外在的,主体是被动的,这是一切唯物主义者都承认的,但辩证唯物主义用实践作为认识论的基,还讲了另一方面,即主体是能动的"④。

东京大学名誉教授大森庄藏这样评价广松:"除去一部分狂热的广松崇拜者以外,广松涉的名字一般鲜为人知。但是,有许多人都同意这一点,广松是西田几多郎之后,恐怕还要超越西田的哲学家。"⑤我们知道,西田哲学堪称以佛学为代表的东方哲学与西方哲学相结合的典范。

---

① 《船山全书》第2册,岳麓书社2011年版,第377页。
② 《冯契文集》第2卷,华东师范大学出版社2016年版,第27页。
③ 《冯契文集》第2卷,华东师范大学出版社2016年版,第31页。
④ 《冯契文集》第2卷,华东师范大学出版社2016年版,第28页。
⑤ 何鉴:《广松涉小传》,《博览群书》2002年第10期。

笔者认为,如果说大森先生此言不虚,那么广松超越西田的奥秘或许就在于西田哲学所缺失的部分,那就是马克思主义哲学。

*

据说,美国一出版社曾计划出版《世界交互主体的存在结构》英文版,但最终因翻译上的困难而流产。本书的翻译出版得益于张一兵老师的推动、指导和订正,以及责任编辑巫闽花和沈清清专业、细致的编校。在此表示由衷的感谢!需要说明的是,虽然译者倾注了最大的努力,但由于水平所限,错误之处在所难免,恳请专家和读者提出批评和指正。

邓习议

2019 年 6 月 19 日于湖州师范学院

《当代学术棱镜译丛》
已出书目

媒介文化系列

第二媒介时代 [美]马克·波斯特

电视与社会 [英]尼古拉斯·阿伯克龙比

思想无羁 [美]保罗·莱文森

媒介建构：流行文化中的大众媒介 [美]劳伦斯·格罗斯伯格 等

揣测与媒介：媒介现象学 [德]鲍里斯·格罗伊斯

媒介学宣言 [法]雷吉斯·德布雷

媒介研究批评术语集 [美]W. J. T. 米歇尔　马克·B. N. 汉森

解码广告：广告的意识形态与含义 [英]朱迪斯·威廉森

全球文化系列

认同的空间——全球媒介、电子世界景观与文化边界 [英]戴维·莫利

全球化的文化 [美]弗雷德里克·杰姆逊　三好将夫

全球化与文化 [英]约翰·汤姆林森

后现代转向 [美]斯蒂芬·贝斯特　道格拉斯·科尔纳

文化地理学 [英]迈克·克朗

文化的观念 [英]特瑞·伊格尔顿

主体的退隐 [德]彼得·毕尔格

反"日语论" [日]莲实重彦

酷的征服——商业文化、反主流文化与嬉皮消费主义的兴起 [美]托马斯·弗兰克

超越文化转向 [美]理查德·比尔纳其 等

全球现代性：全球资本主义时代的现代性 [美]阿里夫·德里克

文化政策 [澳]托比·米勒　[美]乔治·尤迪思

通俗文化系列

解读大众文化 [美]约翰·菲斯克
文化理论与通俗文化导论(第二版) [英]约翰·斯道雷
通俗文化、媒介和日常生活中的叙事 [美]阿瑟·阿萨·伯格
文化民粹主义 [英]吉姆·麦克盖根
詹姆斯·邦德:时代精神的特工 [德]维尔纳·格雷夫

消费文化系列

消费社会 [法]让·鲍德里亚
消费文化——20世纪后期英国男性气质和社会空间 [英]弗兰克·莫特
消费文化 [英]西莉娅·卢瑞

大师精粹系列

麦克卢汉精粹 [加]埃里克·麦克卢汉 弗兰克·秦格龙
卡尔·曼海姆精粹 [德]卡尔·曼海姆
沃勒斯坦精粹 [美]伊曼纽尔·沃勒斯坦
哈贝马斯精粹 [德]尤尔根·哈贝马斯
赫斯精粹 [德]莫泽斯·赫斯
九鬼周造著作精粹 [日]九鬼周造

社会学系列

孤独的人群 [美]大卫·理斯曼
世界风险社会 [德]乌尔里希·贝克
权力精英 [美]查尔斯·赖特·米尔斯
科学的社会用途——写给科学场的临床社会学 [法]皮埃尔·布尔迪厄
文化社会学——浮现中的理论视野 [美]戴安娜·克兰
白领:美国的中产阶级 [美]C.莱特·米尔斯

论文明、权力与知识 [德]诺贝特·埃利亚斯
解析社会：分析社会学原理 [瑞典]彼得·赫斯特洛姆
局外人：越轨的社会学研究 [美]霍华德·S.贝克尔
社会的构建 [美]爱德华·希尔斯

新学科系列

后殖民理论——语境 实践 政治 [英]巴特·穆尔-吉尔伯特
趣味社会学 [芬]尤卡·格罗瑙
跨越边界——知识学科 学科互涉 [美]朱丽·汤普森·克莱恩
人文地理学导论：21世纪的议题 [英]彼得·丹尼尔斯 等
文化学研究导论：理论基础·方法思路·研究视角 [德]安斯加·纽宁 [德]维拉·纽宁主编

世纪学术论争系列

"索卡尔事件"与科学大战 [美]艾伦·索卡尔 [法]雅克·德里达 等
沙滩上的房子 [美]诺里塔·克瑞杰
被困的普罗米修斯 [美]诺曼·列维特
科学知识：一种社会学的分析 [英]巴里·巴恩斯 大卫·布鲁尔 约翰·亨利
实践的冲撞——时间、力量与科学 [美]安德鲁·皮克林
爱因斯坦、历史与其他激情——20世纪末对科学的反叛 [美]杰拉尔德·霍尔顿
真理的代价：金钱如何影响科学规范 [美]戴维·雷斯尼克
科学的转型：有关"跨时代断裂论题"的争论 [德]艾尔弗拉德·诺德曼 [荷]汉斯·拉德 [德]格雷戈·希尔曼

广松哲学系列

物象化论的构图 [日]广松涉
事的世界观的前哨 [日]广松涉
文献学语境中的《德意志意识形态》 [日]广松涉

存在与意义(第一卷) [日]广松涉
存在与意义(第二卷) [日]广松涉
唯物史观的原像 [日]广松涉
哲学家广松涉的自白式回忆录 [日]广松涉
资本论的哲学 [日]广松涉
马克思主义的哲学 [日]广松涉
世界交互主体的存在结构 [日]广松涉

国外马克思主义与后马克思思潮系列

图绘意识形态 [斯洛文尼亚]斯拉沃热·齐泽克 等
自然的理由——生态学马克思主义研究 [美]詹姆斯·奥康纳
希望的空间 [美]大卫·哈维
甜蜜的暴力——悲剧的观念 [英]特里·伊格尔顿
晚期马克思主义 [美]弗雷德里克·杰姆逊
符号政治经济学批判 [法]让·鲍德里亚
世纪 [法]阿兰·巴迪欧
列宁、黑格尔和西方马克思主义:一种批判性研究 [美]凯文·安德森
列宁主义 [英]尼尔·哈丁
福柯、马克思主义与历史:生产方式与信息方式 [美]马克·波斯特
战后法国的存在主义马克思主义:从萨特到阿尔都塞 [美]马克·波斯特
反映 [德]汉斯·海因茨·霍尔茨
为什么是阿甘本? [英]亚历克斯·默里
未来思想导论:关于马克思和海德格尔 [法]科斯塔斯·阿克塞洛斯
无尽的焦虑之梦:梦的记录(1941—1967) 附《一桩两人共谋的凶杀案》(1985) [法]路易·阿尔都塞
马克思:技术思想家——从人的异化到征服世界 [法]科斯塔斯·阿克塞洛斯

经典补遗系列

卢卡奇早期文选 [匈]格奥尔格·卢卡奇

胡塞尔《几何学的起源》引论 [法]雅克·德里达
黑格尔的幽灵——政治哲学论文集[Ⅰ] [法]路易·阿尔都塞
语言与生命 [法]沙尔·巴依
意识的奥秘 [美]约翰·塞尔
论现象学流派 [法]保罗·利科
脑力劳动与体力劳动:西方历史的认识论 [德]阿尔弗雷德·索恩-雷特尔
黑格尔 [德]马丁·海德格尔
黑格尔的精神现象学 [德]马丁·海德格尔
生产运动:从历史统计学方面论国家和社会的一种新科学的基础的建立 [德]弗里德里希·威廉·舒尔茨

先锋派系列

先锋派散论——现代主义、表现主义和后现代性问题 [英]理查德·墨菲
诗歌的先锋派:博尔赫斯、奥登和布列东团体 [美]贝雷泰·E.斯特朗

情境主义国际系列

日常生活实践 1.实践的艺术 [法]米歇尔·德·塞托
日常生活实践 2.居住与烹饪 [法]米歇尔·德·塞托 吕斯·贾尔 皮埃尔·梅约尔
日常生活的革命 [法]鲁尔·瓦纳格姆
居伊·德波——诗歌革命 [法]樊尚·考夫曼
景观社会 [法]居伊·德波

当代文学理论系列

怎样做理论 [德]沃尔夫冈·伊瑟尔
21世纪批评述介 [英]朱利安·沃尔弗雷斯
后现代主义诗学:历史·理论·小说 [加]琳达·哈琴
大分野之后:现代主义、大众文化、后现代主义 [美]安德列亚斯·胡伊森
理论的幽灵:文学与常识 [法]安托万·孔帕尼翁

反抗的文化:拒绝表征 [美]贝尔·胡克斯
戏仿:古代、现代与后现代 [英]玛格丽特·A. 罗斯
理论入门 [英]彼得·巴里
现代主义 [英]蒂姆·阿姆斯特朗
叙事的本质 [美]罗伯特·斯科尔斯 詹姆斯·费伦 罗伯特·凯洛格
文学制度 [美]杰弗里·J. 威廉斯
新批评之后 [美]弗兰克·伦特里奇亚
文学批评史:从柏拉图到现在 [美]M. A. R. 哈比布
德国浪漫主义文学理论 [美]恩斯特·贝勒尔
萌在他乡:米勒中国演讲集 [美]J. 希利斯·米勒
文学的类别:文类和模态理论导论 [英]阿拉斯泰尔·福勒
思想絮语:文学批评自选集(1958—2002) [英]弗兰克·克默德
叙事的虚构性:有关历史、文学和理论的论文(1957—2007) [美]海登·怀特
21世纪的文学批评:理论的复兴 [美]文森特·B. 里奇

核心概念系列

文化 [英]弗雷德·英格利斯
风险 [澳大利亚]狄波拉·勒普顿

学术研究指南系列

美学指南 [美]彼得·基维
文化研究指南 [美]托比·米勒
文化社会学指南 [美]马克·D. 雅各布斯 南希·韦斯·汉拉恩
艺术理论指南 [英]保罗·史密斯 卡罗琳·瓦尔德

《德意志意识形态》与文献学系列

梁赞诺夫版《德意志意识形态·费尔巴哈》 [苏]大卫·鲍里索维奇·梁赞诺夫
《德意志意识形态》与 MEGA 文献研究 [韩]郑文吉

巴加图利亚版《德意志意识形态·费尔巴哈》 [俄]巴加图利亚
MEGA:陶伯特版《德意志意识形态·费尔巴哈》 [德]英格·陶伯特

当代美学理论系列

今日艺术理论 [美]诺埃尔·卡罗尔
艺术与社会理论——美学中的社会学论争 [英]奥斯汀·哈灵顿
艺术哲学:当代分析美学导论 [美]诺埃尔·卡罗尔
美的六种命名 [美]克里斯平·萨特韦尔
文化的政治及其他 [英]罗杰·斯克鲁顿
当代意大利美学精粹 周宪 [意]蒂齐亚娜·安迪娜

现代日本学术系列

带你踏上知识之旅 [日]中村雄二郎 山口昌男
反·哲学入门 [日]高桥哲哉
作为事件的阅读 [日]小森阳一
超越民族与历史 [日]小森阳一 高桥哲哉

现代思想史系列

现代主义的先驱:20世纪思潮里的群英谱 [美]威廉·R.埃弗德尔
现代哲学简史 [英]罗杰·斯克拉顿
美国人对哲学的逃避:实用主义的谱系 [美]康乃尔·韦斯特
时空文化:1880—1918 [美]斯蒂芬·科恩

视觉文化与艺术史系列

可见的签名 [美]弗雷德里克·詹姆逊
摄影与电影 [英]戴维·卡帕尼
艺术史向导 [意]朱利奥·卡洛·阿尔甘 毛里齐奥·法焦洛
电影的虚拟生命 [美]D.N.罗德维克
绘画中的世界观 [美]迈耶·夏皮罗

缪斯之艺:泛美学研究　[美]丹尼尔·奥尔布赖特
视觉艺术的现象学　[英]保罗·克劳瑟
总体屏幕:从电影到智能手机　[法]吉尔·利波维茨基
[法]让·塞鲁瓦
艺术史批评术语　[美]罗伯特·S.纳尔逊　[美]理查德·希夫
设计美学　[加拿大]简·福希
工艺理论:功能和美学表达　[美]霍华德·里萨蒂
艺术并非你想的那样　[美]唐纳德·普雷齐奥西　[美]克莱尔·法拉戈
艺术批评入门:历史、策略与声音　[美]克尔·休斯顿
艺术史:研究方法批判导论　[英]迈克尔·哈特　[德]夏洛特·克朗克

当代逻辑理论与应用研究系列

重塑实在论:关于因果、目的和心智的精密理论　[美]罗伯特·C.孔斯
情境与态度　[美]乔恩·巴威斯　约翰·佩里
逻辑与社会:矛盾与可能世界　[美]乔恩·埃尔斯特
指称与意向性　[挪威]奥拉夫·阿斯海姆
说谎者悖论:真与循环　[美]乔恩·巴威斯　约翰·埃切曼迪

波兰尼意会哲学系列

认知与存在:迈克尔·波兰尼文集　[英]迈克尔·波兰尼
科学、信仰与社会　[英]迈克尔·波兰尼

现象学系列

伦理与无限:与菲利普·尼莫的对话　[法]伊曼努尔·列维纳斯

新马克思阅读系列

政治经济学批判:马克思《资本论》导论　[德]米夏埃尔·海因里希

西蒙东思想系列

论技术物的存在模式　[法]吉尔贝·西蒙东